부휴자담론

The Diologue of Buhuja

저자 성현(成俔, 1439~1504)은 자(字)가 경숙(磬叔), 호(號)는 용재(慵齋)·부휴자(浮休子)·허백당(虛白堂)이다. 그는 조선 초에 예문관 대제학을 지낸 상곡(桑谷) 성석인(成石珚)의 증손으로서 아버지 지중추부사(知中樞府事) 성염조(成念祖)와 어머니 순흥안씨(順興安氏) 사이에서 셋째 아들로 태어났다. 23세에 문과(文科)에 급제, 홍문관 부제학·대사성·승지·예조판서·예문관 대제학과 같은 청화(淸華)의 요직을 두루 역임하였다. 『시집(詩集)』15권, 『문집(文集)』15권, 『보집(補集)』5권, 『풍아록(風雅錄)』2권, 『주의(奏議)』6권, 『용재총화(慵齋叢話)』10권, 『금낭행적(錦囊行跡)』30권, 『풍소궤범(風騷軌範)』45권, 『악학궤범(樂學軌範)』9권, 『상유비람(桑楡備覽)』40권, 『경륜대궤(經綸大軌)』50권, 『부휴자담론』6권 등을 저술했다.

역주자 이래종(李來宗)은 1954년 충남 논산에서 출생하여 한남대학교 국어국문학과를 졸업하고 태동고전연구소에서 한학을 연수하였으며, 고려대학교 대학원에서 석사·박사 과정을 수료하고 문학박사 학위를 취득하였다. 현재 대구한의대학교 한문학과 교수로 재직하고 있다. 주요 논문으로 「선초(鮮初) 필기(筆記)의 전개양상에 관한 연구」, 「창선감의록 이본고」등이 있으며, 역서로는 『태평한화골계전』, 『사씨남정기』, 『창선감의록』등이 있다.

부휴자담론

1판 1쇄 인쇄 2004년 2월 15일
1판 1쇄 발행 2004년 2월 25일

지은이 / 성현(成俔)
옮긴이 / 이래종(李來宗)
펴낸이 / 박성모
펴낸곳 / 소명출판
출판고문 / 김호영
등록 / 제13-522호
주소 / 137-878 서울시 서초구 서초동 1621-18 (란빌딩 1층)
대표전화 / (02) 585-7840
팩시밀리 / (02) 585-7848
somyong@korea.com / www.somyong.com

값 20,000원

ISBN 89-5626-066-4 03810

부휴자담론

The Diologue of Buhuja

성현(成俔) 저 / 이래종(李來宗) 역주

소명출판

1. 이 책은 용재(慵齋) 성현(成俔)의 『부휴자담론(浮休子談論)』을 교감·번역하고 주석을 붙인 것이다.
2. 교감의 저본(底本)은 규장각 소장의 목판본 『부휴자담론』이며 3종의 필사본을 교감에 활용하였다. 각 책의 소장처는 다음과 같다.

    底本(木版本): 『浮休子談論』(규장각 古貴 819.51 Se65b)
    對校本(筆寫本): 『浮休子談論』(규장각 古 0320-38)
    　　　　　　　『浮休子談論』(장서각 003140)
    　　　　　　　『浮休子談論』(계명대학교 도서관 古 811.8)

3. 열람의 편의를 위하여 각각의 이야기마다 번호와 제목을 붙여 놓고 아울러 번역문과 원문을 나란히 제시해 놓았다.
4. 번역문은 가급적 평이한 우리말로 옮기되 원의(原義)를 해치지 않으려고 노력하였다.
5. 원문은 저본을 활자화하면서 일부 오자(誤字)나 탈자(脫字) 등을 교감하고 그 사실을 각주로 밝혔다. 다만 당시 일상적으로 쓰였으나 오늘날에는 다소 생소한 이체자(異體字)는 대개 별도로 밝히지 않고 정자(正字)로 바꾸어 놓았다.

이 책은 조선(朝鮮) 초기의 대표적인 문학가요 저술가였던 용재(慵齋) 성현(成俔)이 찬술한 것이다.

성현(成俔, 1439~1504)은 자(字)가 경숙(磬叔)으로 호(號)를 용재(慵齋)·부휴자(浮休子) 또는 허백당(虛白堂)이라 하였다. 그는 자신이 저술한『용재총화』곳곳에서 스스로 말한 바와 같이 여말선초(麗末鮮初)의 저명한 문한세가(文翰世家)였던 창녕성씨(昌寧成氏)의 일원(一員)이었다. 그는 선초에 예문관 대제학을 지낸 상곡(桑谷) 성석인(成石珚)의 증손으로서 아버지 지중추부사(知中樞府事) 성염조(成念祖)와 어머니 순흥안씨(順興安氏) 사이에서 셋째 아들로 태어났다. 그의 백씨(伯氏)는 좌참찬(左參贊)에 오른 안재(安齋) 성임(成任)이다. 성임은 특유의 문예적 취향을 바탕으로『태평광기상절(太平廣記詳節)』50권과『태평통재(太平通載)』100권을 편간(編刊)하여 우리나라 필기·소설의 발달에 지대한 공을 끼쳤다. 그는 또한 음악에 정통하여 장악원(掌樂院) 제조를 역임하였으며 서예(書藝)에도 능하여 당대에 명성을 떨쳤다. 지금 서울 탑골 공원에 전하고 있는 원각사비(圓覺寺碑)는 바로 그의 수적(手迹)이다. 중씨(仲氏)는 수찬(修撰)을 역임한 진일재(眞逸齋) 성간(成侃)이다. 그는 젊은 나이에 요절하였으나 천재적인 시인으로서『진일유고(眞逸遺稿)』를 남겼다.

성현은 어린 시절 부친을 잃고 주로 백씨 성임을 좇아 글을 배운 뒤 23세 때에는 문과(文科)에 급제하였다. 그 뒤로 순탄하게 사환(仕宦)에 종사하면서 홍문관 부제학·대사성·승지·예조판서·예문관 대제학과 같은 청화(淸華)의 요직을 두루 역임하였다. 이처럼 주로 경직(京職)을 맴돌며 서울을 떠난 적이 별로 없었던 그는 실은 관무(官務)에 골몰하지 않은 채 주로 독서하고 저술하는 일에 힘을 기울였다. 그 결과 성현은 15세기 관료 문인 가운데서는 유례를 찾아볼 수 없을 정도로 많은 저술을 남겼다. 곧 『시집(詩集)』15권, 『문집(文集)』15권, 『보집(補集)』5권, 『풍아록(風雅錄)』 2권, 『주의(奏議)』 6권, 『용재총화(慵齋叢話)』 10권, 『금낭행적(錦囊行跡)』30권, 『풍소궤범(風騷軌範)』45권, 『악학궤범(樂學軌範)』9권, 『상유비람(桑楡備覽)』40권, 『경륜대궤(經綸大軌)』50권, 『부휴자담론』6권 등을 저술했던 것이다. 이 가운데 『용재총화』와 『악학궤범』이 국학 분야의 불후의 명저라는 사실은 우리가 이미 주지하는 바이다. 이 글에서 다루고 있는 『부휴자담론』 역시 선초의 주요 산문집(散文集)의 하나로서 근래 여러 연구자들로부터 주목을 받고 있다.

『부휴자담론(浮休子談論)』은 '부휴자의 담론'이라는 뜻이다. 성현은 "세상에 태어나 살아가는 것은 '물에 떠도는 것[浮]'과 같고, 죽어서 세상을 떠나는 것은 '잠시 쉬는 것[休]'과 같다"는 사생관(死生觀)에서 부휴자(浮休子)라는 호를 쓴다고 하였다. 그의 자전(自傳)인 「부휴자전」에서 한 말이다. 삶과 죽음을 초월하는 경계를 지향하던 성현이 대화(對話)의 형식을 빌어 자신의 생각을 논술(論述)한 글이 바로 『부휴자담론』이었던 것이다.

이 책은 아언(雅言) 2권과 우언(寓言) 2권과 보언(補言) 2권의 총 6권으로, 제1권 아언에 18화, 제2권 아언에 22화, 제3권 우언에 17화, 제4권 우언에 20화, 제5권 보언에 16화, 제6권 보언에 16화, 합계 109개의 이야기를 싣고 있다.

아언(雅言)은 '평소에 하는 말'이라는 뜻이다. 『논어(論語)』 「술이(述而)」 편에서 '공자(孔子)의 아언(雅言)은 시서(詩書)와 집례(執禮)였다'는 말을 쓴 적이 있다. 『논어』의 편자(編者)는 공자가 평소에 하던 말씀을 기술할 때 대개 그 서두에 '자왈(子曰)'이라는 어구를 사용하였다. 이러한 이야기 방식은 『맹자(孟子)』·『순자(荀子)』 등과 같은 선진(先秦) 제자서(諸子書)에서 흔히 찾아볼 수 있는 것이며, 후대에 이르러는 문대(問對)라는 하나의 독립된 문체로 발전하기도 하였다.

『부휴자담론』의 아언에서도 역시 그러한 서술 방식을 차용하였다. 성현은 자신이 평소에 품고 있던 의견을 진술하면서 그 화자(話者)로 자기 자신인 부휴자를 전면에 내세웠던 것이다. 다만 부휴자가 일방적으로 나서서 자신의 의견을 개진한 경우가 있는가 하면, 다른 사람의 질문을 받고 부휴자가 그에 대해 답변하는 형식을 취한 경우도 있다. 이처럼 부휴자가 전면에 나서서 발언하는 형식을 취하다 보니 아언의 내용은 자연히 중세의 정치나 사회 윤리에 관한 것이 그 주를 이루게 되었다. 임금의 도리, 치도(治道)의 요체, 신하의 도리 등을 논한 것이 바로 그러한 사례이다.

우언(寓言)은 '우의(寓意)를 지닌 말'이라는 뜻이다. 『장자(莊子)』 「우언(寓言)」편에서 그 용례를 찾아볼 수 있다. 곧 장자(莊子)는 자신이 말하고자 하는 바를 설득력 있게 전달하기 위해 허구적인 인물의 대화나 행동을 수사(修辭)의 한 방법으로 활용하였던 것이다. 장자의 이러한 이야기 방식은 한비자(韓非子)와 같은 사상가를 거쳐 후대에 이르러 비교적 폭넓게 쓰이기 시작하였으며, 송대 이후에는 소식(蘇軾)의 『애자잡설(艾子雜說)』이나 유기(劉基)의 『욱리자(郁離子)』와 같은 독립된 우언집으로 발전하기도 하였다.

성현도 우언에서 저산생(樗散生)·공동자(空同子)·동고자(東皐子)·녹피옹(鹿皮翁) 등과 같은 허구적인 인물을 등장시켜 그들의 대화나 행동을 통하여 자신의 윤리적 견해를 표명하였다. 우언의 전통적인 이야기 방식을 적극적으로 차용하였던 것이다. 이러한 성현의 우언은 대개 어리석은 자와 현명한 자가 함께 등장하여 후자가 전자의 어리석은 생각이나 행동을 풍자하거나 비판하는 내용이 그 주를 이루고 있다. 저산생이 주씨(朱氏)의 탐욕을 경계한 것, 녹피옹이 동고자에게 사람의 재주가 각기 다름을 설파한 것 등이 그러한 사례이다.

보언(補言)은 '보충하는 말'이라는 뜻이다. 과거에는 저술가들이 자신의 저술 속에 기존 전적(典籍)을 인용하면서 그 문장에 첨삭을 가하여 윤색하는 경우가 적지 않았다. 특히 선진(先秦) 양한(兩漢)의 문헌에서 그러한 예를 쉽게 찾아볼 수 있다.

보언이라는 표제 아래 성현은 『춘추좌씨전(春秋左氏傳)』이나 『사기(史記)』·『열녀전(列女傳)』 등과 같은 옛 사서(史書)의 특정 사건에 등장하는 인물들의 대화에 그 자신이 상당 분량의 이야기를 가필해 넣었다. 또한 성현은 기존 역사서의 전후에 산재(散在)한 기록을 한 곳에 모아 놓기도 하고, 기록에서 찾아볼 수 없는 인물을 새롭게 등장시켜 놓기도 하였다. 그렇게 함으로써 독자로 하여금 특정한 역사적 사건에서 교훈을 얻을 수 있게 하였던 것이다. 보언의 대화에는 아랫사람과 윗사람이 함께 등장하여 후자가 전자의 정치적 과오를 간하는 내용이 그 주를 이룬다. 전쟁을 일으키기 좋아하던 송(宋)나라 상공(殤公)에게 공보가(孔父嘉)가 그 부당함을 간한 것, 사냥을 즐기던 초(楚)나라 장왕(莊王)에게 번희(樊姬)가 그 잘못을 간한 것, 벼슬을 권하던 한(漢)나라 소하(蕭何)에게 소평(召平)이 반대 의사를 표명한 것 등이 바로 그것이다.

『부휴자담론』은 현재 목판본 한 질과 필사본 몇 종이 국내에 전하고 있다. 그런데 이 책에는 서문이나 발문이 없어 출판의 경위 등을 자세하게 알 수가 없다. 다만 『고사촬요(攷事撮要)』의 책판 목록을 보면 전라도 나주(羅州)에 『허백당집(虛白堂集)』과 더불어 이 책의 판목이 있었다 한다. 이로써 보건대 중종(中宗) 연간 나주에서 성현의 문집과 함께 이 책을 간행했던 것 같다. 한편 최근에는 이종묵 교수가 이 책의 번역본을 출간한 바 있다.

15세기 세종·성종 연간은 우리나라의 문화가 세계 문화와 어깨를 나란히 한 시대로서 당시 우리 문화의 발전을 추동하던 관료계(官僚系) 문인 학자들은 문학과 과학 예술 등의 각 분야에서 탁월한 성취를 이룩하였다. 후대의 학자들이 일반적으로 송대(宋代) 이학(理學)에 매몰되어 사서(四書) 중심의 기존 경전(經傳)을 해석하는데 급급해 하던 것과는 달리 15세기 문인들은 선진(先秦) 제자서(諸子書)는 물론 오경(五經)까지도 문예적 관점에서 탐독하고 있었다. 문학 그 자체의 가치를 긍정하는 입장에 서서 폭넓게 책을 읽으면서 다양한 저술을 남겼던 것이다. 성현의 『부휴자담론』은 당시의 그러한 문예취향(文藝趣向)을 대변하는 저술 가운데 하나이다.

성현(成俔)은 평소 문학의 원류(原流)로서의 고학(古學)을 중시한 학자였다. 시학(詩學)의 경우에는 고시(古詩)를 중시하여 『풍소궤범(風騷軌範)』을 편찬하고 『풍아록(風雅錄)』을 찬집하였다. 그리고 문장의 경우에는 선진(先秦) 제자(諸子)의 작문 방법을 활용하여 『부휴자담론』을 저술하였다. 그는 이 책에서 서로 다른 몇 가지 방식으로 이야기를 전개하였으니, 아언은 『논어』나 『맹자』에서 볼 수 있는 것처럼 직설적인 어법을 구사한 것이며, 우언은 『장자』나 『한비자』 등에서 흔히 쓰던 수사 방법인 우언을 활용한 것이며, 보언은 『춘추좌씨전』이나 『사기』의 명편(名篇)처럼 특정 역사 인물의 대화를 생동감 있게 확장·보충한 것이다. 한 권의 책에서 이처럼 의도적으로 다양한 글쓰기의 방법을 시도하여 자신의 정치 사회적 견해를 표명한 예는 우리 문학사에 실로 드문 일이다. 오늘날의 독자는 이 책에서 계발 받는 바가 적지 않을 것이다.

2003.12.15
이 래 종

권3

우언(寓言) · 105

潭

侍

子

談

論

卷

之

三

1. 임금의 도리

옮김
譯 부휴자(浮休子)[1]가 말하였다.

"임금은 하늘과 같다. 임금의 위상(位相)은 너무 높아서 그 높이를 측량할 수 없으며, 너무 존귀하여 그 상대를 찾을 수 없으며, 너무 커서 그 크기를 헤아릴 수 없으며, 너무 넓어서 그 경계를 발견할 수 없다. 신묘한 변화를 헤아릴 수 없으며 강하고 굳세어 잠시도 쉬지 않는다. 해와 달처럼 천하를 비추기 때문에 성덕(盛德)이 밝게 빛나며, 비와 이슬처럼 덕을 베풀기 때문에 은택(恩澤)이 널리 퍼진다. 임금은 서리와 바람처럼 죄악을 물리치기 때문에 형옥(刑獄)의 결과가 엄숙하며, 천둥과 번개처럼 진노를 떨치기 때문에 위엄(威嚴)이 사방에 넘친다. 봄 날씨처럼 만물을 기르고 가을 바람처럼 죄악을 물리치기 때문에 상벌(賞罰)의

---

1) 부휴자(浮休子): 성현(成俔)의 호. 그에 대해서는 해제를 참조하기 바람.

시행이 분명하며, 태양처럼 낮에 일하고 밤에 쉬기 때문에 기거(起居) 동작에 절도가 있다. 임금은 하늘과 같다. 임금이 하는 일은 하늘이 하는 일을 본받지 않는 것이 없다.

그렇지만 임금이 덕을 잃고 과오를 범하면, 해와 달에 일식(日蝕)이나 월식(月蝕)과 같은 변괴가 나타나며, 비와 이슬에 가뭄이나 홍수와 같은 오류가 발생하며, 바람과 서리 같은 재변(災變)이 일어나며, 천둥 번개가 때도 없이 내리친다.[2] 그렇기 때문에 천하를 다스리는 자는 하늘의 명에 순종하여 우리 백성을 다스려야 하는 것이다. 임금은 천명(天命)을 따라야 하지 어겨서는 안 되며, 상도(常道)를 지켜야 하지 변덕을 부려서는 안 되며, 마음을 순일(純一)하게 지켜야 하지 난잡해서는 안 되며, 하늘을 공경해야 하지 능멸해서는 안 된다. 하늘의 뜻을 어기면 상서롭지 못하고, 하늘의 가르침을 능멸하면 복이 달아난다. 상서롭지 못하고 복이 달아나면 단 하루도 임금의 자리에 머무를 수 없다."

원문 浮休子曰, "君猶天也. 其高無上也, 其尊無對也, 其大無極也, 其廣無涯也. 神變之不測也, 强健而不息也. 日月以明之, 盛德光輝也. 雨露以濡之, 恩澤普施也. 風霜以摧之, 刑斷肅殺也. 雷電以震之, 威靈動盪也. 春生秋殺, 賞罰昌也. 晝作夜息, 興居節也. 君猶天也, 君之所爲, 無非法天之所爲也. 君德失寧而過差, 則日月有遭蝕之變, 雨露有旱澇之愆, 風霜有災, 雷出非時也. 是故, 王者順天之令, 蒞吾之民. 可若而不可愆也, 可常而不可貳也, 可一而不可二也, 可敬而不可慢也. 違天不祥, 慢天無福. 不祥無福, 不能一日居天位也."

---

2) 이른바 '천인상관(天人相關)의 원리'를 논한 것임.

2. 천도(天道)의 실체

옮김譯 부휴자(浮休子)가 말하였다.

"하늘을 이른바 '하늘'이라고 하는 것은 푸른 창공(蒼空)을 일컫는 말이 아니라 주재(主宰)하는 것이 있다는 말이다.3) 이른바 '주재한다'는 말은 무엇을 뜻하는가? '선악(善惡)에 대해 화복(禍福)4)으로 감응(感應)하는 이치'가 모두 그것이다."

어떤 사람이 물었다.

"그렇다면 착한 행실이 있으면 하늘이 반드시 복을 주고, 악한 행실이 있으면 하늘이 반드시 재앙을 내립니까? 느끼는 바가 있으면 그에 응하여 하늘이 사람들에게 일일이 화복(禍福)을 베푼다는 말입니까?"

부휴자가 대답하였다.

"그렇게 할 수는 없다. 하늘은 다만 이치(理致)를 임금에게 부여하는 존재에 불과할 뿐이다. 착한 행실이 있다 하여 하늘이 반드시 재물을 내려 상을 주고, 악한 행실이 있다 하여 하늘이 반드시 벼락을 쳐서 벌을 준다면, 사람들은 도리어 하늘에 아부하려 할 것이다. 하늘은 정작 두려워할 만한 존재가 될 수 없기 때문이다. 하지만 화복의 이치가 하늘에 있기 때문에 사람들은 그 이치를 알 수 없다. 그러므로 모두 하늘을 두려워하며 공경하는 것이다.

하늘을 두려워하는 자 중에는 임금보다 막중한 사람이 없다. 그러므로 아래 사람들은 반드시 하늘로써 임금을 경계하게 한다. 탕(湯)·무(武)5)가

---

3) '하늘의 본질은 무엇인가'라는 물음에 대해, 대개 자연 현상 그 자체로 보는 견해와 우주를 통섭(統攝)하는 인격체로 보는 견해가 있었음. 이른바 자연천(自然天)의 관념과 인격천(人格天)의 관념이 그것임. 이 책의 저자는 후자의 관념을 철저히 따르고 있음.
4) 화복(禍福) : 재앙(災殃)이나 복록(福祿).
5) 탕(湯)·무(武) : 은(殷)나라를 세운 탕왕(湯王)과 주(周)나라를 세운 무왕(武王). 두 임금은 모두 성덕(盛德)이 있어 새로운 나라를 세웠음.

흥한 것은 하늘이 흥하게 한 것이고, 걸(桀)·주(紂)[6]가 망한 것은 하늘이
망하게 한 것이다. 무릇 나라의 흥망(興亡)은 모두 하늘의 뜻에 달려 있다.
그 때문에 대부분의 사람들은 삼가하고 두려워하여 감히 잘못을 범하지
않으려 하는 것이다. 『시경(詩經)』에서 이르기를, '공경하고 공경하라! 하
늘이 매우 총명하시니 천명을 보전하기 쉽지 않다'[7]고 하였다. 또한 '하
늘의 노여움을 공경하여 감히 편안하게 여기지 말라'[8]고도 하였다. 모두
임금의 도리를 경계한 말씀이다."

어떤 사람이 다시 물었다.

"초목 중에는 오근(烏菫)[9]이 있으며, 날짐승 중에는 짐(鴆)[10]이 있으며,
들짐승 중에는 호랑이와 표범이 있습니다. 심지어 뱀·전갈·모기·등
에[11] 따위처럼 사람에게 해만 끼칠 뿐 도움을 주지 못하는 것들도 많이
있습니다. 하지만 하늘이 저들을 모두 번성하게 하는 것은 무엇 때문입
니까?"

부휴자가 대답하였다.

"선행(善行)이 있으면 반드시 악행(惡行)이 있고, 치세(治世)가 있으면 반
드시 난세(亂世)가 있다. 이치가 본디 그런 것이다. 악행이 없으면 선행
이 있다 하여 귀할 것이 없으며, 난세가 없으면 치세가 있다 하여 귀할
것이 없다. 만물 중에 사람에게 해로운 것은 도척(盜跖)[12]이 사람에게 해

---

6) 걸(桀)·주(紂) : 하(夏)나라의 폭군 걸(桀)과 은(殷)나라의 폭군 주(紂). 두 사람 모두 포
악무도(暴惡無道)하여 나라를 잃었음.
7) 『시경』 「주송(周頌)」 「경지(敬之)」편의 구절. 그 원문은 '敬之敬之 天惟顯思 命不易
哉'임. 이 시는 주(周)나라의 신하들이 성왕(成王)에게 임금의 도리를 진술한 작품임.
8) 『시경』 「대아(大雅)」 「판(板)」편의 구절. 그 원문은 '敬天之怒 無敢或像'임. 이 시는
범(凡)나라 임금이 여왕(厲王)을 풍자한 작품임.
9) 오근(烏菫) : 바꽃 또는 부자(附子)라고 하는 맹독성(猛毒性)의 식물. 줄기는 오근 또
는 오두(烏頭)라 하며 뿌리는 부자라 함.
10) 짐(鴆) : 새의 일종. 독성(毒性)을 지니고 있어 그 깃털을 술에 타서 마시면 사람이 죽
는다 함.
11) 등에 : 해충의 일종. 동물의 피를 빨아먹으며 그 모양은 파리와 비슷하게 생겼음.
12) 도척(盜跖) : 춘추시대 노(魯)나라의 큰 도적. 무리 수천(數千)을 이끌고 다니면서 날마

로운 것과 같다. 하늘은 사람에게 직접 상벌(賞罰)을 내릴 수 없으므로 임금의 손을 빌어 사람에게 상벌을 내린다. 따라서 임금이 내리는 상벌은 바로 하늘이 내리는 상벌이다. 만물 중에서 사람에게 해를 끼치는 것은 사람이 잡아서 죽이며, 사람 중에서 사람에게 해를 끼치는 자는 임금이 죽여서 없앤다. 비록 다 죽일 수는 없다 하더라도 죽임을 당하는 자가 많으면 그 중에 남아 있는 자들도 멋대로 흉포(凶暴)한 짓을 할 수가 없다. 옛날에 순(舜)임금이 고요(皐陶)[13]를 등용하자 흉악한 자들이 멀리 달아났다. 그 당시에 비록 사흉(四凶)[14]이 있었지만 사람들에게 해를 끼칠 수는 없었다."

어떤 사람이 다시 물었다.

"가난한 사람은 착하게 살아도 가난하고, 부유한 사람은 악하게 살아도 부유합니다. 나아가 가난한 사람은 더욱 가난해지고 부유한 사람은 더욱 부유해집니다. 그렇지만 하늘이 저들을 구별하여 다스리지 못하는 것은 무엇 때문입니까?"

부휴자가 대답하였다.

"하늘이 기르는 만물 중에는 작은 것도 있고 큰 것도 있으며 무성한 것도 있고 시들한 것도 있다. 무릇 천지 사이에 형형색색으로 흩어져 있는 만물은 모두가 서로 다른 법이다. 하늘은 저들에게 형태와 색깔은 줄 수 있으나 저들을 다 잘 살게 할 수는 없다. 하늘이 저들을 다 잘 살게 하고 싶은 마음이 없는 것은 아니다. 다만 땅에는 비옥함과 척박함 등의 차이가 있기 때문에 만물의 성장도 또한 그에 따라 다르게 나타나는 것이다. 저 사람들이 강하거나 약하거나 가난하거나 부유한 것도 모두 그 품성(稟性)의 청탁(淸濁)[15]이 낳은 결과일 뿐이다. 따라서 몸이 말

다 죄 없는 사람들을 죽였음.

13) 고요(皐陶) : 순(舜)임금의 신하. 사구(司寇)의 직을 맡아 형옥(刑獄)을 잘 다스렸음.

14) 사흉(四凶) : 요(堯)·순(舜) 시절의 네 명의 악인(惡人). 곧 공공(共工)·환두(驩兜)·삼묘(三苗)·곤(鯀)을 말함.

15) 청탁(淸濁) : 타고난 자질이 훌륭하거나 열악함.

랐거나 병이 들었다 하더라도 하늘을 원망할 필요가 없으며, 죽임을 당하거나 감옥에 갇혔다 하더라도 하늘을 나무랄 필요가 없다. 뜻밖에 만나는 재난이나 어리석은 사람의 몽매(蒙昧)함은 하늘도 또한 구제할 수 없는 것이다."

 浮休子曰, "天之所謂天者, 非謂蒼蒼也, 有主宰之謂也. 所謂主宰者, 何也? 善惡禍福, 感應之理, 皆是也."

或問曰, "然則有善必福, 有惡必禍, 有感斯應, 天一一施之人乎?"

曰, "不可. 天不過以理付之人主而已. 有善者, 天必降財而錫之, 有惡者, 天必震雷而伐之, 則人反藝天, 天不足畏也. 惟其理在於天而不可測, 故人皆畏天而敬之. 畏天者, 莫大於人主, 故下人必以天戒君. 湯武興者, 天興之也. 桀紂亡者, 天亡之也. 夫國之興亡, 皆歸之於天. 故戒愼恐懼, 不敢爲非者, 多矣. 詩曰, '敬之敬之, 天惟顯思, 命不易哉.' 又曰, '敬天之怒, 無敢或偸.' 皆戒人君之道也."

或又問曰, "草有烏菫, 鳥有鴆, 獸有虎豹. 至如蛇蠍蚊蝱, 凡有害而無益於人者, 天而蕃育之, 何也?"

曰, "有善, 必有惡, 有治, 必有亂, 理之常也. 無惡, 則無貴於善, 無亂, 則無貴於治. 物之害於人者, 猶盜跖之害於人也. 天不能賞罰人, 而借手於君以賞罰. 人君之賞罰, 卽天之賞罰也. 物之害於人者, 搏而殺之. 人之害於人者, 誅而遠之. 雖不能盡去, 去者多, 則其存者不得肆暴. 昔者, 舜擧皐陶, 而不仁者遠. 當其時, 雖有四凶, 不得爲之害也."

或又問曰, "貧者爲仁而貧, 富者爲不仁而富, 貧益貧而富益富. 天不能辨治之, 何也?"

曰, "天之生物也, 小大榮枯, 凡形色之散於兩間者, 皆不同也. 天能與之形色, 而不能與之皆遂其生. 天非不欲皆遂其生也. 地有厚薄肥磽之不一, 而物之成就者, 亦從而異. 彼人之强弱貧富, 皆性稟清濁之所爲耳. 疲癃殘疾, 不必怨天. 誅夷桎梏, 不必咎天也. 無妄之災, 下愚之蔽, 天亦不能救也."

3. 치도(治道)의 요체

옮김 譯 부휴자가 말하였다.

"천하(天下)를 다스리는 데에는 도(道)가 있다. 공평(公平)이 바로 그것이다. 임금은 공평하지 않으면 안 된다. 관직(官職)을 주는 데에 공평해야 하며, 포상(襃賞)을 행하는 데에 공평해야 하며, 형벌(刑罰)을 쓰는 데에 공평해야 하며, 법률(法律)을 적용하는 데에 공평해야 한다. 신하도 공평하지 않으면 안 된다. 관청에서 공무를 다스리면서 자기 집안 일을 돌보지 말아야 하며, 관아의 문에 들어가서 사적인 이익을 언급하지 말아야 하며, 공적인 지위에 있으면서 사사로운 은혜를 베풀지 말아야 하며, 공공의 도의를 따르되 사욕(私欲)에는 빠지지 말아야 한다.

임금이 공평하면 나라가 잘 다스려지고 사리(私利)를 추구하면 큰 혼란이 일어난다. 신하가 공평하면 일신이 편안하고 사리를 추구하면 목숨이 위태롭다. 어찌 경계하지 않을 수 있겠는가?

신하 가운데에서 공평하게 처신한 사람으로는 우(禹)[16]와 직(稷)[17]만한 자가 없었다. 우(禹)는 오직 치수(治水)만을 다급하게 여겨 그 임무를 완수하지 못할까 두려워하였다. 직(稷)은 오직 가색(稼穡)[18]만을 소임(所任)

---

16) 우(禹): 하(夏) 왕조를 창업한 임금. 왕위에 오르기 전에 요(堯)와 순(舜) 두 임금을 섬기며 홍수(洪水)를 다스려 큰공을 세웠음.
17) 직(稷): 후직(后稷)의 약칭. 주(周) 왕조의 조상 기(棄)의 별명. 요(堯)와 순(舜)을 도와 농사일을 맡아서 다스렸음.

으로 삼아 다른 것은 돌아볼 겨를이 없었다. 차라리 나의 집안을 해롭게 할지언정 차마 국체(國體)19)를 무너지게 할 수 없었으며, 차라리 나의 재물을 사라지게 할지언정 차마 민생(民生)을 상하게 할 수 없었다. 그러므로 임금은 일을 맡겨 놓고 의심하지 않았으며, 신하들은 그를 받들며 다른 생각을 하지 않았다.

오늘날의 선비들은 그렇지 않다. 겨우 벼슬길에 오르기만 하면 먼저 자신의 이익을 돌보기에 힘을 쏟는다. 작은 경우에는 뇌물을 주고받으며 큰 경우에는 세금을 착복한다. 파리처럼 바쁘게 날뛰고 이리처럼 탐욕을 부리며 끝내 만족할 줄을 모르는 것이다. 임금이 비록 그런 자를 멀리하려고 하더라도 뜻을 이룰 수 없다. 세도(世道)가 나날이 땅에 떨어지니 다시 회복시키기란 참으로 어렵구나!"

원문 浮休子曰, "治天下有道, 公而已矣. 君不可不公, 爵人公也, 行賞公也, 用刑公也, 守法公也. 臣不可不公, 治官事, 不營私室, 在公門, 不言私利, 執公器, 不施私恩, 循公義, 不陷私欲. 公則治, 私則亂, 公則安, 私則危, 可不戒哉? 人臣之公者, 莫如禹稷. 禹惟治水之爲急, 恐不及也. 稷惟稼穡之爲務, 不遑他也. 寧損吾家, 而不忍虧國體. 寧亡吾財, 而不忍傷其生. 是故, 君委之而不疑, 臣奉之而無二. 今之爲士者不然, 纔登仕路, 先務己私, 小則苞苴, 大則聚斂, 蠅營狼貪, 不知紀極. 君雖欲遠之, 而不可得. 甚矣! 世道之日降而難回也."

---

18) 가색(稼穡) : 곡식을 심고 거두는 것. 나아가 농사일을 말함.
19) 국체(國體) : 나라의 제도와 격식.

4. 사참(邪僭)의 해악

옮김譯 부휴자가 말하였다.

"나라가 제대로 다스려지지 않는 것은 사특(邪慝)하고 참람(僭濫)한 자가 해를 끼치기 때문이다. 그런데 사특함은 참람함의 본원(本源)이고 참람함은 사특함의 말류(末流)이다. 사특하기 때문에 참람함이 파생하는 것이다.

신하는 마땅히 염직(廉直)해야 하지 사특해서는 안 되며, 마땅히 공근(恭謹)해야 하지 참람해서는 안 된다. 제후가 수도(隧道)[20]를 쓰고, 공경(公卿)이 옹(雍)[21]으로써 제기(祭器)를 거두고, 대부(大夫)가 반점(反坫)[22]을 두고, 사(士)가 양영(兩楹)[23]을 설치하고, 서인(庶人)이 옥식(玉食)[24]을 먹는다면, 그것을 어찌 옳다 할 수 있겠는가?

제후가 천자에게 참람하며, 공경이 제후에게 참람하며, 대부가 공경에게 참람하며, 사가 대부에게 참람하며, 서인이 사에게 참람하다면, 이는 집과 섬돌의 차서(次序)가 어긋난 것[25]이나 갓과 신발의 위치가 뒤바뀐 것[26]과 다름이 없다. 그러면서도 나라가 위태롭지 않은 경우는 찾아볼 수 없었다."

---

20) 수도(隧道) : 평지에서 묘혈(墓穴)까지 관곽(棺槨)을 운반하기 위해 만든 길. 천자가 쓰던 장묘(葬墓) 제도였음.
21) 옹(雍) : 『시경』「주송(周頌)」의 편명(篇名). 천자가 종묘에서 제례를 마치고 나서 제물(祭物)을 물릴 때에는 「옹(雍)」편의 시를 읊었음. 이 시는 주(周)나라 무왕(武王)이 문왕(文王)의 덕을 칭송한 작품임.
22) 반점(反坫) : 탁자의 일종. 제후들이 모여 술을 마실 때 잔을 올려놓던 토상(土床)이었음.
23) 양영(兩楹) : 당상(堂上)의 동서에 세우는 두 개의 큰 기둥. 대부가 쓰던 주택의 제도였음.
24) 옥식(玉食) : 좋은 음식.
25) '섬돌이 도리어 건물의 위에 있다'는 뜻임.
26) '갓을 신발처럼 발에 신고 신발을 갓처럼 머리에 쓴다'는 뜻임.

<table>
<tr><td>원
문</td><td>浮休子曰, "國家之不治, 邪僭害之也. 邪爲僭之本源, 僭爲
邪之流派, 由邪故僭也. 人臣當廉而不當邪, 當恭而不當僭.
諸侯用隧, 公卿雍徹, 大夫反坫, 士兩楹, 庶人玉食, 可乎? 諸侯僭於
天子, 公卿僭於諸侯, 大夫僭於公卿, 士僭於大夫, 庶人僭於士, 則堂
陛紊序也, 冠屨倒置也. 其國不危者, 未之有也."</td></tr>
</table>

5. 임금과 관직

부휴자가 말하였다.

"임금은 갑자기 사람을 교만하게 만들지 말아야 한다. 사람을 교만하게 만드는 것은 높은 벼슬자리이다.[27] 그 사람이 어질지 못한 데에도 벼슬길에 나아가게 하면 그는 기대에 부응할 수가 없다. 그 사람이 재주가 없는 데에도 임금이 관직을 맡게 하면 그는 직책을 수행할 수가 없다. 기대에 부응할 수 없고 직책을 수행할 수 없는 사람이 어떻게 오랫동안 자리를 보전할 수 있겠는가? 비록 친했다 하더라도 그를 멀리하게 될 것이며, 비록 사랑했다 하더라도 그의 벼슬을 강등시키게 될 것이다. 임금은 결국 그 사람의 병통[28]을 고쳐줄 수 없는 것이다. 그 사람도 또한 자신에게 병통이 있다는 것을 깨닫지 못하고 반드시 임금을 원망하게 될 것이다. 원망을 품으면 반드시 난을 일으키고 난을 일으키면 반드시 패망한다.

석작(石碏)[29]이 말하기를, '관직을 강등시켜도 서운하게 생각하지 않

---

27) '사람은 벼슬이 갑자기 높아지면 대개 남을 깔보고 자신을 대단하게 여기는 교만한 마음이 생긴다'는 뜻임.
28) 병통: 어질지 못하거나 재주가 없는 것을 뜻함.
29) 석작(石碏): 춘추시대 위(衛)나라 장공(莊公) 때의 대부(大夫). 본문에 인용한 그의 말

으며 서운하게 생각하면서도 능히 참을 수 있는 사람은 드문 법이다'라
고 하였다. 그러므로 임금은 점진적으로 신하의 관직을 올려주어야 한
다. 갑자기 교만하게 만들어서는 안 되는 것이다. 점진적으로 은혜를 베
풀어주어야 한다. 갑자기 귀하게 대우해서는 안 되는 것이다."

원문 浮休子曰, "君不可驟驕人也, 驕人由官崇也. 非其賢而進之,
則不孚其望. 非其才而用之, 則不稱其職. 不孚望, 不稱職之
人, 胡可久乎? 雖親而疎之, 雖寵而降之, 君終不能藥其疾. 其人亦不
知身之有疾而必怨, 怨則必亂, 亂則必敗. 石碏有言曰, '降而不憾,
憾而能眕者, 鮮矣.'[30] 是故, 人君以漸爵人, 而不可驟驕之也. 以漸
伸恩,[31] 而不可驟貴之也."

6. 인정(仁政)과 폭정(暴政)

옮김譯 부휴자가 말하였다.
"먼 옛날 성스러운 임금이 천하를 다스릴 때에는 백성 대하기
를 마치 아픈 사람 돌보듯이 하면서 백성을 잘 길러 번성하게 할 방도
를 생각하였다. 백성들의 생업(生業)을 마련해 주었으며 사방의 물자(物
資)를 유통시켜 주었다. 있는 자와 없는 자가 서로 돕게 함으로써 넉넉

은 『춘추좌씨전』 은공(隱公) 3년의 기사(記事)에서 찾아볼 수 있음.
30) 이 구절의 '眕'이 목판본에는 '胗'으로 되어 있음. (『춘추좌씨전(春秋左氏傳)』 은공
(隱公) 3년의 기사에 의거하여 바로잡았음. 목판본의 원문을 교감하는 경우에는 교감자
(校勘字)를 포함하는 구절의 끝에 그 사실을 밝혔음. 또한 어떤 글자가 오탈자(誤脫字)
임이 비교적 명확한 경우에는 교감의 근거를 밝히지 않았음.)
31) 이 구절의 '漸'이 목판본에는 '慚'으로 되어 있음. (대교본에 의거하여 바로잡았음.)

한 사람은 부족한 사람을 돕고 부족한 사람은 넉넉한 사람의 도움을 받게 하였다. 그 때문에 산간에 사는 사람에게도 물고기가 풍족하였으며, 물가에 사는 사람에게도 재목이 풍족하였다. 따라서 물자가 부족한 적이 없었다. 농사를 짓는 사람에게도 기구(器具)가 넉넉하였으며, 기구를 만드는 사람에게도 곡식이 넉넉하였다. 따라서 물자를 구하기가 어렵지 않았다. 비옥한 지방 사람들만 즐겁게 산 것이 아니었으며, 척박한 지방 사람들만 고생스럽게 산 것이 아니었다. 따라서 이익이 한쪽으로 치우치지 않았다. 흉년이 든 지방에 곡식을 옮겨 주었으며, 풍년이 든 지방으로 백성들을 이사하게 하였다. 따라서 먹을 것이 부족하지 않았다.

그러므로 지나치게 부유한 사람이 없었고 또한 지나치게 가난한 사람도 없었다. 윗사람은 아랫사람을 불쌍하게 생각하였고 아랫사람은 윗사람을 진심으로 사랑하였다. 마치 손이 팔뚝을 부리고 팔뚝이 손의 지휘를 받는 것 같았다. 따라서 아랫사람이 가르침을 어기고 모반하지 않을까 하여 걱정할 필요가 없었다.

후세에는 형세가 그렇지 못하다. 넉넉한 사람은 지나치게 넉넉하며 부족한 사람은 지나치게 부족하다. 많이 소유한 사람은 재물이 흘러 넘치며 적게 소유한 사람은 생활이 더욱 궁핍하다. 임금은 백성이 죽어 가는 것을 보고도 불쌍하게 여기지 않으며, 백성은 임금이 위험에 처한 것을 보고도 구하려 하지 않는다. 눈을 흘기며 서로 원망할 뿐 도우려 하지 않는다. 다른 이유가 있는 것이 아니다. 교화(敎化)가 무너지고 인의(仁義)가 부족하기 때문이다."

원문 浮休子曰, "古昔聖王之治天下也, 視民如傷, 思所以涵養而阜蕃之. 制民之産, 通方之物, 使有無相濟, 有餘者, 補不敷, 不敷者, 資有餘. 是故, 山人足魚鱉, 澤人足材木, 而所用不窘也. 農人饒器具, 工匠饒禾穀, 而所須不難也. 豊膏不獨樂, 磽确不獨苦, 而

所利不偏也. 移粟於凶土, 移民於富鄕, 而所食不乏也. 是以, 無太富
之人, 亦無太貧之人. 上恤于下, 下愛其上, 如手之使臂, 臂之稟手,
無有扞格不順之患. 後世則不然, 厚者偏厚, 薄者偏薄, 多者過溢, 少
者尤瘠. 君視民之死而不恤, 民視君之危而不救, 睊睊相怨, 無所補
益. 此無他, 敎化凌遲, 而仁義不足故也."

7. 군신(君臣)의 난이(難易)

옮김譯 어떤 사람이 부휴자에게 물었다.

"옛사람이 이르기를, '임금 노릇하기 어렵고 신하 노릇하기 쉽
지 않다'[32]고 하였습니다. 감히 묻겠습니다만 임금 노릇과 신하 노릇 중
에서 어느 편이 더 어려운 것입니까?"

부휴자가 대답하였다.

"임금의 입장에서 아랫사람을 본다면 임금 노릇을 하는 것이 비록 어렵
다고는 하지만 신하의 도리를 다 하는 것이 더욱 어렵게 보일 것이다. 아
랫사람의 입장에서 임금을 본다면 신하의 도리를 다 하는 것이 비록 쉽지
않다고는 하지만 임금의 도리를 다하는 것이 더욱 어렵게 보일 것이다.

임금은 미미한 일신(一身)으로 지극히 높은 자리에 머무르면서 모든
제후와 관리들의 숭앙을 받으며 종친과 족성(族姓)을 돌보고 만민(萬民)과
만물을 양육한다. 그들은 모두 임금에게 의지한 채 삶을 영위하는 것이
다. 그러므로 임금을 우러르며 공을 세우려는 자가 매우 많기 마련이다.
지혜로운 자는 그 지혜로 뜻을 이루려 하며, 재능이 있는 자는 그 재능
으로 뜻을 이루려 한다. 용맹한 자는 그 용맹을 활용하려 하며, 아름다

---

32) 『논어』「자로(子路)」편의 구절. 그 원문은 '爲君難 爲臣不易'임.

운 자는 그 아름다움을 활용하려 한다. 천 개 만 개의 길로 오직 임금만
을 향해 달려가는 것이다. 그런데 임금이 한 번 저들의 간계(奸計) 속으
로 떨어지면 자신도 모르는 사이에 과오를 범하다가 끝내 몸을 망치고
나라를 잃는다. 필부가 되려 해도 그마저 뜻대로 되지 않는다. 임금 노
릇을 하는 것이 역시 어려운 것이 아니겠는가?

　임금의 거처는 천지처럼 광활하고 그 위엄은 우뢰처럼 당당하다. 임
금의 안색은 자주 바뀌므로 신하는 그 마음을 쉽게 헤아릴 수 없다. 그
렇지만 신하는 짤막한 혀로써 막중한 임금을 움직여 보다가 요행히 뜻
을 이루면 일신이 부귀와 영화를 누릴 수 있다. 만일 임금이 말을 듣지
않으면 신하는 다시 신을 신고 돌아가 거친 밥에 물을 마시며 종신(終身)
토록 즐겁게 지낼 수 있다. 어디로 간들 편안하게 살 수 없겠는가? 신하
노릇을 하는 것이 비록 쉽다고 할 수는 없지만 사실 그렇게 어려운 것
만도 아니다."

　어떤 사람이 물었다.

　"그런데 요(堯)와 순(舜)은 필부로써 천하를 다스렸으며, 우(禹)와 직(稷)
은 몸소 농사를 짓다가 천하를 얻었습니다. 임금 노릇하기가 그렇게 쉬
웠던 것은 무엇 때문입니까? 한비(韓非)[33]는 「세난(說難)」편을 지었으나
말 때문에 죽었으며, 조조(鼂錯)[34]는 지낭(智囊)[35]을 차고 있었으나 꾀 때
문에 죽었습니다. 그들은 마침내 그 뜻을 이루지 못하였습니다. 신하 노
릇하기가 그렇게 어려웠던 것은 무엇 때문입니까?"

　부휴자가 대답하였다.

　"요·순·우·직의 경우에는, 하늘이 그들을 받아들였기 때문에 천하
를 주었던 것이고, 사람들이 그들을 따랐기 때문에 그들을 찾아갔던 것

---

33) 한비(韓非) : 전국시대 말기의 법가(法家). 저서에 『한비자(韓非子)』 20권이 있음.
34) 조조(鼂錯) : 한(漢)나라 문제(文帝) 때의 사람. 말을 잘하여 지낭(智囊)이라 불렸으며
　　왕실을 위해 제후들의 영토를 삭감하려 하다가 도리어 죽임을 당하였음.
35) 지낭(智囊) : 꾀 주머니.

이다. 하늘이 주고 사람들이 찾아갔으니 어찌 쉽지 않을 리가 있었겠는가? 한비는 유세(遊說)의 어려움을 알았으나 기필코 그 말을 다하려 하였고, 조조는 자신의 꾀를 믿고 기필코 그 꾀를 이루려 하였다. 그들은 나아갈 줄만 알고 물러설 줄을 몰랐으며, 유세하기 어려운 것은 알았으나 그 나라를 떠나지 못하였다. 그 두 사람이 목숨을 잃은 것은 그들 자신의 잘못 때문이다. 신하 노릇을 하기가 어려워 그렇게 된 것은 아니다."

[원문] 或問浮休子曰, "古人云, '爲君難, 爲臣不易.' 敢問, 難與不易, 孰勝?"

浮休子曰, "自上而視下, 則爲君雖難,[36] 而臣道尤爲難. 自下而視上, 則臣道雖若不易, 而豈若爲君難乎? 人君以一身之微, 寄乎巍巍之上, 百辟庶官之瞻仰, 宗戚族姓之依毗, 萬民萬物之涵養, 莫不賴君以爲生. 故仰而攻之者, 甚衆, 智者以智, 才者以才, 勇售勇, 而色售色, 千蹊萬徑, 惟其所趨. 人君一墮奸計, 則終迷而不悟, 以至身危而國亡, 欲爲匹夫不可得, 是不亦爲君之難乎? 人君之居處如天地, 威武似雷霆, 采色不定, 而心意難知. 以一寸之舌, 掉萬鈞之重, 幸而得之, 則身富尊榮. 不聽, 則納履而去, 蔬食水飮, 樂以終身, 安往而不自得哉? 是雖爲臣不易, 而實不難也."[37]

或問曰, "然則堯舜以匹夫而爲天下, 禹稷躬稼而有天下, 何其易也? 韓非作說難而死於說, 鼂錯有智囊而死於智, 卒不行其志, 何其難也?"

浮休子曰, "堯舜禹稷, 受之於天而天與之, 順之於人而人歸之. 天與人歸, 豈非易乎? 韓非知說難而必伸其說, 鼂錯恃有智而必售其智, 知進而不知退, 知難而不能去. 是則二人者之罪, 非爲臣之難也."

---

36) 이 구절의 '爲'가 목판본에는 '事'로 되어 있음.
37) 이 구절의 '難'이 목판본에는 '易'로 되어 있음.

8. 임금과 모려(謀慮)

옮김譯 부휴자가 말하였다.

"한 나라의 임금에게는 계획(計劃)하고 사색(思索)하는 것보다 더 큰 일이 없다. 계획은 심원해야 하고 사색은 주밀해야 한다. 심원하지 않으면 치밀하지 못하고, 주밀하지 않으면 확고하지 못하다. 치밀하지 못하고 확고하지 못하면 일을 그르치기 쉬운 법이다.

대개 사람의 성품(性品)은 느긋한 경우도 있고 성급한 경우도 있다. 성급한 것을 귀하게 여긴 사례가 있다. 중유(仲由)³⁸)가 한 마디 말로써 옥사(獄事)를 처결한 것이나 모수(毛遂)³⁹)가 초(楚)나라에서 몇 마디 말로써 합종(合從)⁴⁰)을 성사시킨 것이 그런 예이다. 이로써 본다면 의심하며 망설이는 편이 빨리 결단하는 것보다 못한 것 같다. 비심(裨諶)⁴¹)은 교외(郊外)로 나가 계획을 세운 뒤 그 뜻을 이루었고, 위염(魏冉)⁴²)은 다시 생각하고 돌아가 범저(范雎)⁴³)가 탔던 수레를 수색하게 하였다. 이로써 본다면 빨리 일을 처리하는 편이 오래 생각하는 것보다 못한 것 같다.

모든 일에 기회를 놓치지 말고 과감하게 결단해야 하는 경우는 드문 편이고, 평소 오랫동안 계획한 일이 나라에 유익한 경우는 많은 편이다.

---

38) 중유(仲由) : 공자의 제자, 자로(子路)는 그의 자(字)임. 정사(政事)의 재능이 있었으며 성품이 용맹하였음.

39) 모수(毛遂) : 전국시대 조(趙)나라 출신의 책사(策士). 평원군(平原君)을 따라 초(楚)나라로 가서 초나라가 조(趙)나라와 함께 합종(合從)하게 하는 공을 이루었음.

40) 합종(合從) : 전국시대의 조(趙)・위(魏)・한(韓)・연(燕)・제(齊)・초(楚)의 여섯 나라가 남북의 종(縱)으로 연합하여 강력한 진(秦)나라에 대항하게 하려던 정책.

41) 비심(裨諶) : 춘추시대 정(鄭)나라의 대부. 인적이 드문 교외에서 중요한 계획을 세운 적이 있었음.

42) 위염(魏冉) : 전국시대 진(秦)나라의 재상. 진나라로 들어오는 범저(范雎)를 잡으려고 일단 돌려보냈던 수레를 다시 쫓아가 수색한 적이 있었음.

43) 범저(范雎) : 전국시대 위(魏)나라 출신의 책사. 진(秦) 소양왕(昭襄王)에게 원교근공책(遠交近攻策)을 진언하였음.

그렇지만 사람들은 보통 빠른 것을 귀하게 여기고 느린 것을 나쁘게 생각한다. 그런데 빠르게 일을 처리하면 비록 일시적으로 속이 시원하기는 하지만 시간이 흐른 뒤 후회하게 마련이다. 반면에 느리게 일을 처리하면 비록 속이 시원하지는 않지만 대부분의 경우 성공적으로 일을 마칠 수 있다. 그러니 계획하고 사색하는 일은 창졸간에 서두를 수 없지 않겠는가?"

원문 浮休子曰, "有國者, 莫大於謀慮. 謀欲深, 而慮欲周, 不深則不密, 不周則不固, 不密不固,[44] 易敗之道也. 大抵人性, 有遲有速. 有以速而爲貴者, 仲由片言折獄, 毛遂定從於楚國, 一言而決. 由是觀之, 猶豫不如速斷也. 裨諶謀野而獲, 魏冉還索范雎之車. 由是觀之, 涖事不如久計也. 凡事臨機果斷者少, 而平時久遠之謀, 有益於國者多. 然人心貴速而惡遲, 速雖快於一時, 而未嘗不貽悔於其終. 遲雖不快意, 而率皆有成而不敗. 然則謀慮, 其可造次而爲之乎?"

9. 인도(引導)와 성패(成敗)

옮김譯 부휴자가 말하였다.
"사람이 어떤 사람이 되느냐 하는 것은 인도하기 나름에 달렸다. 신하가 임금을 인도하거나 벗이 벗을 인도하는 예가 모두 그런 것이다.

---

44) 이 구절의 '固'가 목판본에는 '周'로 되어 있음.

명철한 사람이 명철한 사람을 인도하면 그 명철한 사람은 더욱 명철해져 모르는 것이 없게 된다. 고요(皐陶)·직(稷)·설(契)45)이 요(堯)·순(舜)을 인도한 예가 바로 그것이다. 명철한 사람이 혼암한 사람을 인도하면 그 혼암한 사람은 도리어 명철한 사람으로 바뀌면서 나날이 새로워지게 된다. 이윤(伊尹)이 태갑(太甲)46)을 인도한 예가 바로 그것이다. 혼암한 사람이 명철한 사람을 인도하면 그 명철한 사람은 도리어 혼암한 사람으로 바뀌게 된다. 예컨대 제(齊)나라 환공(桓公)47)의 경우가 바로 그것이다. 환공은 관중(管仲)과 포숙(鮑叔)이 인도할 때에는 나라를 잘 다스렸으나, 수조(竪刁)와 개방(開方)이 인도할 때에는 나라를 혼란스럽게 만들었다. 혼암한 사람이 혼암한 사람을 인도하면 그 혼암한 사람은 더욱 어두워져 사리를 전혀 분별하지 못하게 된다. 비렴(飛廉)·악래(惡來)가 은(殷)나라 주(紂)48)를 인도한 예가 바로 그것이다.

이른바 '인도한다'는 것은 길을 안내한다는 말이다. 곧고 넓은 길로 인도하면 길이 평탄하여 나아가기 쉽다. 굽고 좁은 길로 인도하면 길이 비좁아 나아가기 어렵다. 비유하자면 후자는 맹인(盲人) 두 사람이 서로 부축하며 길을 걷는 것과 같다. 그들은 눈이 어두워 나아갈 방향을 찾을 수 없다. 대문에 돌이 있으면 걸려서 넘어져 발을 다치고, 길에 나무가 있으면 그에 부딪혀 머리를 깨뜨린다. 앞에 천 길이 넘는 구덩이와 깊이를 알 수 없는 물이 있어도 또한 피할 줄을 모르고 앞으로 나아간다. 슬픈 일이다! 하지만 만약 눈이 밝은 자가 길을 인도한다면 그런 일

---

45) 설(契) : 은(殷) 왕조의 시조. 순(舜)임금 때의 사도(司徒)로서 우(禹)를 도와 물을 다스렸음.
46) 태갑(太甲) : 은(殷)나라 초기의 임금. 등극 초에 법을 지키지 않다가 이윤(伊尹)에 의해 동궁(桐宮)으로 추방당하였음. 후에 개과천선(改過遷善)하여 다시 나라를 잘 다스렸음.
47) 환공(桓公) : 춘추시대 제나라의 임금. 처음에 포숙(鮑叔)의 추천을 받고 관중(管仲)을 재상으로 등용하여 패자(覇者)가 되었음. 그러나 관중이 죽은 후에는 수조(竪刁)·개방(開方) 등의 소인을 등용하여 정사를 문란케 하였음.
48) 주(紂) : 은(殷)나라의 마지막 임금. 비렴(飛廉)과 악래(惡來) 부자(父子)를 등용하여 무도한 짓을 일삼다가 주(周)나라 무왕(武王)에게 패망하였음.

을 걱정할 필요가 없을 것이다."

浮休子曰, "人之所以爲人, 在乎導之而已. 臣之導君, 友之導友, 皆是也. 以明導明, 則明益明而無不照, 皐陶稷契之於堯舜也. 以明導闇, 則闇轉爲明而日益新, 伊尹之於太甲也. 以闇導明, 則明者反入於闇, 如齊桓公, 管鮑導之則治, 竪刁開方導之則亂也. 以闇導闇, 則幽塞而無可通之時, 廉來之於殷紂也. 所謂導者, 引路之謂也. 引之周道, 則平坦易行. 引之邪徑, 則窘步艱澁. 譬如兩瞽相扶, 迷失所向, 石礙戶, 躓之足傷, 樹當途, 觸之頭破. 前有千丈之坑, 無底之水, 亦將趨入而不知避, 哀哉! 苟有明者導之, 則無此患也."

10. 인재의 등용

부휴자가 말하였다.

"천하에는 인재(人材)가 없는 때가 없으나 다만 걱정스러운 점은 인재가 있는 줄 알면서도 그를 등용하지 않는다는 것이다. 인재가 없는 때가 없으나 다만 걱정스러운 점은 인재를 등용하면서도 그를 신임하지 않는다는 것이다. 인재가 없는 때가 없으나 다만 걱정스러운 점은 인재를 신임하면서도 그를 그릇에 알맞게 쓰지 않는다는 것이다. 만일 인재가 있는 줄 알면서도 그를 등용하지 않는다거나, 인재를 등용하면서도 그를 신임하지 않는다거나, 인재를 신임하면서도 그를 그릇에 알맞게 쓰지 않는다면, 이는 어진 사람을 좋아한다는 이름만 있을 뿐이지 어진 사람을 등용하는 실질이 없는 것이다.

소를 잡는 것은 기술 중에서도 천한 기술이다. 그렇지만 포정(庖丁)[49]
이 아니면 칼질이 서툴러 제대로 소를 잡을 수 없다. 도끼로 흙을 찍어
내는 것은 재주 중에서도 작은 재주이다. 그렇지만 영인(郢人)[50]이 아니
면 반드시 코에 상처를 입는다. 시동(尸童)[51]이 제기(祭器) 위로 넘어가
고기를 썰고 수저를 놓는다면 사람들은 모두 그 행동이 직분에 맞지 않
는다는 것을 알 것이다. 시원치 않은 목수가 목재를 다듬으면서 손가락
을 베어 가며 얼굴에 땀을 흘리는데 대목장(大木匠)이 팔짱을 낀 채 바라
보고 서 있다면 사람들은 모두 그들의 역할이 잘못되었다며 탄식할 것
이다. 화류(華騮)[52]는 하루에 천리를 달리는 명마이다. 그렇지만 토끼를
잡는 솜씨는 한로(韓盧)[53]만 못한 법이다. 들소는 몸집이 거창하게 큰 동
물이다. 그렇지만 쥐를 잡는 솜씨는 너구리나 족제비만 못한 법이다.

그러므로 재주는 크고 작은 것을 가릴 것이 없다. 타고난 재주에 알맞
게 쓰면 좋은 재주가 되는 것이다. 그릇은 좋고 나쁜 것을 가릴 것이 없
다. 본래의 용도에 알맞게 쓰면 좋은 그릇이 되는 것이다. 만일 사람을
그 재주에 맞지 않게 씀으로써 거조(擧措)[54]를 뒤죽박죽 하게 한다면, 이
는 원숭이에게 주공(周公)[55]의 옷을 입혀 놓는 것과 무엇이 다르겠는가?

사람에 따라 그 재능에 능한 부분이 있고 능하지 못한 부분이 있다.
농부는 농사를 잘 짓지만 전사(田師)[56]가 될 수 없으며, 장사꾼은 장사를

---

49) 포정(庖丁): 『장자(莊子)』의 우언(寓言)에 등장하는 인물. 특히 소를 잘 잡았다 함.
50) 영인(郢人): 『장자(莊子)』의 우언(寓言)에 등장하는 인물. 특히 벽을 잘 발랐다 함. 장
   석(匠石)이라는 장인(匠人)이 영인의 코끝에 붙은 얇은 진흙을 도끼로 찍어냈으나, 영
   인이 몸을 움직이지 않았으며 아울러 장석의 도끼 쓰는 솜씨가 뛰어났으므로, 영인은
   코를 다치지 않았다 함.
51) 시동(尸童): 먼 옛날 제사를 지낼 때 신위(神位) 자리에 앉혀 놓던 동자.
52) 화류(華騮): 명마의 이름. 주(周)나라 목왕(穆王)이 길렀다는 팔준마(八駿馬) 가운데
   하나임.
53) 한로(韓盧): 명견(名犬)의 이름. 전국시대 한(韓)나라 땅에서 났다 함.
54) 거조(擧措): 행동거지. 여기서는 관리가 그 맡은 임무를 수행하는 것을 뜻함.
55) 주공(周公): 주(周)나라 무왕(武王)의 아우. 어린 조카 성왕(成王)을 보좌하고 주나라
   의 예악(禮樂) 제도를 창제하였음.

잘 하지만 고사(賈師)⁵⁷⁾가 될 수 없으며, 장인(匠人)은 그릇을 잘 만들지
만 기사(器師)⁵⁸⁾가 될 수 없다. 사람마다 각각 다른 재능을 타고나므로
피차 다른 일을 할 수 없기 때문이다.

기창(紀昌)⁵⁹⁾은 화살로 이를 맞추었고, 양유기(養由基)⁶⁰⁾는 화살로 나뭇
잎을 꿰뚫었다. 두 사람은 모두 활을 잘 쏘았던 것이다. 그들은 매우 뻬
어난 기예를 지니고 있었으므로 사람들로부터 깊은 탄복을 받았다. 따
라서 그들로 하여금 교외로 나가 짐승을 잡게 하거나 화살이 나는 전쟁
터를 달리게 한다면 그들은 반드시 타고난 재능을 발휘할 수 있을 것이
다. 그렇지만 만일 높은 자리에 앉아 정령(政令)과 형벌(刑罰)을 가지고
백성을 다스리게 한다면 그들은 망연하여 몸둘 바를 모를 것이다. 또한
고기장수 술장수 같은 천한 무리들이 모두 갓의 먼지를 털면서⁶¹⁾ 불평
하기를, '저 자와 나는 재주가 서로 비슷하고 공부한 것도 서로 비슷하
다. 그런데 저 자는 높은 관리가 되고 나는 높은 관리가 되지 못하였다'
라고 할 것이다. 이윽고 벼슬을 마치 제 주머니 속의 물건처럼 여기며
금방이라도 차지할 듯이 날뛸 것이다. 또한 자신의 역량은 생각하지 않
고 분수에 넘는 소망을 품은 채 닥치는 대로 교만을 떨며 허세를 부릴
것이다.

그러므로 '사람을 등용하는 데에는 물망(物望)에 오르는 사람을 쓰는
것보다 더 좋은 방법이 없다'고 하는 것이다."

---

56) 전사(田師) : 옛날 농사에 관한 일을 담당하던 관리.
57) 고사(賈師) : 시장에 관한 일을 담당하던 관리.
58) 기사(器師) : 공장(工匠)에 관한 일을 담당하던 관리.
59) 기창(紀昌) : 『열자(列子)』의 우언에 등장하는 인물. 명궁(名弓)으로서 문에 이를 매달
  아 놓은 뒤 화살로 그 심장을 꿰뚫었다 함.
60) 양유기(養由基) : 춘추시대 초(楚)나라의 대부. 명궁(名弓)으로서 백보(百步) 밖에서 버
  드나무 잎을 쏘면 백발백중하였다 함.
61) '의관을 갖추고 장차 벼슬길로 나가려 한다'는 뜻임.

| 원문 | 浮休子曰, "天下未嘗無材也, 而所患, 知之不得其用. 未嘗無材也, 而所患, 用之不盡其任. 未嘗無材也, 而所患, 任之不稱其器. 如或知而不得其用, 用而不盡其任, 任而不稱其器, 是則有好賢之名, 而無用賢之實也. 夫解牛, 技之賤者也, 非庖丁, 則刀折而不可解矣. 斲漫, 材之小者也, 非郢人, 則鼻必傷矣. 尸祝越樽俎而執刀匕, 人皆知其不稱矣. 拙匠治木, 血指汗顔, 而大匠縮手旁觀, 人皆歎其不當矣. 華騮一日而走千里, 然使之搏兎, 則不如韓盧. 犛牛非不巋然大也, 然其捕鼠, 不如狸狌. 然則材無大小, 而稱其材者爲良材. 器無厚薄, 而稱其用者爲良器. 苟或不當其材, 而擧措顚倒, 則不幾乎衣猿狙以周公之服乎? 人之材器, 有能有不能. 農精於田, 而不可爲田師. 賈精於市, 而不可爲賈師. 工精於器, 而不可爲器師. 此言各抱其才, 而不可相用也. 夫紀昌之貫虱, 養由基之穿葉, 射之善者也, 世之絶藝者也, 而人人之所深服者也. 使之搏獸于郊, 驅之矢石之間, 則必有異能. 如或委以政刑蒞民之職, 則蒙然無所措. 屠沽之輩, 皆相彈冠曰, '彼與我, 材相似也, 道相同也. 彼爲達官, 而我則未爲達官.' 視以爲囊中之物, 而如將取之, 忘其己量, 希望非分, 驕傲誇詫, 無所不爲. 故曰, '用人, 莫如用人之有物望者.'" |

11. 참소(讒訴)의 폐해

| 옮김譯 | 부휴자가 말하였다.
"참소(讒訴)와 아첨(阿諂)의 폐해는 참으로 큰 것이다. 『시경(詩經)』에 이르기를, '참소하는 사람은 악하기 그지없으니 온 나라를 혼란 |

하게 한다'62)고 하였다. 또한 공자(孔子)께서도 말씀하시기를, '조금씩 다
가오는 참소와 몸에 절박한 하소연이 통하지 않는다면 명철하다고 이를
만하다'63) 하였다.

무릇 참소를 당하는 경우는 세 가지가 있다. 어떤 경우에는 잘못한
일이 없이 참소를 당하며, 어떤 경우에는 재능 때문에 참소를 당하며,
어떤 경우에는 임금의 좌우나 권귀(權貴)의 뜻을 거슬려 참소를 당한다.

범저(范雎)64)는 진(秦)나라의 재상 자리를 얻으려고 양후(穰侯)65)를 위
험에 빠뜨렸으며, 조고(趙高)66)는 진(秦)나라의 권력을 손에 넣으려고 이
사(李斯)67)를 참소하였다. 그런데 범저가 양후에게 그리고 조고가 이사
에게 각각 전생(前生)에 원수를 진 일이나 일신(一身)의 절박한 원한이 있
었던 것은 아니다. 하지만 그 사람을 제거하지 않으면 자신의 술수(術數)
를 행할 수 없었다. 그러므로 여러 모로 음모를 꾸며 마침내 그 숨통을
조르고 식록(食祿)을 빼앗았던 것이다. 저들은 잘못한 일이 없이 참소를
당한 경우였다.

옛사람이 말하기를, '여자는 아름답거나 추하거나 가릴 것 없이 궁중
에 들어가면 질투를 당한다. 선비는 어질거나 어질지 못하거나 가릴 것
없이 조정에 들어가면 미움을 받는다'고 하였다. 굴평(屈平)68)은 초(楚)나

---

62) 『시경』「소아(小雅)」「청승(靑蠅)」편의 구절. 그 원문은 '讒人罔極 交亂四國'임. 이
   시는 주(周)나라의 대부가 유왕(幽王)에게 참언을 듣지 말라고 풍자한 작품임.
63) 『논어』「안연(顏淵)」편의 구절.
64) 범저(范雎) : 전국시대 위(魏)나라 출신의 책사(策士). 진(秦) 소양왕(昭襄王)에게 원교
   근공책(遠交近攻策)을 진언하였음.
65) 양후(穰侯) : 위염(魏冉), 양후는 그의 봉호임. 전국시대 진(秦)나라의 재상이었음.
66) 조고(趙高) : 진(秦)나라 때의 환관. 승상에 올라 이사(李斯)를 모함하여 죽인 뒤 권력
   을 전횡하였음.
67) 이사(李斯) : 진(秦)나라 때의 승상. 시황(始皇)을 도와 천하를 통일하고 군현제(郡縣
   制)를 창립하였으나 이세(二世) 황제 때 조고(趙高)의 무고로 죽임을 당하였음.
68) 굴평(屈平) : 굴원(屈原), 평은 그의 이름임. 전국시대 초(楚)나라의 대부로 간신 근상
   (靳尙)과 자란(子蘭) 등의 참소를 받자 이소(離騷)를 지은 뒤 스스로 멱라수(汨羅水)에
   빠져 죽었음.

라의 충성스러운 신하였으나 근상(靳尙)과 자란(子蘭)이 그를 해쳤다. 가
의(賈誼)69)는 한(漢)나라의 순정(純正)한 선비였으나 주발(周勃)과 관영(灌嬰)
이 그를 해쳤다. 그리고 추양(鄒陽)70)은 양(梁)나라의 훌륭한 인재였으나
양승(羊勝)과 공손궤(公孫詭)가 그를 해쳤다. 당세의 뛰어난 인재들로 하
여금 중요한 자리에서 일을 할 수 없게 했던 것이다. 저들은 재능 때문
에 참소를 당한 경우였다.

제(齊)나라 안자(晏子)71)가 3년 동안 동아(東阿)72) 땅을 다스렸다. 그러
자 경공(景公)이 그를 불러 잘못을 꾸짖었다. 안자는 다스리는 방법을 바
꾸고 자신의 처신을 고치겠다고 약속한 뒤 다시 3년 동안 동아를 다스
렸다. 이윽고 경공이 그를 불러 칭찬하였다. 그 때 안자가 말하였다. '전
에 제가 동아를 다스릴 때에는 사람들이 사사로이 청탁을 한다거나 뇌
물을 들고 찾아오는 일이 없었습니다. 저수지의 물고기는 가난한 사람
들에게 잡아가게 했으므로 백성들 중에는 굶주리는 자가 없었습니다.
그런데 임금께서는 도리어 저에게 죄를 물으셨습니다. 이번에 제가 동
아를 다스릴 때에는 사람들이 사사로이 청탁을 하면서 뇌물을 들고 찾
아왔습니다. 아울러 세금을 거둔 뒤에는 국고(國庫)에 조금만 넣은 채 임
금의 좌우를 부지런히 섬겼습니다. 저수지의 물고기는 권세 있는 집안
으로 들어갔으므로 백성들 중에는 굶주리는 자가 반이 넘었습니다. 하
지만 임금께서는 도리어 저를 칭찬하셨습니다. 원컨대 해골(骸骨)을 빌
고73) 물러남으로써 현자(賢者)에게 벼슬자리를 물려주도록 하겠습니다.'

---

69) 가의(賈誼) : 한(漢)나라 문제(文帝) 때의 문신. 주발(周勃)과 관영(灌嬰) 등의 시기를
　　받고 장사(長沙)로 귀양가면서 상수(湘水)에서 부(賦)를 지어 굴원(屈原)을 조상하고 장
　　사왕(長沙王)의 태부(太傅)를 역임하였음.
70) 추양(鄒陽) : 한나라 경제(景帝) 때의 문신. 양효왕(梁孝王)을 섬겼음. 양승(羊勝)과 공
　　손궤(公孫詭)의 참소를 받고 옥에 갇혔으나 양효왕에게 글을 올린 뒤 풀려났음.
71) 안자(晏子) : 안영(晏嬰). 춘추시대 제(齊)나라의 대부. 영공(靈公)·장공(莊公)·경공
　　(景公)을 차례로 섬기며 선정(善政)을 베풀었음.
72) 동아(東阿) : 땅 이름. 지금의 산동성 양곡현(陽穀縣) 동북의 아성진(阿城鎭) 지역으로
　　춘추시대에는 제(齊)나라 땅이었음.

그러자 경공은 수레에서 내려 자신의 과오를 사과하였다.

제나라 위왕(威王)[74]이 즉묵대부(卽墨大夫)[75]를 불러 놓고 말하였다. '그대가 즉묵(卽墨) 땅에 머문 이래로 비난하는 말이 날마다 들려왔다. 그런데 내가 사람을 시켜 살펴보게 하였더니 토지는 개간이 되었고 백성들도 잘 다스려지고 있었다. 그 비난은 그대가 내 좌우의 사람들을 잘 섬기지 않았기 때문에 나온 것이다.' 그리고 위왕은 아대부(阿大夫)[76]를 불러 놓고 말하였다. '그대가 아(阿) 땅에 머문 이래로 칭찬하는 말이 날마다 들려왔다. 그런데 내가 사람을 시켜 살펴보게 하였더니 토지는 개간이 되지 않았고 백성들도 잘 다스려지지 않았다. 그 칭찬은 그대가 내 좌우의 사람들을 잘 섬겨 그들의 환심을 샀기 때문에 나온 것이다.' 이윽고 위왕은 아대부를 삶아 죽였다.

안자(晏子)가 현명하지 못하여 자신의 처지를 스스로 밝히지 못했더라면 경공(景公)의 의혹은 끝내 풀릴 수 없었을 것이다. 또한 위왕(威王)이 총명하지 못하여 작은 부분까지 철저하게 살피지 않았더라면 아대부와 즉묵대부의 선악(善惡)은 끝내 판별할 수 없었을 것이다. 저들은 권귀(權貴)나 임금 좌우의 뜻을 거슬러 참소를 당한 경우였다. 이상의 여러 사람들이 참소를 당한 경위는 비록 각각 달랐으나 치란(治亂)의 계기가 된 점에 있어서는 서로 다름이 없었다.

무릇 군자(君子)와 소인(小人)은 마치 얼음과 불이 서로를 받아들이지 못하는 것처럼 본디 서로를 용납하지 못한다. 따라서 소인은 군자를 제거하기 위해 온갖 수단과 방법을 다해 참소하려 하는 것이다. 소인이 참소할 때 처음에는 하찮은 말을 하면서 임금의 의중을 가만히 살펴본

---

73) 옛날에 관리가 벼슬길에서 물러나기를 청할 때 상투적으로 쓰던 표현임.

74) 위왕(威王) : 전국시대 제나라의 임금. 환공(桓公)의 아들로서 즉묵(卽墨)대부를 등용하고 아(阿)대부를 죽인 뒤 나라가 잘 다스려져 다른 제후의 침범을 받지 않았음.

75) 즉묵대부(卽墨大夫) : '즉묵 고을을 다스리는 대부'라는 뜻임. 즉묵은 지금의 산동성(山東省) 평도시(平度市) 남동 지방으로 전국시대에는 제(齊)나라 땅이었음.

76) 아대부(阿大夫) : '아 고을을 다스리는 대부'라는 뜻임.

다. 그러다가 임금이 만약 말문을 막지 않고 들어줄 것 같으면 참소 대상 인물의 죄와 그를 천거한 사람의 과실을 몰래 꾸미고 점점 부풀린다. 하지 못하는 짓이 없는 것이다. 그 과정은 마치 자그마한 무늬들이 모여 끝내 한 폭의 화려한 비단으로 바뀌는 것과 같다.

　말이 많으면 무쇠도 녹이고, 비난이 쌓이면 뼈도 부순다. 땔나무도 많이 쌓이면 수레를 주저앉게 하고, 깃털도 많이 모이면 살덩이를 날아가게 한다. 저 「채령(采苓)」[77]과 「청승(青蠅)」[78] 같은 시는 지금 읽어도 의분(義憤)을 느끼게 한다.”

원문 浮休子曰, “大哉! 讒詔之爲害也. 詩曰, ‘讒人罔極, 交亂四國.’ 孔子曰, ‘浸潤之譖,[79] 膚受之愬, 不行焉, 可謂明也已.’ 夫譖有三, 或以無妄而被譖, 或因才能而被譖, 或忤左右權貴而被譖. 范雎欲取秦相而危穰侯, 趙高欲秉秦權而訴李斯. 雎之於冉, 高之於斯, 非有宿世之讐, 切身之怨也. 然非去此人, 則其術不得行, 故多般構害, 卒扼其項而奪之食. 此以無妄而被譖者也. 古人有言曰, ‘女無美惡, 入宮見妬, 士無賢不肖, 入朝見嫉.’ 屈平, 楚之忠臣也, 而靳尙子蘭害之. 賈誼, 漢之醇儒也, 而絳灌害之. 鄒陽, 梁之美材也, 而羊勝公孫詭害之. 使高世之才, 不得施於大用. 此因才能而被譖者也. 晏子治東阿三年, 景公召而責之. 晏子請改道易行, 復治三年, 景公迎而賀之. 晏子曰, ‘前臣之治也, 屬託不行, 貨賂不至. 陂池之魚, 以利貧民, 民無飢者. 而君反以罪臣. 今臣之治也, 屬託行, 貨賂至. 幷會賦斂, 倉庫少納, 便事左右. 陂池之魚, 入於權家, 而民之飢者過半.

---

77) 「채령(采苓)」: 『시경』「당풍(唐風)」의 편명(篇名). 이 시는 진(晉)나라 헌공(獻公)에게 참언을 듣지 말라고 경계한 작품임.
78) 「청승(青蠅)」: 『시경』「소아(小雅)」의 편명. 이 시는 주(周)나라의 대부가 유왕(幽王)에게 참언을 듣지 말라고 풍자한 작품임.
79) 이 구절의 ‘浸’이 목판본에는 ‘侵’으로 되어 있음.

君乃反迎而賀. 願乞骸骨, 避賢者之路.' 景公下車而謝之. 威王召卽
墨大夫曰, '自子之居卽墨也, 毁言日至. 吾使人視之, 則田野闢, 而
人民治. 是子不事吾左右也.' 召阿大夫曰, '自子之居阿, 譽言日至.
吾使人視之, 則田野不闢, 而人民不治. 是子事吾左右而取媚也.' 於
是, 烹阿大夫. 夫以晏子之賢, 不能自明, 則景公之惑, 終不解. 若非
威公之明, 洞微而知之, 則阿卽墨之善惡, 終不能辨. 此忤權貴左右
而被譖者也. 其譖雖異, 而其所以治亂則同也. 夫君子小人, 如氷炭
之不相入, 固無相容之理, 千思百計, 必欲譖而去之. 其譖之也, 始以
微言入之, 以窺君上之意. 君若聽而不拒, 則擧人之過, 訴人之罪, 潛
涵醞釀,80) 無所不爲, 如以萋斐之微, 而終成貝錦之盛. 口衆鑠金, 毁
積銷骨, 叢薪聚而折軸, 羽毛集而飛肉. 如采苓靑蠅之詩, 至今讀之,
憤惋而不能已也."

12. 상서(祥瑞)와 재변(災變)

옮김譯 부휴자가 말하였다.
"옛말에 이르기를, '화평한 기운은 상서(祥瑞)를 부르고 괴벽(乖
僻)한 기운은 재변(災變)을 부른다'81)고 하였다. 무릇 상서는 그 자체로
존재하는 무엇이 아니라 덕을 닦으면 찾아오는 것이다. 재변은 그 자체
로 존재하는 무엇이 아니라 덕을 잃으면 나타나는 것이다.
옛날 태평하던 시대에는 조정이 깨끗하고 맑았으며 풍속이 순박하고
아름다웠다. 그러므로 비록 재변이 나타났다 하더라도 나라를 다스리는

---

80) 이 구절의 '潛'이 목판본에는 '僭'으로 되어 있음.
81) 『한서(漢書)』 「유향전(劉向傳)」의 구절. 그 원문은 '和氣致祥 乖氣致異'임.

데에 아무런 해가 되지 않았다. 동시에 나타난 10개의 해는 하늘의 큰 변괴였으나 요(堯)임금이 능히 그것을 물리쳤다. 9년 동안 계속된 홍수는 사람에게 큰 재해였으나 우(禹)임금이 능히 그것을 다스렸다. 7년 동안 계속된 가뭄은 농사의 큰 낭패였으나 탕(湯)임금이 능히 그것을 물리쳤다. 또한 뽕나무와 닥나무가 궁중 뜰에서 자라난 적이 있었으며,82) 용과 뱀이 재앙을 일으킨 적이 있었다. 꿩이 솥의 귀에 앉아 운 적이 있었으며,83) 돌이 진(晉)나라 땅에서 말을 한 적이 있었다.84) 그것들은 모두 당시 세상의 큰 재변이었으나 사람들이 능히 이김으로써 물리칠 수 있었다. 이로써 재변은 덕을 이기지 못하니 덕이 있으면 세상이 편안해진다는 것을 알 수 있다.

후세에 이르러 세도(世道)가 점점 각박해지자 백성들이 가슴에 원망을 가득 품었다. 그러자 비록 상서(祥瑞)가 나타났다 하더라도 나라를 다스리는 데에 아무런 도움이 되지 못하였다. 봉황(鳳凰)85)과 감로(甘露)86)와 신작(神雀)87)과 황룡(黃龍)의 상서가 연하여 나타났으나 한(漢)나라 왕업(王業)은 마침내 쇠잔해지고 말았다.88) 이로써 상서 그 자체는 귀한 것이 아님을 알 수 있다. 그러므로 덕이 있는 임금은 상서가 나타나도 상서롭게 생각하지 않으나, 명예를 좋아하는 임금은 재변이 나타나도 도리어 상서가 나타났다고 말한다. 하지만 상서가 나타났다 하여 기뻐할 것이 무엇이며, 재변이 나타났다 하여 두려워할 것이 무엇인가?

---

82) 은(殷)나라 태무(太戊)왕 때 들판에서 자라는 뽕나무와 닥나무가 궁중 마당에서 자라는 변괴가 나타났으나, 어진 재상 이척(伊陟)의 말에 따라 태무가 덕을 닦자 그 나무들이 말라죽었다 함.

83) 은(殷)나라 고종(高宗) 때 꿩이 솥의 귀에 올라가 우는 변괴가 나타났으나, 고종이 덕을 닦아 중흥(中興)의 공을 이루었다 함.

84) 춘추시대 노(魯)나라 소공(昭公) 8년에 진(晉)나라의 위유(魏楡) 땅에서 돌이 사람처럼 말을 하였다 함.

85) 봉황(鳳凰) : 서조(瑞鳥)의 일종. 성인(聖人)이 세상에 나면 그에 응하여 출현한다고 함.

86) 감로(甘露) : 단 이슬. 천하가 태평할 조짐으로 내린다 함.

87) 신작(神雀) : 서조(瑞鳥)의 일종. 봉황 또는 난조(鸞鳥)를 말함.

88) 한(漢)나라 선제(宣帝) 때 이상의 네 가지 영물(靈物)이 나타났다 함.

사람들이 땅에서 평화롭게 지내면 하늘도 역시 화기(和氣)로써 감응하고, 사람들이 땅에서 평화를 잃으면 하늘도 역시 재변(災變)으로 감응한다. 하늘이 계절의 질서를 어기는 것을 천재(天災)라 하며, 땅이 만물의 질서를 어기는 것을 지변(地變)이라 하며, 백성이 사람의 도리를 어기는 것을 패란(悖亂)이라 한다. 여기서 이른바 '어긴다'는 말은 상궤(常軌)를 어기고 도리를 어기는 것을 뜻한다.

옛날에 무왕(武王)이 은(殷)나라를 정복한 뒤에 포로 두 사람을 붙잡아 놓고 물었다. '너희 나라에 무슨 재변이 있었느냐?' 그러자 포로 한 사람이 대답하였다. '우리나라에 재변이 있었습니다. 대낮에 별이 나타나고 하늘에서 혈우(血雨)가 내렸습니다. 이것이 우리나라의 재변이었습니다.' 다른 포로가 대답하였다. '그것은 재변이 아닙니다. 그보다 더욱 심한 일이 있었습니다. 아들이 아비의 말을 듣지 않았으며, 아우가 형의 말을 듣지 않았으며, 백성들이 임금의 명을 따르지 않았습니다. 이것은 재변 중에서도 큰 것입니다.'

무릇 한 집안에서는 아비가 가장 존귀하고 그 다음으로 형이 존귀하다. 그런데 자식이 아비의 가르침을 받들지 않고 아우가 형의 가르침을 따르지 않는다. 심지어는 자식이 아비에게 호미를 빌려주면서 생색을 부리고, 어미가 싸리비를 들고 가려 하면 욕설을 퍼붓는다. 인륜이 무너지고 도덕이 땅에 떨어진 것이다. 재변 가운데 이보다 큰 것이 어디 있겠는가? 하지만 세상 사람들 모두 이것을 보통으로 여기며 괴이하게 생각하지 않는다. 반면에 하늘의 변괴나 초목의 변괴나 기이한 짐승 가운데 어느 하나라도 나타나면 사람들은 모두 모여들어 장차 사지(死地)로 들어갈 것처럼 시끄럽게 떠들어댄다. 참으로 가소로운 일이다.

백성들의 윗자리에 앉아 있는 사람은 하늘의 재변을 두려워하면서도 더욱 사람의 재변을 두려워해야 한다. 덕을 닦고 정사(政事)를 개혁하며 중정(中正)한 도를 세움으로써 천명(天命)을 받들어야 한다. 그러면 상서로운 징조가 저절로 나타나며, 음양(陰陽)이 조화를 이루어 풍우(風雨)가

계절마다 순조로우며, 오곡이 무르익고 백성이 번성할 것이다. 그 상서
(祥瑞)를 어찌 크다고 아니할 수 있겠는가?"

원문 浮休子曰, "古語有之, '和氣致祥, 乖氣致異.' 夫祥非其祥,
德修而至, 祆非其祆, 德穢而現. 古昔盛時, 朝廷淸明, 風俗
淳美, 雖有災孼, 而無害於治. 十日竝生, 天變之大者也, 而堯能弭之.
九年洪水, 人之大害也, 而禹能治之. 七年大旱, 歲之大凶也, 而湯能
殄之. 桑穀生庭, 龍蛇作孼, 雉雊鼎耳, 石言晉地, 皆時世之大變也,
而能勝而去之. 是知祆不勝德, 有德斯有治也. 逮至叔季, 世道澆漓,
民心怨讟, 雖有祥瑞, 而無補於治. 鳳凰甘露,[89] 神雀黃龍, 駢臻於世,
而王業遂衰. 是知祥瑞不足貴也. 是故, 有道之君, 有祥而不以爲祥.
慕名之君, 以祆而反謂之祥. 祥何足多也? 祆何足畏也? 人事和於下,
則天亦以和而應之. 人事失於下, 則天亦以變而示之. 天反時爲災,
地反物爲祆, 民反德爲亂. 所謂反者, 反常而反道之謂也. 昔者, 武王
勝殷, 獲二虜而問焉曰, '若國有祆乎?' 一虜對曰, '吾國有祆, 晝見星
而天雨血, 此吾國之祆也.' 一虜對曰, '此非祆也, 又有甚於此者. 子
不聽父, 弟不聽兄, 君令不行, 此祆之大者也.' 夫一家之內, 父最尊
而兄次之. 子而不承父敎, 弟而不遵兄訓, 以至借鋤耰而有德色, 取
箕箒而發誶語, 彝倫悖而人道絶. 其災變, 孰大於此? 擧世以爲尋常
而不之怪. 一天文之變, 一草木之祆, 一禽獸之異, 群聚而咻之, 如將
入於死域, 可笑之甚也. 爲人上者, 畏天變, 而尤畏人變, 修德改政,
建大中以承天休, 則休徵自至, 陰陽和而風雨順, 五穀登而人民育.
其爲祥瑞, 豈不大哉?"

---

89) 이 구절의 '鳳'이 목판본에는 '皇'으로 되어 있음.

13. 선정(善政)과 폭정(暴政)

옮김 譯 부휴자가 말하였다.

　"옛날의 어진 임금이 정사(政事)를 펼 적에는, 여덟 집이 한 우물의 물을 마시면서 공동으로 공전(公田)을 경작하였으며, 수확한 곡식의 십분(十分)의 일(一)을 세금으로 냈다. 그러므로 나라 창고는 물자로 가득하였고 백성들의 양식도 부족하지 않았다. 관문(關門)과 시장은 감독하기는 하되 세금을 거두지 않았다. 그러므로 여행하는 사람들은 막힘 없이 왕래할 수 있었다. 코가 촘촘한 그물을 웅덩이에 넣지 않았으며 한 자가 되지 않는 물고기는 시장에서 팔지 않았다. 그러므로 비록 못에 통발의 설치를 금하지 않는다 하더라도 물고기를 다 잡아먹을 수 없었다. 춘수(春蒐)·하묘(夏苗)·추선(秋獮)·동수(冬狩)90)의 각 사냥에서는 그 적당한 때를 어기지 않았다. 그러므로 임금의 푸줏간은 고기로 가득하여 마음놓고 제사를 올리거나 빈객을 접대할 수 있었다. 궁실(宮室)의 규모에는 일정한 제한이 있었으며 벌목(伐木)하기 알맞은 시기에 산림에 들어가 나무를 베었다. 그러므로 목재(木材)가 남아돌아 위아래 사람들이 모두 나무를 쓸 수 있었다. 백성들을 노역(勞役)에 동원하였으나 그 기간이 한 해에 사흘을 넘지 않았다. 그러므로 백성들은 힘들이지 않고 삶을 살아갈 수 있었다. 홀아비나 과부나 고아나 무의탁 노인 등도 모두 편안하게 살았다. 그러므로 집집이 서로 도우면서 걱정 없이 지낼 수 있었다.

　그렇기 때문에 도성 가까이 사는 자들은 기뻐하면서 자신의 재능을 숨기지 않았으며, 먼 곳에 사는 자들은 임금을 사모하여 찾아가는 수고를 아끼지 않았다. 먼 변방과 아득한 이역의 임금들도 산을 넘고 물을 건너 찾아가지 않는 자가 없었다. 나아가 꿈틀거리는 벌레를 포함하여

---

90) 동수(冬狩) : 춘수(春蒐) 등은 봄·여름·가을·겨울에 각각 실시하는 사냥의 이름임.

천지 사이에 가득한 생명체들도 은택을 받으며 기뻐하지 않는 것이 없었다. 그것이 바로 죽어서도 잊을 수 없는 선정(善政)이다.

후세의 정사는 그렇지 못하다. 부유한 자는 논두렁 밭두둑이 사방으로 붙어 있으나, 가난한 자는 송곳을 꽂을 땅조차 가진 것이 없다. 토지의 경계(經界)91)가 어찌 균등할 리 있겠는가? 논밭의 이랑을 헤아려 세금을 거두면서 십분의 일에다 다시 몇 분(分)을 더하여 거두어들이며 또한 공물(貢物)을 거두고 노역(勞役)을 부과한다. 백성들의 삶이 어찌 곤궁하지 않을 수 있겠는가? 관문(關門)과 어량(魚梁)92)과 나그네에게서 모두 세금을 거두고 배·수레·차·술 등은 모두 나라에서 전매(專賣)를 실시한다. 백성들의 먹을 것이 어찌 부족하지 않을 수 있겠는가? 시내나 못의 물고기를 백성들이 잡지 못하게 하며 원유(園囿)93)에서 짐승을 잡은 백성에게는 살인죄(殺人罪)를 적용하여 처벌한다. 임금은 사냥에 깊이 빠져 밤낮 없이 돌아다니며 모든 물건을 거두어들이면서도 전혀 자애(慈愛)를 베풀지 않는다. 백성들이 어찌 원한을 품지 않을 수 있겠는가?

천자는 궁전과 누대를 옥으로 장식하고, 제후는 기둥에 단청(丹靑)을 올리며 서까래에 문양을 조각하고, 대부는 두공(枓栱)94)에 산 모양을 새기고 동자기둥95)에 수초(水草)를 그린다. 모두 나서서 산이 벌거숭이가 될 때까지 나무를 베어다가 기이하고 화려하게 꾸미는 것이다. 백성들의 힘이 어찌 곤핍(困乏)하지 않을 수 있겠는가? 농한기(農閑期)가 아님에도 불구하고 쉴새없이 백성들을 부리며 공사(公事)가 아님에도 불구하고 끊임없이 노동력을 착취한다. 마치 양떼를 몰고 가 죽음의 구렁으로 밀어 넣는 것이나 다름이 없다. 민호(民戶)가 어찌 줄어들지 않을 수 있

---

91) 경계(經界) : 토지의 구획.
92) 어량(魚梁) : 물이 한 군데로 흐르도록 물살을 막고 그 곳에 통발을 놓아 물고기를 잡도록 한 곳.
93) 원유(園囿) : 새나 짐승을 기르는 나라의 동산.
94) 두공(枓栱) : 목조 건물에서 기둥 위 부분과 지붕 사이에 차례로 짜 올린 구조물.
95) 동자기둥 : 상량(上樑)을 받치기 위해 들보 위에 세우는 짧은 기둥.

겠는가? 강한 종실이나 이름난 가문에서는 종의 숫자가 천여 명을 오르내린다. 그렇지만 오히려 만족할 줄 모르는 채 남의 집 처자를 마구 빼앗아간다. 백성들이 어찌 단란하게 살아갈 수 있겠는가? 그러므로 음양(陰陽)이 조화를 잃어 홍수나 가뭄과 같은 재난을 불러일으키기 때문에 모든 생령(生靈)이 편안하게 삶을 영위하지 못하는 것이다. 꼬리를 물고 일어나는 혼란과 패망은 폭정(暴政)에서 유래하지 않는 것이 없다.”

원문 浮休子曰, “王者之政, 八家同井, 同養公田, 稅收什一, 故公廩足而民食裕也. 關市譏而不征, 故行旅往來而無阻也. 數罟不入洿池, 魚不滿尺, 不鬻於市, 故雖澤梁無禁, 而魚鼈不可勝食也. 蒐苗獮狩, 不悖其時, 故君庖盈而供祭祀賓客不乏也. 宮室有制, 而斧斤以時入山林, 故材木多而上下得用也. 役民, 歲不過三日, 故民不勞而生養遂也. 鰥寡孤獨, 皆得其所, 故室家相保而無虞也. 是故, 近者悅而不隱其能, 遠者慕而不憚其勞. 邇方絶域, 凡有國者, 莫不梯航而來格. 肖翹蠢蠕, 凡物之盈天壤間者, 莫不忻懽而涵澤. 此沒世不忘之善政也. 後世則不然. 富者田連阡陌, 貧者無立錐之地, 經界安得而均? 逐畝收稅, 十一分而加數分, 又有調庸之斂, 民生安得不窮? 關梁賓旅, 皆盡征之, 舟車荼酒, 皆盡榷之, 民食安得不乏? 澗溪池澤, 禁民勿採, 殺園獸者, 如殺人之罪. 耽于游畋, 罔晝夜領領盡物取之, 無少慈愛, 民物安得不怨? 天子瓊宮瑤臺, 諸侯丹楹刻桷, 大夫山節藻梲, 髡山伐木, 爭奇鬪靡, 民力安得不困? 非農隙而役民不休, 非公事而侵民不已, 如驅群羊, 轉于溝壑, 民戶安得不損? 强宗巨室, 僮僕指千而猶不知足, 奪人妻女, 民人安得不曠? 是知失陰陽之和, 召水旱之災, 品物不遂. 而亂亡相繼者, 未必不由乎此也.”

14. 선비와 상지(尚志)

옮김譯 부휴자가 말하였다.
"선비에게는 뜻을 고상하게 갖는 것보다 더 소중한 것이 없다.
뜻을 고상하게 갖는 방법은 충성(忠誠)과 신의(信義)와 청렴(淸廉)과 효성
(孝誠)을 지향하는 것이다. 기곤(飢困)과 궁액(窮阨)을 선비는 욕되게 생각
하지 않으며, 죽음과 형벌을 선비는 나쁘게 생각하지 않는다. 그렇지만
나라에서 충성스런 사람을 등용하는데 선비가 그에 참여할 수 없으며,
의로운 사람을 등용하는데 선비가 그에 참여할 수 없으며, 청렴한 사람
을 등용하는데 선비가 그에 참여할 수 없으며, 효성스런 사람을 등용하
는데 선비가 그에 참여할 수 없다면, 이는 선비 자신이 이상의 네 가지
덕목과 거리가 멀기 때문일 것이다. 그럴 경우 그 마음은 마치 저자에
서 매를 맞는 것처럼 부끄러울 수밖에 없으므로 차라리 스스로 목숨을
끊을지언정 떳떳하게 세상에 나설 수가 없다.
옛날에 비간(比干)[96]은 목숨을 버림으로써 충성을 다하였으며, 유하혜
(柳下惠)[97]는 목숨을 버림으로써 신의를 다하였으며, 백이(伯夷)[98]는 목숨
을 버림으로써 청렴을 다하였으며, 신생(申生)[99]은 목숨을 버림으로써
효성을 다하였다. 저들의 뜻은 일월(日月)과 더불어 밝음을 다툴 것이며,
저들의 이름은 천지와 더불어 길이 영원할 것이다. 그러므로 군자는 뜻

---

96) 비간(比干) : 은(殷)나라 말의 충신. 주왕(紂王)의 숙부로서 그의 폭정을 간하다가 죽임
　　을 당하였음.
97) 유하혜(柳下惠) : 춘추시대 노(魯)나라의 대부. 본명은 전획(展獲)임. 맹자는 그를 성인
　　(聖人) 가운데 화(和)한 자라 하였음.
98) 백이(伯夷) : 은(殷)나라 말의 충신. 은나라가 망하자 주나라의 곡식을 먹지 않겠다며
　　수양산(首陽山)으로 들어가 굶어 죽었음.
99) 신생(申生) : 춘추시대 진(晉)나라 헌공(獻公)의 태자. 헌공이 여희(驪姬)를 사랑하여 그
　　의 소생 해제(奚齊)로 태자를 바꿔 세우려 하자, 신생은 헌공의 뜻을 받들어 스스로 목
　　숨을 끊었음.

을 고상하게 갖는 것을 소중하게 생각하는 것이다."

원문 浮休子曰, "士莫大於尙志, 忠信廉孝, 所以尙志也. 飢困阨窮, 非士之辱也. 死喪刑殺, 非士之惡也. 國家擧忠而士不與焉, 擧信而士不與焉, 擧廉而士不與焉, 擧孝而士不與焉, 四者不存乎身, 其心愧恥, 若撻乎市, 寧死而不立於世. 昔者, 比干殺身以成忠, 柳下惠殺身以成信, 伯夷殺身以成廉, 申生殺身以成孝. 志與日月而爭明, 名與天地而同久. 是故, 君子貴夫尙志也."

15. 명예와 이익

옮김譯 부휴자가 말하였다.

"명예(名譽)를 얻기 좋아하는 사람은 반드시 힘써 벼슬길에 나아가려 하고, 이익(利益)을 얻기 즐거워하는 사람은 반드시 힘써 재물을 모으려 한다. 하지만 벼슬길에 나아가기를 힘쓴다면 그의 신하 노릇은 진정한 것이 될 수 없다. 재물을 얻기 힘쓴다면 그의 관리 노릇은 청렴한 것이 될 수 없다.

저 아름다운 소[100]가 태묘(太廟)로 들어가면 붉은 새끼줄로 고삐를 매고 흰 띠로 자리를 깐다. 그러면 그 명예는 비록 빛난다 하겠으나 결국에는 도살당하는 화를 피할 도리가 없다. 커다란 왕개미는 양의 누린내를 좋아하여 즐겨 그 뼈에 달라붙는다. 그러면 그 먹이는 비록 달콤하다 하겠으나 결국에는 저도 모르는 사이에 끓는 물을 만나게 된다.

명예를 얻으려 하는 사람은 다만 명예 자체를 기뻐할 뿐이지 그 실질

---

100) 소 : 제사 때 잡아 제수로 쓰기 위한 소. 희생(犧牲).

이 무엇인가에 대해서는 생각하지 않는다. 이익을 얻으려 하는 사람은
다만 이익 자체를 기뻐할 뿐이지 그것이 의리에 합당한가에 대해서는
생각하지 않는다. 형가(荊軻)[101]는 명예를 얻으려 하다가 목숨을 잃었으
며, 영이공(榮夷公)[102]은 이익을 얻으려 하다가 목숨을 잃었다. 마치 파리
가 끓는 국물 속으로 날아든 것과 같이 자신의 몸에 이로울 것이 없었
다. 그러므로 '명예라는 것은 실질과 거리가 먼 껍데기에 불과하고, 이
익이라는 것은 의리를 좀먹는 해충(害蟲)에 불과하다'고 말하는 것이다."

浮休子曰, "喜於名者, 必務進. 悅於利者, 必務聚. 務進, 則
委質非誠也. 務聚, 則菢官非廉也. 夫文犧入廟, 紲以赤繩,
薦以白茅, 名雖榮, 而不救屠斮之禍也. 蚍蟻慕羊羶而附其骨, 食雖
甘, 而不知湯火之擬其後也. 爭名者, 徒喜其名而不顧其實. 爭利者,
徒悅其利而不思其義. 荊軻爲名而死, 榮夷公爲利而死, 如蠅投熱羹,
無益於身. 故曰, '名者, 實之土苴也. 利者, 義之蟊賊也.'"

16. 왕정(王政)의 원리

 어떤 사람이 물었다.
"도(道)라는 것이 무슨 말입니까?"
부휴자가 대답하였다.
"임금에게 임금의 도가 있어 사람들을 부린다는 말이다."

---

101) 형가(荊軻) : 전국시대의 자객. 연(燕)나라의 태자 단(丹)을 위해 진왕(秦王)을 죽이려
    하다가 실패하고 도리어 죽임을 당하였음.
102) 영이공(榮夷公) : 주(周)나라 여왕(厲王)의 영신(佞臣). 여왕에게 이익을 좋아하게 가르
    쳐 결국 그를 패망하게 하였음.

"임금의 도란 무슨 뜻입니까?"

"황(皇)·제(帝)·왕(王)·군(君)을 도라 하고, 인(仁)·의(義)·작(爵)·예(禮)를 또한 도라 한다."

"감히 묻겠습니다만 그 말은 또 무슨 뜻입니까?"

"공(功)이 더할 나위 없이 큰 것을 황(皇)이라 하며, 덕(德)이 천지처럼 크면서 공평무사(公平無私)한 것을 제(帝)라 하며, 천하 사람들이 기꺼이 따르는 것을 왕(王)이라 하며, 만물의 주인으로서 그 해악을 제거하는 것을 군(君)이라 한다. 황(皇)·제(帝)·왕(王)·군(君)은 명칭은 비록 서로 다르지만 그 도는 사실 같은 것이다. 인(仁)으로써 사람들을 흡족하게 하므로 사람들은 임금을 사랑하며, 의(義)로써 사람들을 힘쓰게 하므로 사람들은 임금을 두려워하며, 벼슬로써 사람들을 현달하게 하므로 사람들은 임금을 좋아하며, 예(禮)로써 사람들을 분별하게 하므로 사람들은 임금을 따른다."

그 사람이 다시 물었다.

"임금이 사람들을 부리는 방법은 어떤 것입니까?"

부휴자가 대답하였다.

"홀아비나 과부에게는 짝을 맞추어주며, 노인이나 약자에게는 거처를 마련해주며, 아프거나 다친 사람에게는 의술을 베풀어주며, 굶주리거나 야윈 사람에게는 음식을 나누어준다. 이것이 인을 행하는 방법이다. 그렇기 때문에 사람들은 임금을 사랑하는 것이다.

어려운 일을 회피하는 자에게는 무거운 벌을 주며, 수고로운 일을 꺼리는 자에게는 가벼운 벌을 주며, 남의 재물을 도적질하는 자에게는 묵형(墨刑)을 가하며, 사사로운 이익만을 추구하는 자에게는 죄를 묻는다. 이것이 의를 행하는 방법이다. 그렇기 때문에 사람들은 임금을 두려워하는 것이다.

크게 어진 사람은 공경(公卿)으로 삼으며, 다음으로 어진 사람은 대부(大夫)로 삼으며, 그 다음으로 어진 사람은 사(士)로 삼으며, 몽매하고 나

약하여 무슨 일을 감당할 수 없는 사람은 백성으로 삼는다. 이것이 벼슬을 주는 순서이다. 그렇기 때문에 사람들은 임금을 좋아하는 것이다.

　가옥에는 일정한 제도를 정해 놓으며, 의복에는 적절한 법식을 정해 놓으며, 하인에는 일정한 숫자를 정해 놓으며, 잔치에는 마땅한 예절을 정해 놓는다. 삼강(三綱)을 바로 세우고 오륜(五倫)을 공손하게 행하며, 신분의 등급(等級)을 분명하게 나누고 상하의 기강(紀綱)을 엄정하게 세운다. 이것이 예를 행하는 방법이다. 그렇기 때문에 사람들은 임금을 편안하게 따르는 것이다.

　어진 임금은 이상의 네 가지를 가지고 사람들을 효과적으로 통솔한다. 그러므로 윗사람은 자리를 보전하면서 영화를 누리게 되고, 아랫사람은 임금을 사랑하면서 평화를 누리게 된다. 위아래 사람들의 마음이 서로 통하므로 뜻을 거스르는 일도 발생하지 않는다. 따라서 복록(福祿)이 모두 모여들고 경사가 저절로 찾아온다. 백성들의 칭송하는 소리가 끊어지지 않는 것은 그 때문이다."

或問曰, "道者, 何道也?" 浮休子曰, "君有君之道以御人也."
曰, "何謂道?" 曰,[103] "皇帝王君謂之道, 仁義爵禮亦謂之道."
　曰, "敢問其義."
　曰, "煌煌然有大之謂皇, 德配天地而不私之謂帝, 天下之人歸往之謂王, 爲群物之主而除其害之謂君. 皇帝王君, 名雖殊, 而道則同也. 以仁飮人, 故人愛之. 以義礪人, 故人畏之. 以爵顯人, 故人樂之. 以禮辨人, 故人安之."
　曰, "其所以御人者, 何術?"
　曰, "鰥寡者偶之, 老弱者養之, 病傷者治之, 飢瘁者哺之. 此爲仁之術, 而人所愛者也. 有難而避之則刑, 有勞而憚之則罰, 有財而竊

---

103) 목판본에는 '曰'이 누락되어 있음.

之則黷, 有利而慕之則罪. 此爲義之方, 而人所畏者也. 大賢爲公卿,
次賢爲大夫, 又其次者爲士, 其昏懦不堪事者爲民. 此爲爵之序, 而
人所樂者也. 棟宇有制, 衣服有章, 徒御有數, 宴飮有節, 三綱立而五
品遜, 等級明而紀綱整. 此爲禮之分, 而人所安者也. 王者能持此四
者而善御之, 故上尊而榮, 下懷而和, 上下皆通, 順而無逆, 福祿叢集,
吉慶自來. 此頌聲之所以洋溢也."

17. 임금과 상벌(賞罰)

옮김譯 부휴자가 말하였다.
"만물 가운데 변화가 신묘한 것으로는 용(龍)만한 것이 없다.
그렇지만 구름을 만나지 못하면 용은 하늘로 승천을 할 수 없으며, 물
을 만나지 못하면 용은 조화를 부릴 수 없다. 용이 물을 잃고 진흙 속에
서려 있을 때에는 마른 물고기와 다를 것이 없다. 반면에 한 그릇의 물
을 만나면 용은 어렵지 않게 그 기운을 타고 올라가 하늘에서 날아다닐
수 있다. 그러므로 그 추기(樞機)104)를 헤아릴 수 없는 것이다.

임금이 상벌(賞罰)의 권한을 이용하여 사람들을 부리는 것은 용과 물
의 관계와 다름이 없다. 임금은 신하를 만나지 못하면 나라를 다스릴
수 없으며, 신하는 임금을 만나지 못하면 공적을 이룰 수 없다. 임금은
수레나 모는 천한 사내를 들어서 상경(上卿)으로 삼기도 하며, 함거(檻
車)105) 속의 죄수를 풀어서 국정(國政)을 맡기기도 하며,106) 처음에는 평

104) 추기(樞機) : 중추(中樞)가 되는 아주 중요한 것이나 자리 또는 기관.
105) 함거(檻車) : 수레의 일종. 중죄인(重罪人)을 압송하기 위해 수레 위에 우리를 엮어 놓
　　은 것임.
106) 제(齊)나라 환공(桓公)이 관중(管仲)을 그렇게 대우한 적이 있었음.

상에 걸터앉아 발을 닦으면서 찾아온 자를 거만하게 바라보다가 나중에 그를 자신의 장막 안으로 영접하기도 한다.107) 헤아릴 수 없는 모욕을 가하기도 하고, 헤아릴 수 없는 은총을 베풀기도 한다. 그러므로 영웅 호걸들이 앞을 다투어 임금을 따르면서 기꺼이 그 부름에 응해 자신의 모든 능력을 발휘하는 것이다. 환공(桓公)108)이 패자가 되고 유계(劉季)109)가 임금이 된 것은 모두 그 때문이었다."

원문 浮休子曰, "物之神變者, 莫如龍也. 然非雲, 龍不得以升騰, 非水, 龍不得以變化也. 夫龍之失水, 蟠于泥中, 與枯魚無異. 其得一勺之水, 乘雲氣, 上下于天, 不難也. 故其樞機不測. 比之人主, 人主操賞罰之權以御人, 亦猶是也. 君非臣, 無以爲治, 臣非君, 無以發蹤跡. 擧車下之夫, 以爲上卿, 解檻車之囚, 任以國政. 始以踞洗而見之, 終以王者之帷幄而接之. 用不測之辱, 施不測之恩. 是故, 英雄豪俊, 爭相攀附, 樂爲之用而盡其力焉. 桓公之霸, 劉季之王, 皆是也."

18. 신하의 종류

옮김 부휴자가 말하였다.
"무릇 신하 노릇을 하는 자는 다섯 부류로 나눌 수 있다. 먼 곳에서 바라보면 엄숙하고 가까운 곳에서 만나면 따뜻하며 의표(儀表)를

---

107) 한(漢)나라 고조(高祖)가 경포(黥布)를 그렇게 대우한 적이 있었음.
108) 환공(桓公) : 춘추시대 제(齊)나라 임금. 이른바 춘추오패(春秋五覇) 가운데 한 사람임.
109) 유계(劉季) : 유방(劉邦), 계(季)는 그의 자임. 곧 한(漢)나라를 창업한 고조(高祖)를 말함.

조정에 드러낸 채 무위(無爲)의 교화를 이루는 자를 사신(師臣)[110]이라 한다. 지혜가 솟아나는 샘물과 같고 권모(權謀)는 퍼붓는 소나기 같으며 기이한 계책을 내어 변화하는 상황에 맞게 대응하면서 좌우에서 임금을 보좌하는 자를 우신(友臣)[111]이라 한다. 명절을 숭상하고 행실이 바르며 밤낮으로 몸을 돌보지 않은 채 허물을 바로잡고 과오를 고치면서 임금을 이끌어 도를 행하게 하는 자를 빈신(賓臣)[112]이라 한다. 법도에 맞게 몸을 단속하고 청렴한 마음으로 관직에 임하며 나라의 법도를 삼가 지키면서 권귀(權貴)에게 흔들리지 않는 자를 이신(吏臣)[113]이라 한다. 한 번 부르면 대답하고 두 번 부르면 승낙하며 임금의 안색을 살피면서 뜻을 거스르지 않고 순종하는 자를 복신(僕臣)[114]이라 한다.

천하를 다스리려 하는 군주(君主)는 사신(師臣)으로 재상을 삼으며, 패업(霸業)을 이루려 하는 군주는 우신(友臣)으로 재상을 삼으며, 간언(諫言)을 듣기 좋아하는 군주는 빈신(賓臣)으로 재상을 삼는다. 성법(成法)[115]을 수호하려 하는 군주는 이신(吏臣)으로 재상을 삼으며, 위란(危亂)을 초래하는 군주는 복신(僕臣)으로 재상을 삼는다.

속언(俗諺)[116]에 이르기를, '산이 높아야 숲이 울창하고, 못이 깊어야 물고기가 크고, 군주가 현명해야 신하가 어질다'고 하였다. 군주의 덕의 크고 작음에 상응하여 다스림의 효험도 다르게 마련이며, 군주의 신임의 후하고 박함에 상응하여 사업의 성패도 다르게 마련이다. 이로써 알 수 있는 것처럼 군주는 신하를 잘 선택해야 한다."

---

110) 사신(師臣) : 스승으로서의 자격을 갖춘 신하.
111) 우신(友臣) : 벗과 같은 신하.
112) 빈신(賓臣) : 빈객과 같은 신하.
113) 이신(吏臣) : 관리로서의 자격을 지닌 신하.
114) 복신(僕臣) : 하인과 같은 신하.
115) 성법(成法) : 옛날 임금으로부터 전해오는 법률.
116) 속언(俗諺) : 민간에 떠도는 비속한 말.

원문 浮休子曰, "凡爲臣有五. 望之儼然, 卽之溫然, 表儀朝著, 而成無爲之化者, 師臣也. 智如流泉, 謀如沛雨, 出奇應變, 左右輔翼者, 友臣也. 砥礪名行, 夙夜匪躬, 繩愆糾謬, 引君當道者, 賓臣也. 操身以律, 涖職以廉, 愼守邦憲, 不撓權貴者, 吏臣也. 一呼而應, 再呼而諾, 見君顔色, 順而無違者, 僕臣也. 欲王之主, 以師爲佐. 欲霸之主, 以友爲佐. 好諫之主, 以賓爲佐. 守法之主, 以吏爲佐. 危亂之主, 以僕爲佐. 諺云, '山高而樹茂, 淵深而魚長, 主明而臣賢.' 隨其德之大小, 而治效不同, 隨其任之隆薄, 而事業亦異. 由是觀之, 爲人主者, 當擇所從也."

권2
아언(雅言)

1. 현자(賢者)와 국가

어떤 사람이 부휴자(浮休子)에게 물었다.

"어진 사람은 과연 나라에 유익한 것입니까?"

부휴자가 대답하였다.

"나라에 어진 사람이 없으면 정사(政事)를 밝게 살필 수 없다. 정사를 밝게 살피지 못하면 백성들이 편안하게 살 수 없다. 백성들이 편안하게 살지 못하면 임금이 어찌 혼자서 편안하게 지낼 수 있겠는가? 그 나라는 정상적인 나라가 아니기 때문에 머지 않아 망할 수밖에 없다."

"사람들이 숭앙하는 사람 중에는 중니(仲尼)[1]만한 분이 없습니다. 그렇지만 당시 세상에 도가 없었으므로 중니는 초상집 개처럼 풀이 죽은 채 사방으로 떠돌아다녔습니다. 자기 자신의 몸 하나도 돌보지 못하였

---

1) 중니(仲尼) : 공자(孔子), 중니는 그의 자임.

으니 어느 겨를에 도를 행할 수 있었겠습니까? 정작 그렇다면 '어진 사
람은 나라에 유익하지 않다'고 해야 할 것입니다."

"중니(仲尼)가 노(魯)나라 사구(司寇)²)의 벼슬을 맡자, 심유씨(沈猶氏)³)는
감히 아침마다 양(羊)에게 물을 먹이지 못하였으며, 공신씨(公愼氏)⁴)는 음
란한 자신의 아내를 쫓아냈으며, 신궤씨(愼潰氏)⁵)는 국경을 넘어 달아났
으며, 노나라에서 소나 말을 파는 자들도 값을 더 이상 올려 받지 못하
였다. 그가 마침내 대사구(大司寇)의 벼슬을 맡자, 계씨(季氏)⁶)는 스스로
비(費) 땅의 성곽(城郭)을 허물었으며, 맹씨(孟氏)⁷)는 스스로 후(郈) 땅의 성
곽을 허물었으며, 제(齊)나라는 전에 빼앗아갔던 땅을 도로 내놓았다. 한
해 사이에 치화(治化)가 널리 퍼졌던 것이다. 만일 당시 임금이 끝까지 그
를 믿고 일을 맡기면서 참소하는 자들의 말을 듣지 않았더라면 중니는
노나라를 변화시켜 도에 이르게 하고 왕정(王政)을 천하에 행할 수 있었
을 것이다. 그런데 세상이 혼탁하고 형세가 고단하여 그 스스로 떨쳐 일
어설 수 없었다. 이는 당시 임금의 책임이지 중니의 허물은 아니었다."

어떤 사람이 다시 말하였다.

"관중(管仲)⁸)은 규(糾)를 버리고 환공(桓公)을 섬겼으며, 백리해(百里奚)⁹)
는 우(虞)나라를 떠나 진(秦)나라로 갔으며, 오자서(伍子胥)¹⁰)는 초(楚)나라

---

2) 사구(司寇) : 도적과 형벌 등에 관한 일을 맡아보던 관원. 그 수장을 대사구(大司寇)라
   하였음.
3) 심유씨(沈猶氏) : 춘추시대 노나라의 대부. 양유(羊乳)를 많이 얻기 위해 아침마다 양
   에게 억지로 물을 먹였다 함.
4) 공신씨(公愼氏) : 노나라의 대부. 그 아내의 행실이 음란하였다 함.
5) 신궤씨(愼潰氏) : 노나라의 대부. 사치를 일삼으며 법을 지키지 않았다 함.
6) 계씨(季氏) : 춘추시대 노나라의 대부 계손씨(季孫氏). 그와 더불어 맹손씨(孟孫氏)는
   나라에 위험이 될 만한 강성한 성곽을 개인적으로 소유하고 있었다 함.
7) 맹씨(孟氏) : 노나라의 대부 맹손씨(孟孫氏).
8) 관중(管仲) : 춘추시대 제나라의 재상. 처음에 공자 규(糾)를 섬겼으나 뒤에 환공(桓公)
   을 섬겨 패업(霸業)을 이루게 하였음.
9) 백리해(百里奚) : 춘추시대 우(虞)나라 사람. 처음 우나라에서 대부가 되었으나 우가
   망한 뒤에 진(秦)나라 목공(繆公)을 섬겨 패업을 이루게 하였음.
10) 오자서(伍子胥) : 오원(伍員), 자서는 그의 자임. 춘추시대 초(楚)나라 사람으로 그의

에서 도망하여 오(吳)나라를 섬겼습니다. 그리하여 그들은 자신의 계책을 행하여 마침내 패업(霸業)을 이룰 수 있었습니다. 자신의 몸을 굽히지 않고 능히 공업(功業)을 이룬 자가 있었다는 말을 나는 아직까지 들어본 적이 없습니다."

부휴자가 대답하였다.

"어떤 사람이 정도(正道)를 버리고 임금과 영합(迎合)하려 한다면 그 만남은 필시 견고하게 유지될 수 없을 것이다. 몸을 굽히고 사업을 이루려 한다면 그 사업은 필시 오랫동안 지속될 수 없을 것이다. 따라서 보통 사람들도 그런 짓을 하려고 하지 않는다. 하물며 중니와 그 제자들이 그렇게 할 리 있었겠는가? 임금을 찾아가 몸을 굽히며 따르기를 꺼려하지 않았더라면, 중니는 '팔을 베고 물이나 마시겠다'[11]는 뜻을 품지 않았을 것이며, 안연(顔淵)은 '누추한 거리에서 도시락 밥과 표주박 물로 연명하는 삶'[12]을 즐거워하지 않았을 것이며, 민자건(閔子騫)[13]은 '문수(汶水)로 가서 머물기'[14]를 원하지 않았을 것이다. 무릇 선비가 도를 행하는 것은 마치 부인이 그 지아비를 따르는 것과 같다. 한 번 그 절의를 잃고 나면 나머지는 볼 것이 없는 법이다. 아침에 순종하다가 저녁에 등을 돌리면서 오직 이익만을 돌아보는 자는 진실로 나라에 이로울 것이 없다. 그렇다면 비록 어진 사람이 있다고 말한다 하더라도 실은 어

부형이 초나라 평왕(平王)에게 죽임을 당하자 오(吳)나라로 도망가 합려(闔廬)를 섬기다가 끝내 초나라를 정벌하였음.
11) 이 구절은『논어』「술이(述而)」편의 '飯疎食飮水, 曲肱而枕之, 樂亦在其中矣'에서 따온 말임.
12) 이 구절은『논어』「옹야(雍也)」편의 '賢哉, 回也! 一簞食, 一瓢飮, 在陋巷, 人不堪其憂. 回也, 不改其樂'에서 따온 말임.
13) 민자건(閔子騫) : 민손(閔損), 자건은 그의 자임. 공자의 제자로서 덕행(德行)으로 이름이 높았음.
14) 이 구절은『논어』「옹야(雍也)」편의 '季氏使閔子騫爲費宰. 閔子騫曰, 善爲我辭焉. 如有復我者, 則吾必在汶上矣'에서 따온 말임. 곧 계손씨(季孫氏)가 민자건을 등용하려 하자, 그는 벼슬을 사양하면서 '만일 나를 다시 부른다면 나는 반드시 문수(汶水)로 가 있을 것이다'라고 말하였다는 것임. 벼슬을 피하기 위해 멀리 달아나겠다는 뜻임.

진 사람이 없는 것이나 다름이 없다."

원문

或問於浮休子曰, "賢者, 果有益於國乎?"

曰, "國無賢, 則政不明. 政不明, 則民不寧. 民不寧, 則君安能獨存? 國非其國, 其亡無日矣."

曰, "人之所尊, 莫如仲尼, 而道不行於當時, 周流四方, 纍纍如喪家之狗. 其身之不保, 而何暇行其道乎? 若是乎賢者之無益於國也."

曰, "仲尼爲魯司寇, 沈猶氏不敢朝飮其羊, 公愼氏出其妻, 愼潰氏踰境而走, 魯之鬻牛馬者, 不豫賣. 及爲大司寇, 季氏墮費, 孟氏墮郈, 齊人還歸舊侵之田, 朞月之間, 治化大洽. 使時君, 終信任之, 不以讒人間之, 則魯變可至於道, 行王政於天下矣. 世闇勢孤, 而不自振, 乃時君之責, 非仲尼之過也."

曰, "管仲舍糾事桓, 百里奚去虞適秦, 伍胥逃楚事吳, 能售其計, 竟致於霸. 非屈其身而能伸其業者, 愚未之聞也."

曰, "枉道而求合, 其合必不固, 屈己而欲伸, 其伸必不久. 中人所不爲, 而況仲尼之徒爲之乎? 不憚往屈而從之, 則仲尼不有枕肱飮水之志, 顔淵不以陋巷簞瓢爲樂, 子騫不欲在汶上矣. 夫士之行道, 如婦人之從夫, 一失其節, 其餘不足觀也已. 朝遜夕背, 惟利是顧者, 眞無益於國矣. 然則雖曰有賢, 而實無賢矣."

2. 벗의 역할

옮김 譯 부휴자가 말하였다.

"사람은 벗을 잘 고르지 않으면 안 된다. 벗은 자신을 도와 인(仁)과 덕(德)을 기르게 하는 사람이기 때문이다. 이익을 주는 사람과 함께 거처하면 그의 학문은 나날이 명료하게 되고 사업도 나날이 발전하게 된다. 손해를 주는 사람과 함께 거처하면 그의 이름은 저절로 비천하게 되고 일신도 저절로 미천하게 된다. 비유하자면 개와 개가 어울리면 서로 이끌고 개집15)으로 가는 것과 같고, 돼지와 돼지가 어울리면 서로 이끌고 돼지우리로 가는 것과 같다.

학문에 뜻을 둔 자가 비록 매우 총명하고 지혜롭다 하더라도, 바둑이 마음을 어지럽게 하거나, 기러기가 마음을 혼란하게 하거나,16) 미녀(美女)가 마음을 번뇌하게 하거나, 재물이 마음을 이끌리게 한다면, 그 쪽으로 마음이 쏠리지 않는 사람이 없는 법이다. 왜 그런 것일까? 한 사람이 제(齊)나라 말을 한다면 그 말은 여러 사람들이 지껄여대는 초(楚)나라 말을 이길 수 없는 것이기 때문이다.17) 요(堯)·순(舜)의 조정에서는 그 주고받는 말들이 모두 인의(仁義)에 관한 것이었으며, 공자(孔子)·안연(顏淵)의 문하에서는 그 행하는 바가 모두 예양(禮讓)에 관한 것이었으며, 관중(管仲)·안영(晏嬰)의 무리들은 그 하고자 하는 일이 모두 공리(功利)에 관한 것이었다. 다른 이유가 있는 것이 아니다. 그들은 전일(專一)하게 소업(所業)을 지키면서 주변으로부터 마음을 빼앗기는 일이 없었기 때문이다.

요즈음 사람들은 학술(學術)의 부진함을 염려하면서도 비루한 자들과

---

15) 개집 : 여기서는 '더러운 곳'을 뜻함.
16) '사냥을 하고 싶어 마음이 흔들린다'는 뜻임.
17) '한창 말을 배우고 있는 어린이는 많은 사람들이 지껄이는 말을 배우게 된다'는 뜻임.

어울리기를 좋아하고, 명예(名譽)가 드날리지 못함을 염려하면서도 하찮은 무리와 노닐기를 즐거한다. 그러면 결코 도(道)로 나아갈 수 없다. 하지만 사람들이 벗을 잘 선택하여 그의 언행을 따를 것 같으면 무슨 일을 하더라도 실패하는 일이 없을 것이다."

원문 浮休子曰, "人不可不擇友也. 友也者, 所以輔吾仁也, 助吾德也. 與益者居, 則學日明, 而業日進. 與損者處, 則名自卑, 而身自賤. 譬如狗與狗友而引之厠, 豕與豕友而引之圈也. 有志於學者, 雖聰慧絶倫, 而博弈擾之, 鴻鵠亂之, 美艾惱之, 貨財誘之, 未嘗不爲所移矣. 何者? 一齊語, 不能勝衆楚咻也. 堯舜之庭, 所言皆仁義, 孔顔之門, 所行皆禮讓, 管晏之徒, 所爲皆功利. 此無他, 所守專, 而無有犯奪於其間者也. 今人, 患學術之不振, 而甘與鄙夫肩, 患名譽之不揚, 而樂與下流遊, 宜乎不能進於道也. 人能擇友而從之, 則無所往而不爲善矣."

3. 문왕(文王)의 효성

옮김譯 부휴자가 말하였다.
"사람은 제 어버이를 사랑하지 않는 자가 없고 어버이를 공경하지 않는 자가 없다. 어버이의 생전(生前)에는 가는 세월을 생각하며 속으로 안타까워하고, 사후(死後)에는 흔들리는 나뭇가지를 보면서 슬픔에 잠긴다. 어버이를 사랑하기 때문이다. 감히 그 뜻을 거역하지 못하고, 감히 그 봉양을 마다하지 못한다. 어버이를 공경하기 때문이다. 생사가 걸렸다 해도 그 마음을 바꿀 수 없다. 그러므로 죽을 때까지 정성을 다

하여 어버이가 공경하던 사람을 공경하고 어버이가 사랑하던 사람을 사
랑하는 것이다. 개나 말 같은 짐승까지도 모두 그렇게 한다. 하물며 사
람이 그렇게 하지 않을 수 있겠는가?

옛날에 문왕(文王)은 자신의 버선을 맸던 끈이 풀어지자 손수 그 끈을
다시 묶으면서 태공망(太公望)18)에게 말하였다. '내가 들으니, 돌아가신
어버이와 함께 거처했던 사람에게는 일을 심하게 시킬 수 없는 것이라
합니다. 과인(寡人)이 비록 불초하다 하나 지금 함께 거처하는 자들은 모
두 선군(先君)께서 부리시던 자들입니다. 그러므로 저들에게 버선 끈을
매도록 시키지 않는 것입니다.'19) 문왕이 함께 거처하던 자들은 좌우에
서 시중을 드는 종 같은 천인(賤人)에 지나지 않았다. 그렇지만 오히려
그들을 조심스럽게 대하면서 일을 시키지 않았던 것이다. 하물며 어버
이가 평소 사랑하던 자들에게 어떻게 일을 시킬 수 있겠는가?

요즈음 사람들은 어버이가 죽은 뒤 얼마 지나지 않아 동복(同腹) 형제
를 해치기도 하고, 어버이가 부리던 첩이나 시녀를 쫓아내기도 하고, 비
복에게 함부로 매질을 가하기도 한다. 홀로 무슨 생각을 하는 것일까?"

원문 浮休子曰, "人之於親也, 無不愛也, 無不敬也. 惜日月, 感風
樹, 所以愛也. 不敢逆其志, 不敢違其養, 所以敬也. 不以死
生而易之, 故敬其所敬, 愛其所愛, 而終身不衰. 至於犬馬, 皆然, 而
況於人乎? 昔文王之襪係解, 而文王自結之, 謂太公曰, '吾聞, 亡人
之所與處, 不盡其役. 寡人雖不肖, 所與處, 皆先君之人, 故無令結
之.' 夫所與處者, 不過左右僕隸之賤, 猶敬待, 而不使之執役, 況親
之鍾情者乎? 今之人, 親沒未幾, 而戕賊同腹, 屛逐妾媵, 歐朴婢僕,

---

18) 태공망(太公望) : 여상(呂尙), 태공망은 그의 별호임. 주(周)나라 문왕(文王)의 스승이
  었음.
19) 이 이야기는 『문자(文子)』에서 찾아볼 수 있음. 이 책은 『통현진경(通玄眞經)』이라고
  도 부르는 도가(道家) 계통의 책으로써 주(周)나라 신근(辛鈃)의 찬이라 전함.

亦獨何心?"

4. 나라의 해악

부휴자가 말하였다.

"나라를 다스리는 데에는 아홉 가지의 해악(害惡)이 있다. 무늬를 조각하여 아름답게 꾸민 기둥이나 서까래는 궁실(宮室)을 해롭게 하는 것이며, 수를 놓은 비단이나 붉은 끈으로 맨 인수(印綬)는 의상(衣裳)을 해롭게 하는 것이며, 금이나 옥으로 만든 술잔은 기물(器物)을 해롭게 하는 것이다. 맛있게 조리한 안주나 고기는 음식을 해롭게 하는 것이며, 나방 같은 눈썹이나 박씨 같은 이를 지닌 미인은 규방(閨房)을 해롭게 하는 것이며, 절양(折楊)이나 황화(皇華)20)와 같은 시는 아송(雅頌)21)을 해롭게 하는 것이다. 한가하게 놀면서 일하지 않는 장인(匠人)이나 상인은 농사를 해롭게 하는 것이며, 도박판에 뛰어드는 행동은 학문을 해롭게 하는 것이며, 난잡한 언설(言說)이나 요망한 기술은 정도(正道)를 해롭게 하는 것이다.

나라에 이상과 같은 해악이 있으면 그 나라가 혼란에 빠지고, 사람에게 이상과 같은 해악이 있으면 그 몸이 위험에 처한다. 나라가 혼란에 빠지고 몸이 위험에 처하면 머지 않아 망할 수밖에 없다. 경계하지 않을 수 있겠는가?"

---

20) 황화(皇華) : 절양(折楊)과 더불어 옛날의 속악(俗樂) 가운데 하나임.
21) 아송(雅頌) : 『시경』의 아(雅)와 송(頌). 아는 정악(正樂)의 노래이고, 송은 조상의 공덕을 칭송하는 노래임. 여기서는 올바른 시가(詩歌)를 뜻함.

원
문

浮休子曰, "治國有九害. 雕楹刻桷, 宮室之害也. 錦繡纂組, 衣裳之害也. 金罍玉瓚, 器用之害也. 嘉肴美膿, 飲食之害也. 蛾眉瓠犀, 閨壺之害也. 折楊皇華, 雅頌之害也. 工賈游手, 農稼之害也. 梟盧投博,[22) 學問之害也. 厖言幻術, 正道之害也. 國有之, 則其國亂. 人有之, 則其身危. 國亂身危, 而亡無日矣, 可不戒哉?"

5. 사람의 능력

옮김
譯

부휴자가 말하였다.

"하늘은 아득히 높은 곳에서 듣고 있다.[23) 그렇지만 사람은 또한 하늘의 뜻을 되돌리게 하는 힘을 가지고 있다. 하늘의 기밀은 심원하여 알 수 없다. 그렇지만 사람은 또한 하늘의 기밀을 훔쳐내는 재주를 가지고 있다.

날씨가 더우면 얼음으로써 더위를 식히고, 날씨가 추우면 불로써 추위를 녹인다. 그런데 더운 여름철에 물가로 달려가 얼음을 찾을 경우 끝내 얼음을 구할 수 없다. 반드시 겨울에 미리 계곡에서 얼음을 떼어내 빙고(氷庫)에 저장해두었다가 한 여름에 그것을 꺼내 써야만 더위 걱정을 잊은 채 여름 한철을 보낼 수 있다. 추운 겨울에 비록 불씨가 있다 하더라도 마른 풀잎이 없고 태울 나무가 없을 경우에는 따뜻하게 불을 땔 수 없다. 반드시 평소에 나무를 많이 쌓아 놓고 추위를 대비하였다가 계속해서 불을 지펴야만 한 겨울의 고통스런 추위를 면할 수 있다.

9년 동안의 홍수는 우(禹)임금이 근검하게 생활함에 따라 마침내 그쳤

---

22) 이 구절의 '梟'가 목판본에는 '裊'로 되어 있음.
23) '인격체로서의 하늘이 아득히 높은 곳에서 사람들이 하는 말을 듣고 있다'는 뜻임.

으며, 7년 동안의 가뭄은 탕(湯)임금이 여섯 가지 문제를 스스로 반성함
에 따라 결국 그쳤다.24) 뽕나무와 닥나무의 변괴는 은(殷)나라 태무(太戊)
가 덕을 닦음에 따라 사라졌으며,25) 형혹(熒惑)의 변괴는 제(齊)나라 경공
(景公)이 착한 말을 함에 따라 물러갔다.26) 어찌 '하늘의 뜻을 되돌리게
하는 힘이 없다'고 할 수 있겠는가?

지금 어떤 나무의 가지를 잘라 다른 나무에 접을 붙인다면, 붉은 꽃
이 피는 나무로 하여금 흰 꽃이 피게 할 수 있으며, 작은 열매를 맺는
나무로 하여금 큰 열매를 맺게 할 수 있다. 이 또한 사람이 하늘의 기밀
을 훔쳐내 사물을 변하게 하는 재주를 지니고 있기 때문이다.

임금이 진실로 덕을 행하고 행실을 고쳐 하늘의 꾸짖음에 경건하게
응답한다면 재이(災異)는 변하여 상서(祥瑞)가 되고 앙화(殃禍)는 변하여
복록(福祿)이 된다. 하늘은 사람의 뜻을 도외시하지 않는 법이다. 사람이
하늘을 믿고 의지한다면 하늘과 사람은 자연히 서로 화합하게 될 것이
다. 홍수나 가뭄 또는 오행(五行)의 착란 따위를 어찌 염려할 것이 있겠
는가?"

원문 浮休子曰, "天聽甚高, 而人有回天之力. 天機雖窅, 而人有
盜天之功. 暑則氷以解之, 寒則火以溫之. 然當暑, 而呼氷於
水, 氷終不可得. 必先鑿之於山谷, 貯之於陵陰, 而發揚於盛夏, 則可
以却暑, 而無愆陽之患. 當寒, 而雖有火, 無束蘊, 無薪楛, 則火無所

---

24) 7년 대한(大旱)에 탕(湯)이 '정사(政事)에 절도(節度)가 없지는 않았는가, 백성을 너무
혹사시키지는 않았는가, 뇌물을 받지는 않았는가, 참인(讒人)이 흥하지는 않았는가, 궁
궐을 호화롭게 짓지는 않았는가, 궁녀의 농간이 있지는 않았는가?' 하는 여섯 가지 점
을 스스로 반성하였다 함.
25) 은(殷)나라 태무(太戊)왕 때 궁중의 뜰에 뽕나무와 닥나무가 자라는 변괴가 나타났으
나, 어진 재상 이척(伊陟)의 말에 따라 태무가 덕을 닦자 그 나무들이 말라죽었다 함.
26) 형혹(熒惑)은 화성(火星)의 이칭임. 춘추시대 제(齊)나라 경공 때 형혹이 나타나 일년
동안 사라지지 않았으나 경공이 착한 말을 하고 선정(善政)을 폄에 따라 마침내 그 별
이 물러갔다 함.

寓. 必使多積而備之有素, 然後火傳無窮, 而自無伏陰之苦也. 九年
之水, 卒治於禹之勤儉. 七年之旱, 終弭於湯之六責, 桑穀消於太戊
之修德, 熒惑退於景公之善言,[27] 此豈非回天之力乎? 今有斫樹之枝,
附之於他樹, 則使花紅者可白, 實小者可大, 此亦在人盜弄天機而變
化之也. 人君苟能率德改行, 敬答天譴, 則災變爲祥, 禍轉爲福. 天不
外於人, 人必賴乎天,[28] 天人之間, 自然相協矣. 一雨暘之愆, 一五行
之戾, 何足慮乎?"

6. 귀신의 종류

 산인(山人)[29]이 부휴자에게 물었다.

"이 세상에 귀신(鬼神)이 있다는 말이 사실입니까?"

부휴자가 대답하였다.

"그렇다."

"그렇다면 귀신이 인사(人事)에 간여할 수 있습니까? 그리고 제사(祭祀)
를 받드는 것은 유익한 일입니까?"

"그렇다."

"그렇다면 그 종류는 얼마나 되는 것입니까?"

"사람이 죽으면 귀신이 되므로 그 종류는 한둘이 아니다."

산인이 물었다.

"귀신의 종류가 한둘이 아닙니다. 그런데 어떤 경우에는 '마땅히 제사

---

27) 이 구절의 '惑'이 목판본에는 '或'으로 되어 있음. (『안자춘추(晏子春秋)』 「간(諫)」편
　　에 의거하여 바로잡았음.)

28) 이 구절의 '人'이 목판본에는 누락되어 있음.

29) 산인(山人) : 속세를 떠나 산중에서 사는 은자(隱者).

를 받들어야 한다' 하고, 어떤 경우에는 '제사를 받들지 말아야 한다'고
합니다. 그것은 무엇 때문입니까? 저는 의혹을 품지 않을 수 없습니다.

지금 사람처럼 말을 하면서도 그 모습을 드러내지 않는 귀신도 있으
며, 기괴(奇怪)한 형상을 드러냄으로써 사람들로 하여금 근심하게 하는
귀신도 있으며, 깊은 밤중에 횃불을 들고 나타나 숲을 비추는 귀신도
있습니다. 사람의 형상으로 그려 놓은 것으로서, 그 앞에 지전(紙錢)[30]을
걸어 놓으며, 천한 시골 사람의 집에 붙어 있는 귀신도 있습니다. 인간
의 형상으로 그림을 그리거나 소상(塑像)을 만들어 놓은 것으로서, 그 몸
은 황금과 채색으로 단장하며, 산 속에 화려한 집을 지어 놓고 섬기는
귀신도 있습니다. 소나무나 잣나무를 심은 곳에 제단(祭壇)을 쌓아 놓고
공경하는 귀신도 있으며, 집 곁에 사당(祠堂)을 지은 뒤 신주(神主)를 만
들어 놓고 받드는 귀신도 있습니다. 그 종류가 한둘이 아닌 것입니다.
그런데 어떤 경우에는 '마땅히 제사를 받들어야 한다' 하고, 어떤 경우
에는 '제사를 받들지 말아야 한다'고 합니다. 그것은 무엇 때문입니까?"

부휴자가 대답하였다.

"그것들은 모두 그 나름의 이유가 있다. 사람처럼 말을 하면서도 그
모습을 드러내지 않는 귀신은 진(晉)나라의 태자(太子) 신생(申生)이 신성
(新城)에 하강한 것과 같은 부류이다.[31] 하지만 그것은 괴물(怪物)이 누군
가에게 붙어 사람들을 두렵게 만든 경우였다. 어찌 효자의 떳떳한 혼령
이 무당의 입을 빌어 말을 하였을 리 있겠는가?

기괴한 형상을 드러냄으로써 사람들로 하여금 근심하게 하는 귀신은
제(齊)나라 팽생(彭生)[32]이나 정(鄭)나라 양소(良霄)[33]와 같은 부류이다. 그

---

30) 지전(紙錢) : 무당이 소원을 빌 적에 걸어 놓는 종이. 종이를 잘라 돈의 형태로 만들었음.
31) 신생(申生)은 춘추시대 진(晉)나라 헌공(獻公)의 태자였음. 헌공이 여희(驪姬)를 사랑
    하여 그의 소생 해제(奚齊)로 태자를 바꿔 세우려 하자, 신생은 헌공의 뜻을 받들어 스
    스로 목숨을 끊었음. 그 뒤 생전에 부리던 마부에게 그의 혼령이 나타났다 함.
32) 팽생(彭生) : 춘추시대 제(齊)나라 양공(襄公) 때의 역사(力士). 비명(非命)에 죽은 뒤
    큰 돼지의 형상으로 양공에게 나타났다 함.

부류는 모두 비명(非命)에 횡사(橫死)한 뒤 그 노여움을 풀 길이 없으므로 기괴하고 포악한 짓을 하여 사람들에게 재앙을 끼치려 한다. 오직 덕(德)이 있는 사람만이 그 재앙을 물리칠 수 있으며 조화로운 기운만이 그 재앙을 그치게 할 수 있다.

깊은 밤중에 횃불을 들고 나타나는 귀신은 산과 들의 요물(妖物)이 의지할 곳이 없으므로 장난을 하면서 은은하게 빛을 발하며 깜빡거리는 것이다. 그 부류는 사람에게 요구하는 것이 없으며 또한 해도 끼치지 않는다.

사람의 형상으로 그려 놓은 것으로서, 그 앞에 지전(紙錢)을 걸어 놓으며, 천한 시골 사람의 집에 붙어 있는 귀신의 경우는 그 유래가 아득히 멀다. 그 옛날 진(陳)나라 대희(大姬)³⁴⁾가 귀신 섬기기를 좋아하여 술과 음식을 갖추어 놓고 노래부르며 완구(宛丘)³⁵⁾ 아래서 너울너울 춤을 추었다. 그로부터 그 습속이 강한(江漢)³⁶⁾과 형초(荊楚)³⁷⁾ 지방으로 퍼져나가 풍속을 더욱 심하게 오염시켰다. 여자 무당과 남자 박수가 어지럽게 재주를 부리면서, 지전(紙錢)을 걸어 놓고 신위(神位)라 하며, 나무가 빽빽한 숲을 가리켜 신수(神藪)³⁸⁾라 한다. 심한 경우에는 부모의 혼을 집안에서 받들지 않았으므로 다른 사람에게 가서 붙어 있는 것이라 말하기도 한다. 그리고 사람에게 병이 날 것 같으면 귀신의 조화라는 구실을 붙여 의복 등속을 모두 가져다가 귀신에게 바치게 한다. 그 부류는 모두 세속의 음란하고 포악한 풍속으로 민생에 큰 해를 끼친다.

---

33) 양소(良霄) : 춘추시대 정(鄭)나라의 대부. 비명에 죽은 뒤 귀신이 되어 자신을 해친 자들을 차례로 죽였다 함.
34) 대희(大姬) : 주나라 무왕(武王)의 딸. 순(舜)의 후손인 호공(胡公)에게 출가하였다 함.
35) 완구(宛丘) : 사방은 높고 중앙이 낮은 언덕을 뜻함. 지금의 하남성 회양현(淮陽縣) 동남 지역으로 춘추시대에는 그 곳에 진(陳)나라의 수도가 있었음.
36) 강한(江漢) : 양자강(揚子江)과 한수(漢水).
37) 형초(荊楚) : 호북성 호남성 일대의 지역. 우공(禹貢)의 형주(荊州)에 해당하며 춘추전국 시대에는 그 지역에 초(楚)나라가 있었음.
38) 신수(神藪) : 귀신이 머무는 숲.

인간의 형상으로 그림을 그리거나 소상(塑像)을 만들어 놓은 것으로서
산 속에 화려한 집을 지어 놓고 섬기는 귀신의 경우는 서쪽 오랑캐[39]의
유법(遺法)이 중국으로 흘러 들어온 것이다. 그것은 조잡하고 허망한 학
술에 지나지 않는 것으로서 생사(生死)에 따라 윤회(輪廻)를 반복한다는
이야기를 지어내 어리석은 백성들을 속이고 온 세상을 속박한다. 그리
고 서로 다투어 기이하고 사치스럽게 꾸미면서 재물을 없애고 곡식을
낭비한다. 그 폐해가 이루 말할 수 없을 정도이다. 이상의 네 부류는 세
상에 이로움을 주지 않고 해만 끼친다. 제사를 받들지 말고 없애버려야
할 것들이다.

천자(天子)만이 천지(天地)에 제사를 올릴 수 있으며, 제후(諸侯)만이 산
천(山川)에 제사를 올릴 수 있으며, 대부(大夫)만이 오사(五祀)[40]에 제사를
올릴 수 있다. 무릇 하늘의 신이나 땅의 신 그리고 크고 작은 언덕·물
가·평지·대문·도로·지게문·부엌 등 주신(主神)이 있는 것들의 경우
그 크고 작음은 비록 서로 다르지만 모두 제사를 올려야 할 것들이다.

천자는 칠대(七代)까지 제사를 받들어야 하며, 제후는 오대(五代)까지
제사를 받들어야 하며, 대부는 삼대(三代)까지 제사를 받들어야 하며, 사
(士)는 단지 제 부모의 제사만을 받들어야 한다. 그 더하고 줄임에는 차
등이 있으나 모두 제사를 받들어야 할 것들이다. 공자(孔子)는 조상에게
제사를 받들 때에는 마치 조상이 눈앞에 있는 것처럼 생각하였으며, 귀
신에게 제사를 받들 때에는 마치 귀신이 눈앞에 있는 것처럼 생각하였
다.[41] 공자께서는 또 말씀하시기를, '귀신은 공경하면서도 멀리해야 하
고,[42] 제사를 받들어 마땅하지 않은 귀신에게 제사를 받드는 것은 아첨
하는 짓이다'[43]라고 하였다. 제사를 받들어야 할 경우에 제사를 받들지

---

39) 서쪽 오랑캐 : 인도(印度)를 말함.
40) 오사(五祀) : 문(門 : 대문)·호(戶 : 지게문)·정(井 : 우물)·조(竈 : 부엌)·중류(中
    霤 : 안방)의 다섯 곳.
41) 『논어』「팔일(八佾)」편의 구절. 그 원문은 '祭如在 祭神如神在'임.
42) 『논어』「옹야(雍也)」편의 구절. 그 원문은 '敬鬼神而遠之'임.

않는 것은 잘못이고, 제사를 받들지 말아야 할 경우에 제사를 받드는
것 또한 잘못이다."

산인이 물었다.

"그런데 사람이 죽으면 어디로 가는 것입니까? 사람들은 죽은 자의
육신(肉身)을 땅 속에 묻어둔 채 그 혼령(魂靈)만을 불러 함께 집으로 돌
아갑니다. 하지만 죽은 자의 혼령은 형체가 없으나 육신은 사람의 몸으
로서 그 형체가 아직 그대로 남아 있습니다. 형체가 없는 혼령을 찾으
면서 형체가 있는 육신을 찾지 않는다는 것은 너무 야박한 처사가 아닙
니까?"

부휴자가 대답하였다.

"모든 사람은 태어날 때 허령불매(虛靈不昧)[44]한 지각(知覺)을 가지고
태어난다. 이는 천지의 정기(精氣)가 그 몸 속으로 들어가 운동하는 현상
이다. 그런데 사람이 죽음으로써 그 정기가 한 번 흩어지고 나면 육신
은 빈 껍데기가 되어 초목과 더불어 썩어 갈 뿐이다. 그 때 영기(英氣)의
소재(所在)를 찾으려 하기 때문에 예(禮)에서는 혼령을 귀하게 여기면서
신(神)을 섬기는 도리로 그것을 섬긴다. 땅 속에서 썩어 가는 빈 껍데기
를 다시 찾을 필요가 없는 것이다. 그렇지만 마음이 그다지 편안할 수
는 없는 노릇이므로, 옛날에도 오히려 무덤 가에 움막을 지어 놓고 머
무른 자가 있었으며, 무덤 옆으로 지나가면서 물건을 걸어 놓은 자도
있었다. 옛 성현(聖賢)들도 그런 행위를 잘못하는 것이라고 비난한 적이
없었다. 이는 모두 그 사람을 죽은 것으로 여기지 않았으며 신(神)의 소
재(所在)를 정확하게 알 수 없었기 때문이다."

산인이 물었다.

"귀신이나 혼령이 과연 없어지지 않는다면 그들이 '누군가를 미워하
는가'의 여부에 따라 화(禍)나 복(福)을 내릴 수 있습니까?"

---

43) 『논어』 「위정(爲政)」편의 구절. 그 원문은 '非其鬼而祭之 詔也'임.
44) 허령불매(虛靈不昧) : 마음이 고요하고 신령하여 모르는 것이 없음.

부휴자가 대답하였다.

"사람의 선함과 악함은 비록 그 스스로가 짓는 것이기는 하나 그에 대해 화나 복을 내리는 것은 모두 하늘의 뜻에 달려 있다. 하늘의 뜻에 달려 있는 것을 귀신이 어떻게 독단적으로 집행할 수 있겠는가? 다만 하늘이 하는 일을 돕는 것이라면 귀신도 역시 할 수가 있다. 『시경(詩經)』에서 이르기를 '많은 복을 받았다'45)라 하였고, 『서경(書經)』에서도 이르기를 '무거운 벌을 내렸다'46)고 하였다. 이는 귀신이 하늘의 힘을 빌어 화나 복을 베풀었다는 말이다. 사람은 살아 있을 때에도 오히려 자신의 뜻대로 상벌을 마음껏 베풀 수 없다. 하물며 죽은 뒤에 무슨 수로 화복을 마음껏 베풀 수 있겠는가? 만약에 사람들이 술잔을 서로 주고받는 것처럼 귀신이 화가 났다 하여 재앙을 내리고 마음에 들었다 하여 복을 내린다면 악한 자는 겁이 나서 스스로 악행을 저지르지 않을 것이다. 따라서 이 세상에서 악인이 모두 사라지게 될 것이다. 다만 그렇게 할 수 없기 때문에 세상에 선한 사람은 적고 악한 사람은 많은 것이다.

그렇지만 하늘은 총명하고 귀신도 역시 총명하기 때문에 사사로움이 없다. 사사로움이 없으면 속일 수 없다. 하늘의 뜻은 알 수 없고 귀신의 뜻도 역시 알 수가 없다. 알 수 없는 것은 그 명령(命令)이 무상(無常)하기 때문이며, 무상하기 때문에 사람은 그 뜻을 헤아릴 수 없다. 그렇기 때문에 사람들은 하늘을 두려워하며 덕을 닦음으로써 재앙을 면하려 하는 것이다. 그러니 잠시라도 하늘을 공경하지 않을 수 있겠는가? 털끝만큼이라도 자만(自慢)하는 마음을 품을 수 있겠는가?"

---

45) 『시경』 「대아(大雅)」 「대명(大明)」편의 구절. 그 원문은 '聿懷多福'임. 이 시는 주나라 문왕(文王)과 무왕(武王)의 덕을 칭송한 작품임.
46) 『서경』 「반경(盤庚)」편의 구절. 그 원문은 '崇降罪疾'임.

山人問浮休子曰, "世之有鬼神, 信乎?" 曰, "有."
曰,[47] "然則能與於人, 而祀之有益乎?" 曰, "然."

曰,[48] "然則種有幾?" 曰, "人死爲神, 其類非一."

曰, "其類非一, 而或云宜祀, 或云不宜祀, 何歟? 儂竊有惑. 今有作
人語, 而形不現者. 有露詭形, 而爲人患者. 有當深夜, 而把火照林者.
有圖人形, 掛紙錢, 而寓於野人之家者. 有圖形塑像, 金軀彩飾, 構華
屋於山中而事之者. 有栽松栢, 設壇場而敬之者. 有構堂於寢側, 作
主而奉之者. 其類非一, 而或云宜祀, 或云不宜祀, 何歟?"

曰, "是皆有說. 作人語而形不現者, 如太子申生降新城之類, 是必
怪物憑之而怵人. 豈有孝子懿靈, 藉巫口而言之乎? 露詭形而爲人患
者, 如齊彭生, 鄭良霄之類. 是皆死於非命, 無所洩怒, 故作爲詭暴,
欲貽禍於人. 惟德可以禳之, 和氣可以弭之矣. 深夜把火者, 山野妖
物, 無所憑依, 作爲戲劇, 隱燐而明滅. 此則無求於人, 而亦無害於人
也. 圖人形, 掛紙錢, 寓於人家者, 其來遠矣. 自陳大姬好祀鬼神, 以
歌舞酒食, 婆娑於宛丘之下, 延及於江漢荊楚之間, 汚染尤甚. 女巫
男覡, 紛紜衒術, 掛紙錢爲神位, 叢樹林爲神藪, 至稱父母之魂, 不奉
於家而寓於人. 其有疾病, 則托以爲祟, 傾蕩衣裳以施於神. 此皆俗
之淫昏, 而爲巨蠹者也. 圖形塑像, 創華屋而事之者, 是西胡遺法, 流
入中國. 以鹵莽寂滅之學, 作死生輪廻之說, 誑惑愚民, 籠罩一世, 爭
奇競侈, 糜財費穀, 其弊有不可勝言者. 玆四者, 無益而有害, 可去而
不可祀者也. 天子然後祭天地, 諸侯然後祭山川, 大夫然後祭五祀.
凡天神地祇, 丘陵墳衍門途戶竈之有主, 其大小雖殊, 而皆當祀之者
也. 天子祭七代, 諸侯祭五代, 大夫祭三代, 士只祭禰. 其隆殺有等,
而皆當祀之者也. 孔子祭如在, 祭神如神在. 又曰, '敬鬼神而遠之,

---

47) 목판본에는 '曰'이 누락되어 있음.
48) 목판본에는 '曰'이 누락되어 있음.

非其鬼而祀之, 詔也.' 宜祀而不祀, 非也, 不宜祀而祀之, 亦非也."

曰, "然則人死何歸乎? 藏魄於地, 招魂而返. 魂無形, 而魄是人之體, 有形而未盡者. 求於無形, 而不於有形, 無乃太薄乎?"

曰, "人之生也, 虛靈知覺, 皆天地之精氣, 寓於體而運動之. 精氣一散, 則身爲委蛻, 而與草木同腐. 欲求英氣之所在, 故禮以魂爲重, 而以神道事之, 不必更求於委蛻之地也. 然不可若是恝也, 故古有反築室於場而居之者, 有過墓而掛物者, 聖賢不以爲非. 此皆不死其人, 而不知神之所在也."

曰, "神魂果不泯焉, 則因憎惡而能降禍福乎?"

曰, "人之善不善, 雖是自作, 而其禍福, 皆在於天. 在於天者, 神何獨斷? 惟助天之所爲則有之矣. 詩云, '聿懷多福.' 書曰, '崇降罪疾.' 此言神假天而爲之也. 生時尙不能盡其賞罰, 死何由盡其禍福? 若因其怒而禍之, 因其喜而福之, 如酬酢之必報, 則惡者懼而自不爲惡, 天下無惡人矣. 惟其不如是, 故善者少, 而不善人多. 然天道聰明, 而神道亦聰明, 故無私. 無私, 則不可欺也. 天難諶, 而神亦難諶, 難諶以其不常也. 惟不常, 故不可測也. 如此, 而人畏之而修德, 思免禍殃. 然則其可斯須而不敬乎? 其可有一毫自慢之心乎?"

7. 기호(嗜好)와 능졸(能拙)

옮김譯 유생(柳生)이 부휴자에게 물었다.

"사람들의 기호(嗜好)는 서로 같지 않으며 능력 또한 각각 다릅니다. 그 넉넉한 쪽을 잘라 부족한 쪽을 보충하게 할 수 있습니까?"

부휴자가 대답하였다.

"그것은 모두 천성(天性)이기 때문에 사람이 마음대로 할 수 있는 것이 아니다. 다만 본연지성(本然之性)[49]만은 모든 사람들이 다 갖추고 있다. 그러므로 인의예지(仁義禮智)의 경우에는 그 단서를 확충해 나간다면 스스로를 변화시켜 지선(至善)의 경지로 나아갈 수 있다. 기질지성(氣質之性)[50]은 그 청탁(淸濁)과 수박(粹駁)[51]이 태어날 때 이미 결정되어 있다. 그러므로 비록 혹시 변화시킬 수 있는 사람이 있다 하더라도 그 변화는 오래 지속될 수 없다.

문왕(文王)은 부들[52]을 즐겨 먹었으며, 굴도(屈到)[53]는 마름을 즐겨 먹었으며, 증석(曾晳)[54]은 고욤을 즐겨 먹었다. 그들의 천성(天性) 때문이었다. 초(楚)나라 장왕(莊王)은 말을 사랑하였으며, 위(衛)나라 의공(懿公)은 학을 사랑하였으며, 영척(甯戚)[55]은 소를 사랑하였다. 역시 그들의 천성 때문이었다.

초(楚)나라 문왕(文王)은 사냥을 좋아하였으며, 진(秦)나라 효문(孝文)은 투검(鬪劍)을 좋아하였으며, 자공(子貢)은 성문(聖門)[56]의 고제(高弟)였으나 재산 불리기를 좋아하였으며, 풍부(馮婦)는 진(晉)나라 대부였으나 호랑이 사냥하기를 좋아하였다. 이 역시 그들의 천성 때문이었다. 포정(庖丁)[57]의 소 잡기, 구루(痀瘻)[58]의 매미 잡기, 윤편(輪扁)[59]의 수레바퀴 깎기, 영

---

49) 본연지성(本然之性) : 인간이 보편적으로 타고나는 속성(屬性). 이기론(理氣論)에서 이른바 이(理)라고 하는 속성으로 인의예지의 선성(善性)을 말함.
50) 기질지성(氣質之性) : 인간이 개별적으로 타고나는 속성. 이기론에서 이른바 기(氣)라고 하는 속성으로 개개인의 성격이나 능력 따위를 말함.
51) 수박(粹駁) : 사람의 기질이 순수하거나 또는 순수하지 못함.
52) 부들 : 물풀의 일종. 그 어린 싹은 먹을 수 있음.
53) 굴도(屈到) : 춘추시대 초(楚)나라 사람.
54) 증석(曾晳) : 증점(曾點), 석은 그의 자임. 춘추시대 노(魯)나라 사람으로 공자의 제자였음.
55) 영척(甯戚) : 춘추시대 위(衛)나라 사람.
56) 성문(聖門) : 성인의 문하. 곧 공자의 제자들을 말함.
57) 포정(庖丁) : 『장자』의 우언(寓言)에 등장하는 인물. 특히 소를 잘 잡았다 함.

인(郢人)⁶⁰⁾의 코 위의 진흙 떼기, 백아(伯牙)⁶¹⁾의 거문고 타기, 편작(扁
鵲)⁶²⁾의 질병 고치기, 진청(秦靑)⁶³⁾의 노래 부르기, 감승(甘蠅)⁶⁴⁾의 활 쏘
기, 의료(宜僚)⁶⁵⁾의 구슬 놀이, 혁추(弈秋)⁶⁶⁾의 바둑 두기 등도 역시 그들
의 천성 때문이었다.

다만 즐겨함이 지나치면 음식도 사람을 해롭게 할 수 있으며, 사랑함
이 깊으면 물색(物色)도 사람을 병들게 할 수 있으며, 좋아함이 지나치면
재예(才藝)도 사람을 피폐하게 할 수 있다. 그렇지만 임금이나 아비도 그
좋아하는 것을 하지 못하게 말릴 수 없으며 형벌로도 그만두게 할 수
없다. 하물며 구구한 언어로써 변하게 할 수 있겠는가? 천성(天性)이 무
능한 자는 비록 일년 내내 유능한 자의 곁에서 그가 하는 일을 보고 있
다 하더라도 그 재주를 그대로 본받을 수가 없다. 하지만 능력이 있는
자는 누가 가르쳐 주지 않는다 하더라도 타고난 재주가 자연스럽게 드
러난다. 어찌 배워서 능한 것이라 하겠는가? 또한 그의 천성 때문이다.

사람의 천성은 변화시킬 수 없다. 그런데도 반드시 변화시키려 한다
면 오리의 짧은 다리를 길게 늘이려 하는 것이나 학의 긴 다리를 짧게
줄이려 하는 것과 무엇이 다르겠는가? 이로써 보건대 본연지성(本然之性)
은 변화시킬 수 있으나 기질지성(氣質之性)은 변화시킬 수 없다. 비록 혹
시 변화시킬 수 있는 사람이 있다 하더라도 그 변화는 오래 지속될 수
가 없는 것이다."

---

58) 구루(痀瘻) : '등이 굽은 노인'이라는 뜻임. 특히 매미를 잘 잡았다 함. 『장자』「달생
    (達生)」편에는 '痀僂'로 되어 있음.
59) 윤편(輪扁) : 『장자』의 우언(寓言)에 등장하는 인물. 특히 수레바퀴를 잘 깎았다 함.
60) 영인(郢人) : 『장자』의 우언에 등장하는 인물. 특히 벽을 잘 발랐다 함.
61) 백아(伯牙) : 춘추시대 사람. 특히 거문고를 잘 탔다고 함.
62) 편작(扁鵲) : 전국시대 진(秦)나라의 명의(名醫).
63) 진청(秦靑) : 『열자』의 우언에 등장하는 인물. 특히 노래를 잘 불렀다 함.
64) 감승(甘蠅) : 『열자』의 우언에 등장하는 인물. 특히 활을 잘 쏘았다 함.
65) 의료(宜僚) : 시남의료(市南宜僚). 『장자』의 우언에 등장하는 인물. 특히 구슬 놀이를
    잘하였다 함.
66) 혁추(弈秋) : 『맹자』의 「논설」 가운데 등장하는 인물. 특히 바둑을 잘 두었다 함.

柳生問於浮休子曰, "人之嗜好不同, 而能拙亦異, 可使截長而補短乎?"

浮休子曰, "此皆性也, 非人之所能爲也. 本然之性, 人皆有之, 如仁義禮智之端, 擴而充之, 可使變化而趨善也. 氣質之性, 則其淸濁粹駁, 定於有生之初, 雖或有可變之人, 而其變不恒也. 文王嗜蒲菹, 屈到嗜芰, 曾晳嗜羊棗, 性也. 楚莊王愛馬, 衛懿公愛鶴, 甯戚愛牛, 亦性也. 楚文王好獵, 秦孝文好鬪劍, 子貢聖門之高弟而好殖貨, 馮婦晉之大夫而好射虎, 亦其性也. 庖丁之解牛, 痀瘻之承蜩, 輪扁之斲輪, 郢人之斲鼻, 伯牙之鼓琴, 扁鵲之治病, 秦靑之謳, 甘蠅之射, 僚之丸, 秋之弈, 亦其性也. 嗜之篤, 則飮食足以害人. 愛之深, 則物色足以蠱人. 好之過, 則材技足以敝人. 然君父不能禁, 刑罰不能止, 況以區區之言語而可以移之乎? 性之拙者, 雖終歲旁觀於能者之側, 不能效其彷彿. 至於能者, 則不賴敎而自然有天巧, 此豈學而能乎? 亦其天性也. 性不可變, 而必欲變之, 不幾於鳧脛之短而欲使之長, 鶴脛之長而欲使之短乎! 由此觀之, 則本然之性可變, 而氣質之性難變. 雖或有可變之人, 而其變不恒也."

8. 군자와 소인

부휴자가 말하였다.

"임금이 명예(名譽)를 얻기 위해 나라를 다스린다면 그 마음은 반드시 정성스러운 것이 될 수 없다. 신하가 명예를 얻기 위해 직무를 수행한다면 그 마음은 반드시 충성스러운 것이 될 수 없다. 명예는 실질의 빈객(賓客)67)이고 도의 찌꺼기일 뿐이다.

대저 군자(君子)는 그 마음이 순수하고 정직하여 억지로 꾸미려 하지 않는다. 어질어야 할 때에는 어질고, 의로워야 할 때에는 의롭고, 청렴해야 할 때에는 청렴하고, 부끄러워해야 할 때에는 부끄러워한다. 그 처한 상황에 따라 선(善)의 단서가 자연스럽게 발현되는 것이다. 다른 사람의 좋은 점을 발견하면 자신도 따라서 그것을 배운다. 한편 만일 사람들이 자신을 칭찬하는 말을 들을 것 같으면, 그 마음이 내키지 않으므로 이내 대답하기를, '아니 그것이 무슨 말씀인가? 내가 어찌 감히 그런 칭찬을 받을 수 있겠는가?'라고 반문한다.

소인(小人)은 그렇지 않다. 자신은 잘하는 것이 없으면서도 오히려 사람들로부터 칭찬을 받으려 한다. 속은 실제 탐욕스럽고 비루하면서도 겉으로는 청렴하고 결백한 것처럼 행동하고, 속은 실제 음흉스럽고 포악하면서도 겉으로는 인자하고 공손한 것처럼 행동한다. 스스로를 선양하고 자랑하면서 오히려 사람들이 알아주지 않을까 염려하는 것이다.

진중자(陳仲子)68)는 벌레 먹은 오얏을 주워 먹었다가 맹자(孟子)로부터 지렁이의 지조를 지녔다는 비유를 들었다.69) 공손홍(公孫弘)70)은 검소한 척하면서 베옷을 입었다가 사람들로부터 거짓으로 꾸며 명예를 낚으려 한다는 비난을 받았다. 저들은 애초 사람들을 속이려 하였으나 도리어 사람들에게 업신여김을 당했던 것이다. 사람들이 나 자신 보기를 마치 손바닥을 들여다보듯이 한다. 이로울 것이 무엇이 있겠는가? 흔히 제 분수도 모른다는 사실을 드러낼 뿐이다."

---

67) 빈객(賓客) : 손님. 여기서는 주종(主從)의 관계에서 종속적 위치에 머무는 존재를 뜻함.
68) 진중자(陳仲子) : 전국시대 제(齊)나라 사람. 의롭지 못한 음식을 먹지 않겠다며 사흘 동안을 굶고 있다가 마침내 벌레가 파먹은 오얏을 주워 먹었다 함.
69) 이 이야기는 『맹자』 「등문공(滕文公)」 하편에서 찾아볼 수 있음.
70) 공손홍(公孫弘) : 한(漢)나라 무제(武帝) 때의 승상. 그 위인이 겉으로는 착한 척하였으나 속마음은 흉악하였다 함.

원문 浮休子曰, "人君爲名而治國, 則其心必不誠. 人臣爲名而奉職, 則其心必不忠. 名者, 實之賓而道之嬴餘也.[71] 大抵君子, 其心純正, 不事矯飾. 當仁而仁, 當義而義, 當廉而廉, 當恥而恥, 隨其所遇, 善端發見. 見人之善,[72] 則從而學之. 如或聞人之譽, 則其意不懌然曰, '是何言也? 我何敢當哉?' 小人則不然, 己未有善, 而猶望人之稱善. 內實貪鄙, 外示廉潔, 內實猜暴, 外示慈讓, 敷揚誇詡, 猶恐人之不知. 陳仲子之食螬李, 孟子比之蚯蚓之操. 公孫弘之布被, 未免飾詐釣名之譏. 初欲欺於人, 而反被人之欺. 人之視己, 如見其肺肝, 然則何益矣? 多見其不知量也."

9. 사람과 재능

옮김譯 동리생(東里生)[73]이 물었다.

"속언(俗諺)에 이르기를, '사람들의 재능에는 서로 큰 차이가 없다'고 합니다. 그 말이 사실입니까?"

부휴자가 대답하였다.

"그렇지 않다. 옛사람이 말하기를, '사람들의 마음이 서로 다른 것은 마치 그 얼굴이 서로 다른 것과 같다'[74]고 하였다.

유독 사람만이 그런 것은 아니다. 천지 사이에 가득한 만물은 그 종

---

71) 이 구절의 '餘'가 목판본에는 '法'으로 되어 있음.
72) 이 구절의 '見人之善'이 목판본에는 '人'으로 되어 있음. (李鍾默 교수 번역의 『부휴자담론』에 의거하여 바로잡았음.)
73) 동리생(東里生) : '동쪽 마을에 사는 서생'이라는 뜻임.
74) 『춘추좌씨전』 「양공(襄公) 31년」 '전문(傳文)'의 구절. 정자산(鄭子産)의 말로서 그 원문은 '人心之不同 如其面焉'임.

류가 각각 다름에 따라 빛깔이나 향기나 맛이나 냄새도 역시 서로 다른
법이다. 꽃이 붉다 하여도 그 붉은 빛은 꽃마다 서로 다르며, 잎이 푸르
다 하여도 그 푸른 빛 역시 잎마다 서로 다르다. 향기롭고 연한 채소의
경우에도 그 향기로움과 연함은 채소마다 각각 다르며, 달콤하고 새콤
한 과일의 경우에도 그 달콤함과 새콤함은 과일마다 역시 각각 다르다.
날짐승이나 들짐승의 고기, 어류(魚類)나 패류(貝類), 향기로운 각종 떡 등
은 사람의 입에 맞지 않는 것이 없으나 그 맛도 서로 조금씩 다 다르다.

　그러므로 꽃이나 나무를 잘 가꾸는 사람은 각각의 나무마다 그 심을
때를 놓치지 않으며, 그 무성한 가지를 잘라 주며, 그 뿌리에 물을 뿌려
준다. 따라서 각각의 나무들은 잘 자라지 않는 경우가 없는 것이다. 음
식을 잘 조리하는 사람은 각각의 음식마다 그 간을 적당하게 맞추며,
그 부드러움을 알맞게 조절하며, 그에 어울리는 향료를 첨가한다. 그런
뒤에야 각각의 음식마다 맛을 제대로 낼 수 있는 것이다.

　사람 또한 그와 무엇이 다르겠는가? 그러므로 사람들 중에는 큰 성인
(聖人)이 있으며, 큰 현인(賢人)이 있으며, 작은 현인이 있으며, 군자가 있
으며, 보통 사람이 있으며, 용렬한 자가 있으며, 아주 어리석어 어떻게
할 수 없는 자가 있다. 사람마다 품성(稟性)이 서로 같지 않기 때문이다.
그 기량(器量)의 크기에 있어서도, 연(年) 단위로써 헤아려야 할 자가 있
으며, 월(月) 단위로써 헤아려야 할 자가 있으며, 일(日) 단위로써 헤아려
야 할 자가 있으며, 일 단위로도 헤아릴 수 없는 자가 있다.75) 사람마다
재능이 서로 같지 않기 때문이다.

　따라서 백성들의 윗자리에 앉아 있는 사람은 그 재능의 고하(高下)와
그릇의 대소(大小)를 헤아려본 뒤, 그릇이 큰 자에게는 큰 자리를 주어야
하고, 그릇이 작은 자에게는 작은 자리를 주어야 한다. 그들 각자의 그
릇에 알맞는 직책을 주어야만 국사(國事)를 잘 다스릴 수 있는 것이다.

─────────────

75) ‘기량(器量)이 크면 큰 단위로 헤아리고 기량이 작으면 작은 단위로 헤아린다’는 뜻임.

만일 관리로서 적당하지 않은 사람을 등용하거나, 임용한 관리에게 적당하지 않은 자리를 준다면, 흑색과 백색이 함께 뒤섞인 것이나 갓과 신발의 위치가 서로 뒤바뀐 것과 같은 형국이 되어 그 나라마저 나라답지 못하게 된다. 그러니 사람들의 재능에 어찌 큰 차이가 없다고 할 수 있겠는가?"

원문   東里生問曰, "諺云, '人材不甚相遠.' 信歟?"

浮休子曰, "不然. 古人有言曰, '人心之不同, 如其面焉.' 非獨人也. 物之盈天地間者, 吹萬不同, 而其色香味臭, 亦各不同也. 花紅而其紅各異, 葉靑而其靑亦殊. 蔬之芳軟者, 其芳軟各異. 果之甘酸者, 其甘酸亦殊. 飛走之肉, 鱗介之腥, 餠餌之香, 莫不適於口, 而其味不等. 是故, 善養花樹者, 能時其封植, 剔其茂翳, 滋其灌注, 而物無不遂. 善調飮食者, 辨其鹹澹, 均其滑瀡,76) 輔以香辣, 然後味各得其宜也. 人亦何異? 於是, 有大聖者, 有大賢者, 有次賢者, 有君子者, 有中材者, 有庸人者, 有下愚不移者, 而人性不同焉. 有歲計者, 有月計者, 有日計者, 有不能日計者, 而其材不同焉. 爲人上者, 知其材器之高下, 大以授大, 小以授小, 各稱其職, 然後事得不悖. 如或任非其人, 授非其任, 則黑白雜揉, 冠履倒置, 而國非其國矣. 然則人材之相遠, 豈不甚矣哉?"

---

76) 이 구절의 '瀡'가 목판본에는 '隨'로 되어 있음.

10. 천하의 변천

부휴자가 말하였다.

"천하에는 아홉 번의 큰 변화가 있었다. 대도(大道)가 자취를 감춘 뒤에 왕법(王法)[77]이 사라졌으며, 왕법이 사라진 뒤에 패업(霸業)[78]이 일어났으며, 패업이 일어난 뒤에 사위(詐僞)[79]가 나타났다. 사위가 나타난 뒤에 투쟁(鬪爭)이 일어났으며, 투쟁이 일어난 뒤에 절의(節義)가 무너졌으며, 절의가 무너진 뒤에 인륜(人倫)이 무너졌다. 인륜이 무너진 뒤에 이적(夷狄)이 횡행하였으며, 이적이 횡행한 뒤에 금수(禽獸)가 번성하였다.

상고(上古) 성시(盛時)에는 사람들의 마음이 질박하고 작위(作爲)가 없어 윗사람이 교화함에 따라 사람들 스스로 악행을 저지르지 않았다. 세도(世道)가 순박하였기 때문이다. 그 뒤 예악(禮樂)이 무너지자 정벌(征伐)을 일삼았으며, 어진 사람에게 왕위를 양보하던 미풍이 변하여 아들에게 물려주는 방법으로 바뀌었다. 그로부터 사람들은 명예를 얻으려 다투고 상하의 분수를 범하면서 오직 이익만을 추구하기 시작하였다.

이윽고 춘추 시대의 오패(五霸)[80]에 이르러서는 주(周)나라 천자를 존숭하는 척하면서도 천자의 명을 따르지 않았으며, 난신적자(亂臣賊子)를 친다고 하였으나 그 혼란을 멈추게 할 수 없었다. 제후가 제후들을 이끌고 다른 제후를 정벌하였으며, 음모로써 승리를 쟁취하려 하면서 서로 천하의 우두머리 자리를 다투었다. 그들이 하는 일은 교묘한 수법으로 남을 속이는 것에 불과하였다. 성(城)을 놓고 다투고 땅을 놓고 다투었으므로 죽은 사람들의 시체가 들판에 가득하였다. 나라를 잃는 것도

---

77) 왕법(王法) : 어진 임금이 인의(仁義)로 천하를 다스리는 법.
78) 패업(霸業) : 힘이 있는 자가 무력과 권모(權謀)로 천하를 다스리는 방법.
79) 사위(詐僞) : 거짓이나 허위.
80) 오패(五霸) : 춘추시대의 맹주(盟主) 다섯 사람. 곧 제환공(齊桓公)·진문공(晉文公)·진목공(秦穆公)·송양공(宋襄公)·초장왕(楚莊王)을 말함.

그들 자신의 죄악 때문이 아니었으며, 영화를 누리는 것도 그들 자신의 덕망 때문이 아니었다. 그러므로 사람들의 마음은 원망으로 가득하였으며, 제 목숨 하나를 보전하는 것조차 쉽지 않았다. 어느 겨를에 예의(禮義)를 돌아볼 수 있었겠는가? 임금은 임금답지 못하였으며, 신하는 신하답지 못하였으며, 아비는 아비답지 못하였으며, 자식은 자식답지 못하였다. 인륜이 남김없이 무너졌던 것이다. 그로 말미암아 이적(夷狄)이 중국 땅을 짓밟으며 왕기(王畿)[81]를 둘러싸기도 하고 회맹(會盟)에 참여하기도 하였다. 마침내 사람이 금수(禽獸)와 다르지 않은 점이 거의 드물게 되었던 것이다.

이것은 도가 변하자 세상 역시 따라서 변하였기 때문이다. 세상의 변화가 이 지경에 이르렀으니 천하의 큰 성인(聖人)이 다시 나오지 않는다면 잔학한 사람을 교화시킬 수 없고 혹독한 형벌을 없앨 수 없을 것이다."

원문 浮休子曰, "天下有九變. 大道隱而王法熄, 王法熄而霸業興, 霸業興而詐僞著, 詐僞著而爭鬪起, 爭鬪起而節義虧, 節義虧而彝倫敗, 彝倫敗而夷狄橫, 夷狄橫而禽獸亂. 上古盛時, 人心質實無僞, 隋上之化而自不爲惡, 世道淳如也. 自揖讓降而征伐, 禪賢變爲與子, 爭名犯分, 惟利是趨. 至於五霸, 尊王而不用王命, 討亂而不弭其亂, 摟諸侯以伐諸侯, 陰謀取勝, 爭長天下, 所爲無非狙詐巧僞之事. 爭城爭地, 殺人盈野. 削滅者, 非其罪, 榮享者, 非其德. 人心睊睊, 欲救首之不得, 奚暇顧禮義哉? 君不君, 臣不臣, 父不父, 子不子, 彝倫蕩盡而無餘. 由是, 夷狄踐中土, 環王畿, 參會盟, 人之不異禽獸者幾希. 此道變而世亦隨而變也. 世變至此, 非天下之大聖, 不能勝殘去殺也."

---

81) 왕기(王畿) : 천자의 도성으로부터 사방 천리(千里) 이내의 땅.

11. 치세(治世)와 난세(亂世)

옮김 譯 유생(劉生)이 물었다.

"치세(治世) 다음에는 그 유택(遺澤)이 오랫동안 사라지지 않고, 난세(亂世) 다음에는 그 화란(禍亂)이 오랫동안 진정되지 않습니다. 그것은 무엇 때문입니까?"

부휴자가 대답하였다.

"그것은 천도(天道)이다. 사람이 마음대로 할 수 있는 것이 아니다. 지금 혹독한 가뭄을 만날 경우 불타는 듯한 햇빛에 초목이 타 들어가면 농부는 쟁기를 땅에 놓은 채 눈물을 닦으며 시름에 잠겨 구름을 바라보지만 끝내 물을 얻을 수 없다. 이에 구슬과 비단을 모두 싸 들고 무당을 찾아가 온갖 신에게 빌어보아도 비는 여전히 내리지 않는다. 그 가뭄이 쉽게 그치지 않기 때문이다. 반면에 검은 구름이 걷히지 않은 채 장마가 수십 일 동안 계속될 경우 하늘이 새는 듯이 퍼붓는 빗줄기를 막을 길이 없다. 이윽고 큰물이 온 들녘으로 흘러 넘치면 사람들은 돌아갈 곳을 잃어버린다. 그 홍수도 또한 쉽게 그치지 않기 때문이다.

주(周)나라는 문왕(文王)과 무왕(武王)이 국가의 초석을 놓은 이래로 그 어진 정치와 두터운 은택이 함께 나라를 보호하며 지지하였다. 그 때문에 그 은택은 몇 세대가 지나도 오히려 사라지지 않았다. 그 뒤 유왕(幽王)과 여왕(厲王)[82]은 탐욕으로 하늘의 재앙을 불러 주나라 왕실(王室)을 패망의 길로 몰아넣었다. 그 때문에 춘추(春秋) 전국(戰國) 수백 년 동안에 화란이 극에 달하여 천하는 한 나라로 통일이 될 수 없었다. 가뭄과 홍수가 오랫동안 계속되는 이치와 같은 것이다. 그것은 천도이다. 사람이 마음대로 할 수 있는 것이 아니다."

---

82) 여왕(厲王) : 유왕(幽王)과 더불어 서주(西周) 말기의 폭군(暴君)이었음. 그들의 폭정으로 말미암아 춘추시대가 도래하게 되었음.

원
문

劉生問曰, "世治而其澤久未艾, 世亂而其患久不定, 何歟?"
浮休子曰, "此天道也, 非人之所能爲也. 今有遭時之旱者,
畏炎如熾, 草樹枯萎, 農夫釋耒, 掩泣悵望雲霓而不可得. 於是, 馨珪
幣, 走巫覡, 祈百神, 而愈無雨. 其旱乾, 未易止也. 及夫雲陰不開, 苦
雨連旬, 天漏而不可補, 淫潦溢乎四野而無所歸. 其水患, 亦未易止
也. 周自文武創基以後, 其深仁厚澤, 相與維持之, 至數世而猶未艾.
自幽厲貪天禍, 以敗王室, 春秋戰國數百年之間, 其亂極, 而天下未
定于一. 是猶旱乾水溢之久未變也. 此天道也, 非人之所能爲也."

12. 잡학(雜學)의 유행

옮김
譯

부휴자가 말하였다.

"공자가 죽은 뒤로 정도(正道)가 힘을 잃으면서 그 도가 갈라져
여러 개의 작은 학술(學術)을 파생시켰다. 그러자 어리석고 괴이한 자들
이 각기 한 분야에만 힘을 쏟으며 재주를 자랑하기 시작하였다. 양주(楊
朱)[83]는 위아(爲我)를 주장하였으며, 묵적(墨翟)[84]은 겸애(兼愛)를 숭상하였
으며, 장주(莊周)[85]와 열어구(列禦寇)[86]는 방탄한 삶을 즐거워하며 외물에

---

83) 양주(楊朱) : 춘추시대 말기의 사상가로서 위아설(爲我說)을 주장하였음. 곧 그는 극
   단적인 이기주의자(利己主義者)로 '내 몸에서 터럭 하나를 뽑아 주면 천하를 이롭게
   할 수 있다 하더라도 나는 그렇게 하지 않겠다'고 역설하였음.
84) 묵적(墨翟) : 전국시대의 사상가로서 겸애설(兼愛說)을 주장하였음. 곧 그는 '하늘이
   만민을 친소후박(親疎厚薄)의 차별이 없이 사랑하는 것과 마찬가지로 사람도 모든 사
   람을 평등하게 사랑해야 한다'고 주장하였음. 저서에 『묵자(墨子)』 15권이 있음.
85) 장주(莊周) : 춘추시대의 사상가로 노자(老子)의 뒤를 이어 무위자연설(無爲自然說)을
   주장하였음. 저서에 『장자(莊子)』 10권이 있음.
86) 열어구(列禦寇) : 전국시대의 사상가로서 노장학(老莊學)을 전수하였음. 저서에 『열자
   (列子)』 8권이 있음.

구속받기를 싫어하였다. 소진(蘇秦)[87]과 장의(張儀)[88]는 귀곡자(鬼谷子)[89]
에게 배운 뒤 패합술(捭闔術)[90]을 갈고 닦아 천하를 합종(合從)하게 하거
나 연횡(連衡)하게 하였다. 오기(吳起)[91]와 손무(孫武)[92]는 병법(兵法)을 논
하였으며, 신불해(申不害)[93]와 한비(韓非)[94]와 상앙(商鞅)[95]은 형명(刑名)을
논하였으며, 혜시(惠施)[96]와 등석(鄧析)[97]은 양가설(兩可說)[98]을 견지하였
다. 공손룡(公孫龍)[99]의 견백론(堅白論),[100] 천상(天上)의 일을 말하는 듯한
추연(騶衍)[101]의 변론(辯論), 용(龍)을 아로새긴 듯한 추석(騶奭)[102]의 문장,
이것들도 모두 자신의 재주로써 세상에 이름을 날린 경우였다. 순경(荀

---

87) 소진(蘇秦) : 전국시대의 책사(策士)로서 합종설(合從說)을 주장하였음.
88) 장의(張儀) : 전국시대의 책사(策士)로서 연횡설(連衡說)을 주장하였음.
89) 귀곡자(鬼谷子) : 왕후(王詡), 귀곡자는 그의 별호임. 전국시대의 학자로서 소진과 장
　　의에게 종횡술(縱橫術)을 가르쳤다 함. 저서에 『귀곡자(鬼谷子)』 1권이 있음.
90) 패합술(捭闔術) : 변론술(辯論術). 패합은 개폐(開閉)와 같은 말. 귀곡자의 변론술에서
　　는 개폐(開閉)·억양(抑揚)·반복(反覆) 등의 기법을 중시하였음.
91) 오기(吳起) : 전국시대의 병가(兵家). 그는 손무(孫武)의 뒤를 이어 전술(戰術)·전략
　　(戰略)을 학문적으로 탐구하였음. 저서에 『오자(吳子)』 1권이 있음.
92) 손무(孫武) : 춘추시대의 병가. 저서에 『손자(孫子)』 1권이 있음.
93) 신불해(申不害) : 전국시대의 법가(法家). 그는 나라를 잘 다스리려면 법(法)을 공평무
　　사하게 시행해야 한다고 주장하였음. 신불해의 그런 요지의 학설을 형명학(刑名學)이
　　라 하며, 그 계승자로는 상앙과 한비자 등이 있었음. 저서에 『신자(申子)』 1권이 있음.
94) 한비(韓非) : 전국시대 말기의 법가(法家). 저서에 『한비자(韓非子)』 20권이 있음.
95) 상앙(商鞅) : 공손앙(公孫鞅), 상앙은 그의 별호임. 전국시대의 법가. 저서에 『상자(商
　　子)』 5권이 있음.
96) 혜시(惠施) : 전국시대의 명가(名家). 그는 명실(名實)의 문제, 곧 개념과 실체와의 관
　　계를 주로 논구하였음. 그 학파에 속하는 자로는 등석(鄧析)과 공손룡(公孫龍) 등이 있
　　었음. 저서에 『혜자(惠子)』 1권이 있음.
97) 등석(鄧析) : 춘추시대의 명가(名家). 저서에 『등석자(鄧析子)』 1권이 있음.
98) 양가설(兩可說) : '서로 상반되거나 모순되는 명제를 동시에 인정해야 한다'고 주장하
　　는 학설.
99) 공손룡(公孫龍) : 전국시대의 명가. 저서에 『공손룡자(公孫龍子)』 3권이 있음.
100) 견백론(堅白論) : 견백동이지변(堅白同異之辯). 공손룡은 돌에 대해 말할 경우, 눈으
　　로 보면 그 빛이 희고 손으로 만지면 그 느낌이 딱딱하니, 딱딱함과 흰빛은 시각과 촉
　　각에 각각 속하는 것으로서 그 속성을 달리하므로, 그 두 가지 속성을 동시에 일컬어
　　'堅白石'이라고 말하는 것은 잘못이라고 주장하였음.
101) 추연(騶衍) : 전국시대 제나라 사람. 특히 변론을 잘하였음.
102) 추석(騶奭) : 전국시대 제나라 사람. 특히 문장을 아름답게 지었음.

卿)103)의 말은 비록 정도(正道)와 가깝다고는 하나 그가 인간의 본성(本性)
이 악하다고 한 주장과 성현(聖賢)을 기롱한 논설은 역시 대도(大道)와 맞
지 않은 것이었다.

　저들은 모두 작은 재주를 가지고 한 세상을 유혹하며 어리석은 백성
을 농락하였다. 나아가 위로 그 당시의 임금을 속여 부귀와 명예를 수
중에 넣었으며, 각자 자신의 학설을 세워 그 학도(學徒)에게 전수하게 하
였다. 후대 사람들도 또한 저들을 본받으니 그 해가 적지 아니하다. 만
일 숫한 벌레들이 다투어 나무의 잎을 갉아먹으며 배를 불린다면 그 나
무의 줄기 역시 피해를 당하지 않을 수 있겠는가?"

浮休子曰, "孔子沒而正道熄, 道散爲小數. 迂執誕怪之人,
各致一曲, 以售其術. 楊朱爲我, 墨翟尙同. 莊周列禦寇, 樂
放肆而惡拘檢. 蘇秦張儀, 祖鬼谷, 揣摩捭闔之術而縱橫之. 吳起孫
武, 論兵法. 申不害韓非商鞅, 論刑名. 惠施鄧析,104) 操兩可之說. 公
孫龍之堅白, 談天之衍, 雕龍之奭,105) 無非以術鳴於世. 荀卿言雖近
正, 其言性惡與夫譏訕聖賢之說, 亦已悖於大道. 是皆以小術誘一世,
籠愚民, 以至仰欺時君, 希富貴而成名譽, 各立其言以授其徒. 後人
祖之, 而貽害不淺.106) 如群虫爭食木葉, 以飽其腹, 而木之根本, 不
亦傷乎?"

103) 순경(荀卿) : 순황(荀況), 순경은 그의 존칭임. 전국시대의 유학자로서 맹자의 성선설
　　(性善說)을 부정하고 성악설을 주장하였음. 저서에 『순자(荀子)』 20권이 있음.
104) 이 구절의 '析'이 목판본에는 '柝'으로 되어 있음.
105) 이 구절의 '龍'이 목판본에는 '籠'으로 되어 있음. (『사기』 「맹자순경열전」에 의거하
　　여 바로잡았음.)
106) 이 구절의 '貽'가 목판본에는 '胎'로 되어 있음.

13. 식견의 대소(大小)

옮김譯   부휴자가 말하였다.

"사물(事物)에 크고 작은 것이 있는 것처럼 도(道)에도 크고 작은 것이 있다. 천지 사이에 가득한 것은 모두 사물이다. 그런데 도는 사물이 없으면 의탁할 곳이 없고 사물은 도가 없으면 움직일 수 없다. 따라서 큰 도는 큰 사물에 의탁하고 작은 도는 작은 사물에 의탁한다. 그 크고 작음은 비록 다르지만 그 이치는 결국 한 가지인 셈이다.

큰 도의 경우는 너무 커서 그 크기를 헤아릴 수 없으며, 너무 길어서 그 길이를 잴 수 없으며, 너무 높아서 그 높이를 알 수 없으며, 너무 깊어서 그 깊이를 측량할 수 없다. 그러므로 아무리 써도 궁핍하지 않으며, 아무리 퍼내도 마르지 않는다. 작은 도는 비천하고 소소하여 마치 굽은 길이나 사잇길이나 작은 언덕이나 떨기나무 따위와 같다. 그러므로 완전한 경지로 들어가기 어려운 것이다.

제(齊)나라 사람 가운데 작은 언덕에 집을 짓고 사는 자가 있었다. 그가 한 마디 남짓한 삼나무를 구해 화분에 심어 놓고 감상하면서 스스로 기이한 나무를 얻었다며 기뻐하였다. 그런데 어느 날 관내(關內)[107]로 들어갔다가 하늘을 찌를 듯한 종남산(終南山)을 우러러보니 소나무와 삼나무가 그 속에 가득하였다. 또한 눈길을 끄는 나무들도 헤아릴 수 없었다. 그 사람은 마침내 깜짝 놀라고 말았다. 다시 태항산(太行山)과 왕옥산(王屋山)을 바라보니 하늘에 반쯤 걸려 있었으며, 청니역(青泥驛)[108]과 검각(劍閣)[109]도 줄줄이 솟아 있었다. 그리고 소나무와 회나무가 깊은 골짜

---

107) 관내(關內) : 함곡관(函谷關) 안쪽의 땅. 지금의 섬서성(陝西省) 일대를 말함.
108) 청니역(青泥驛) : 역(驛) 이름. 지금의 섬서성 약양현(略陽縣)의 청니령(青泥嶺) 정상에 있었음.
109) 검각(劍閣) : 잔도(棧道)의 이름. 대검(大劍)과 소검(小劍) 두 산 사이에 있었으며 장안에서 서촉 지방으로 나가려면 거쳐야 하는 요충지였음.

기에서 자라고 있었다. 그 키는 산의 정상과 어깨를 나란히 한 채 아래로는 대지에 또아리를 틀고 위로는 푸른 구름을 휘젓고 있었다. 그 가지와 잎은 족히 사람 천 명을 덮을 정도로 무성하였다. 제나라 사람은 마침내 벌어진 입을 다물지 못한 채 자신의 좁은 안목을 스스로 부끄러워하였다.

농(隴)[110] 땅의 사람 가운데 서산(西山) 속에서 사는 자가 있었다. 그는 졸졸 흐르는 시냇물을 사랑하여 물길을 끌어다 연못을 만들었다. 그리고 아침 저녁으로 장난삼아 물장구를 치면서 스스로 관수(觀水)하는 기술을 얻었다고 자부하였다. 그런데 어느 날 동쪽으로 갔다가 크게 소용돌이치는 경수(涇水)와 위수(渭水)[111]를 보고 힘차게 흘러가는 황하(黃河)도 만났다. 갈매기와 백로가 다투어 날아다녔으며 돛단배도 사방에서 빽빽하게 모여들었다. 그 사람은 마침내 크게 기뻐하였다. 다시 동쪽으로 가서 망망 대해(大海)를 바라보니 어룡(魚龍)이 출몰하고 파도가 넘실거렸다. 멀리 서서 바라보면 그 끝을 찾을 수 없었고, 가까이 다가가 굽어보면 그 깊이를 알 수 없었다. 그는 마침내 아주 통쾌하게 생각하면서 자신의 좁은 안목을 스스로 부끄러워하였다.

작은 식견은 큰 식견보다 못한 법이고, 작은 지식은 큰 지식보다 못한 법이다. 왜 그렇게 말할 수 있는가? 무당·의원이나 온갖 장인(匠人) 따위는 각각 한 가지 기예(技藝)에 매어 있기 때문에 다른 일을 두루 감당할 수 없다. 반면에 통하지 않는 곳이 없을 정도로 큰 도와 온전한 덕을 갖춘 사람은 오직 성인(聖人)밖에 없다. 성인은 도를 널리 보기 때문에 여러 기예에 정통하지 않는 것이 없는 것이다. 국량(局量)이 작은 자는 한 가지 기예에 정통하는 것만으로도 힘이 부치기 마련이다. 어떻게 성인의 도(道)로 나아갈 수 있겠는가?"

어떤 사람이 부휴자에게 물었다.

---

110) 농(隴) : 땅 이름. 지금의 감숙성 청수현(淸水縣)의 북쪽 지역임.
111) 위수(渭水) : 강 이름. 경수(涇水)와 더불어 황하(黃河)의 지류 가운데 하나임.

"그렇다면 선생은 왜 성인의 도를 배우지 않습니까? 한갓 기예만을 즐기면서 늘그막에 이르러서도 그만두지 못하는 것은 무엇 때문입니까? 옛사람의 조박(糟粕)[112]을 훔치는 것보다는 차라리 당대에 오도(吾道)[113]를 행하는 편이 더 낫지 않겠습니까?"

부휴자가 대답하였다.

"그릇이 큰 자에게는 작은 자리를 줄 수 없는 법이고, 그릇이 작은 자에게는 큰 자리를 줄 수 없는 법이다. 그런데 내가 받은 것은 작은 자리이므로 세상에서 크게 행세할 수 없다. 그대에게 조롱을 받아 마땅할 것이다."

원문 浮休子曰, "道之有大小, 猶物之有大小也. 盈天地間者, 皆物也. 道非物, 無所寓, 物非道, 不能行. 大以寓大, 小以寓小, 其大小雖殊, 而其理則一也. 大道, 其大無域, 其長無度, 其高無極, 其深無測. 故用之不窮, 酌之不渴. 小道, 如曲徑旁蹊培塿樸樕之卑微褊小,[114] 其入於大全之地, 難矣. 齊人有依培塿而居者, 得一寸之杉, 貯諸盆中而翫之, 自以爲得奇. 一朝入關內, 仰見終南之崎崒, 松杉森鬱乎其間, 蒼然可愛者無數. 於是, 心神始駭. 又見太行王屋之山, 半揷霄漢, 靑泥劍閣, 轇輵而相連. 松檜生于幽壑, 其長肩山之高而與之齊, 下蟠厚地, 上撓靑雲. 其枝葉萬層, 而淸陰足芘千人. 齊人舌呿不收, 自愧所見之小也. 隴人有生西山之中者, 愛澗溜之潺湲, 引流成泓, 朝夕弄波爲戲, 自以謂得觀水之術. 一朝東來, 見涇渭之瀰沄, 黃河之奔放, 鷗鷺爭飛, 帆檣叢集, 而心始樂焉. 又東至海, 見大海洋洋, 魚龍出沒, 雪屋翻空, 望之而不見其涯, 窺之而莫知其底.

---

112) 조박(糟粕) : '술을 거르고 남은 지게미'라는 뜻임. 여기서는 옛사람이 남긴 문장을 말함.
113) 오도(吾道) : '우리 도'라는 뜻으로 유학(儒學)을 말함.
114) 이 구절의 '培塿'가 목판본에는 '掊摟'로 되어 있음.

然後, 心乃大快, 自愧所見之小也. 夫小見不如大見, 小知不及大知.
何以言之? 巫醫百工, 各局一藝而不能相通. 至於道大德全, 而無所
不通者, 其惟聖人乎! 聖人見道廣, 故於藝無不精. 量小者, 自精其藝
之不暇, 何由至於道乎?"

或問浮休子曰, "然則夫子, 奚爲不學聖人之道, 而徒游於藝, 至老
不已? 與其竊古人之糟粕, 曷若行吾道於當世?"

子曰, "大者, 不可以小授. 小者, 不可以大授. 吾所授者小, 故不得
大行於世, 宜見哂於子也."

14. 군자와 격물(格物)

옮김譯 부휴자가 말하였다.

"조수(潮水)와 석수(汐水)115)는 아침 저녁으로 들어왔다가 빠져
나간다. 이 현상은 저들이 천지(天地)의 호흡하는 기운을 얻었기 때문에
일어난다. 방합(蚌蛤)116)의 속살과 순록의 뿔은 소멸하였다가 되살아난
다. 이 현상은 저들이 천지의 차거나 비는 기운을 얻었기 때문에 일어
난다. 상양(商羊)117)이 춤을 추면 바람이 불고, 황새가 울면 비가 내리고,
비둘기가 울면 날씨가 갠다. 이 현상은 저들이 천지의 변화하는 기운을
얻었기 때문에 일어난다. 벌이나 개미는 군신(君臣) 관계 속에서 살아가
고, 호랑이나 승냥이는 부자(父子) 관계 속에서 살아간다. 이 현상은 저

---

115) 석수(汐水) : 저녁에 드나드는 바닷물. 반면에 아침에 드나드는 바닷물을 조수(潮水)
   라 함.
116) 방합(蚌蛤) : 진주(眞珠)를 생산하는 조개. 달빛의 상태에 따라 진주 생산에 영향을 받
   는다 함.
117) 상양(商羊) : 상상 속의 새. 이 새가 날아다니면 큰 비가 내린다 함.

들이 천지의 어질고 의로운 본성을 얻었기 때문에 일어난다. 수달은 물고기에게 제사를 지내고, 승냥이는 들짐승에게 제사를 지낸다.118) 이 현상은 저들이 천지의 보시(報施)하는 도리를 얻었기 때문에 일어난다. 금석(金石)이 울리면 사죽(絲竹)119)이 화답한다. 이 현상은 저들이 같은 소리끼리 서로 어울리기 때문에 일어난다. 자석(磁石)은 쇠를 잡아당기며, 호박(琥珀)120)은 먼지를 끌어당긴다. 이 현상은 저들이 같은 기운끼리 서로 찾기 때문에 일어난다. 이상의 모든 현상은 천지 만물이 본디 일체이기 때문에 일어나는 것으로서 그 자체가 자연스러운 것이다.

물은 차가워야 하는 것인데 간혹 뜨거운 온천(溫泉)이 솟아오르며, 불은 뜨거워야 하는 것인데 간혹 차가운 한화(寒火)121)가 나타난다. 해와 달은 밝게 빛나야 하는 것인데 때때로 일식(日蝕)과 월식(月蝕)이 일어나며, 귀신은 제 모습을 숨겨야 하는 것인데 때때로 괴이한 형상을 드러낸다. 눈과 서리는 제 철이 아닌 곡식을 해치기도 하며, 천둥과 번개는 감정이 없는 초목을 내리치기도 한다. 이러한 현상은 이치를 잘 알 수 없는 경우들이다. 하지만 정밀한 지식과 풍부한 학식을 갖춘 사람은 그 이치를 미루어 알 수 있을 것이다. 그러므로 군자에게는 '격물(格物)'122)보다 중요한 것이 없다고 말하는 것이다."

 浮休子曰, "潮汐之往來, 是得天地吸呼之氣也. 蚌肉蠣髓之消物, 是得天地盈虛之氣也. 商羊舞而風, 鸛鳴而雨, 鳩喚而

---

118) 수달은 욕심이 많기 때문에 물고기를 잡은 뒤 죽 늘어놓고 먹으려 하는 것을 보고 제사를 지내는 것이라 여겼으며, 승냥이가 겨울을 나기 위해 늦가을에 미리 잡은 짐승을 늘어놓는 것을 보고 제사를 지내는 것이라 여겼음.
119) 사죽(絲竹) : 현악기와 관악기.
120) 호박(琥珀) : 광물의 일종. 수지(樹脂)가 땅속에서 굳은 것으로서 각종 장식품의 재료로 쓰임.
121) 한화(寒火) : 광채는 있으나 물건을 태울 수는 없는 빛. 도깨비 불빛이나 금은(金銀)의 정기(精氣) 따위를 말함.
122) 격물(格物) : 사물의 이치를 궁구하는 것.

晴, 是得天地變化之氣也. 蜂蟻之君臣, 虎狼之父子, 是得天地仁義
之性也. 獺祭魚, 豺祭獸, 是得天地報施之道也. 金石宣而絲管和, 是
同聲相應也. 磁石吸鐵, 琥珀附芥, 是同氣相求也. 是皆天地萬物, 本
爲一體, 自然而然也. 其或水當冷而有溫泉, 火當熱而有寒火, 日月
當明而有時遭蝕, 鬼神當隱而有時現怪, 霜雪害非時之禾菽, 雷電擊
無情之草木, 此理之不可料者也. 然精知博學者, 可推而知之. 是故,
君子莫大乎格物."

15. 간인(姦人)의 해악

부휴자가 말하였다.

"여름에는 벼룩이 있고 겨울에는 이가 있다. 그 본성은 비록
다른 것이지만 사람에게 해를 끼치는 점에 있어서는 마찬가지이다. 북
방에는 모기와 등에가 많고 남방에는 뱀과 전갈이 많다. 그 본성은 비
록 다른 것이지만 사람에게 근심을 끼치는 점에 있어서는 마찬가지이
다. 산에는 호랑이와 표범이 있고 물에는 교룡과 악어가 있다. 그 본성
은 비록 다른 것이지만 사람에게 재앙을 끼치는 점에 있어서는 마찬가
지이다.

간악한 자가 나라에 끼치는 해악 또한 그와 다름이 없다. 크게 간악
한 자는 나라에 해를 끼치고, 조금 간악한 자는 사람에게 해를 끼친다.
그런데 사람에게 해를 끼치는 자는 장차 나라에 해를 끼칠 것이고, 나
라에 해를 끼치는 자는 장차 나라를 망하게 할 것이다. 또한 그보다 더
욱 심각한 경우도 있다. 풍균(楓菌)[123]은 그 맛이 아주 향기롭다. 하지만

123) 풍균(楓菌) : 단풍 버섯.

그것을 먹은 사람은 솟아나는 웃음을 그칠 수 없으며 간혹 발광을 하다가 죽는 수도 있다. 복어의 내장은 그 맛이 아주 훌륭하다. 하지만 그것을 먹은 사람은 데굴데굴 구르다가 죽음을 맞는다.

　사람들은 지극히 좋은 것 가운데 지극히 나쁜 것이 있음을 알지 못한다. 드러나 있는 해악은 없애기 쉬우나 숨어 있는 해악은 없애기 어렵다. 임금이 진실로 사람에게 해를 끼치는 자를 제거할 수 있다면 선한 사람을 보전하고 나라를 편안하게 할 수 있을 것이다."

원문　浮休子曰, "夏有蚤, 冬有虱, 其性雖殊, 而其爲害一也. 北方多蚊蝱, 南方多蛇蠍, 其性雖殊, 而其爲患一也. 山有虎豹, 水有蛟鰐, 其性雖殊, 而其爲禍一也. 國之有姦, 亦猶是也. 大姦害國, 小姦害人. 害人, 害國之漸也. 害國, 亡國之兆也. 又有甚焉者. 楓菌, 其味薰芳, 食之則令人笑不止, 或有發狂而死. 河豚, 其腹膜甚佳, 而食之者碾轉而死. 人不知至美之中有至惡也. 害著者易制, 害隱者難圖. 人君苟能去其害人者而遠之, 則善人可保, 而邦國寧也."

16. 군자와 소인의 차이

옮김　부휴자가 말하였다.
"군자(君子)에게는 일곱 가지 볼만한 점이 있다. 용모(容貌)가 볼만하기 때문에 사람들이 군자를 경외하며, 언어(言語)가 볼만하기 때문에 사람들이 군자를 사모하며, 지기(志氣)가 볼만하기 때문에 사람들이 군자를 공경하며, 거처(居處)가 볼만하기 때문에 사람들이 군자를 따른다. 교제하는 태도가 볼만하기 때문에 사람들이 군자를 신임하며, 주거나 받

는 자세가 볼만하기 때문에 사람들이 군자를 의롭게 여기며, 나아가거
나 물러서는 때가 볼만하기 때문에 사람들이 군자에게 순종한다.

소인(小人)은 용모가 엄숙하지 못하기 때문에 반드시 나태함에 빠지며,
언어가 단정하지 못하기 때문에 반드시 난잡함으로 치달으며, 지기가
강건하지 못하기 때문에 반드시 패륜을 저지르며, 거처가 안돈하지 못
하기 때문에 반드시 방종으로 내닫는다. 교제가 신중하지 못하기 때문
에 반드시 싸움에 휩싸이며, 주거나 받는 자세가 깨끗하지 못하기 때문
에 반드시 미궁에 빠지며, 나아가거나 물러서는 때가 분명하지 못하기
때문에 반드시 의혹에 봉착한다.

군자와 소인은 마치 얼음과 불이 서로를 용납하지 못하는 것과 같다.
매사에 서로 상반될 뿐이다."

원문 浮休子曰, "君子有七觀. 容貌可觀, 故人畏之. 言語可觀, 故
人慕之. 志氣可觀, 故人敬之. 居處可觀, 故人嚮之. 交際可
觀, 故人信之. 辭受可觀, 故人義之. 進退可觀, 故人服之. 小人, 容貌
不能嚴, 必至於惰. 言語不能整, 必至於亂. 志氣不能攝, 必至於悖. 居
處不能安, 必至於縱. 交際不能愼, 必至於戾. 辭受不能辨, 必至於霧.
進退不能決, 必至於惑. 君子小人, 如氷炭之不相入也, 每相反而已."

17. 학문과 습성(習性)

옮김 노생(盧生)이 부휴자에게 물었다.
"다 같은 사람인데 양주(楊朱)의 학설을 공부하는 자도 있고 묵
적(墨翟)의 학설을 공부하는 자도 있습니다. 지향하는 바가 그렇게 서로

다른 것은 무엇 때문입니까?"

부휴자가 대답하였다.

"사람들의 마음이 서로 다른 것은 그 얼굴이 다른 것과 같다. 사람들이 좋아하는 것도 또한 그와 다름이 없다. 음식을 가지고 비유하자면 계수나무 벌레와 쥐의 태아(胎兒)는 남방 사람들이 즐겨 먹는 음식이다.[124] 하지만 북방 사람에게 그것을 보여 주면 그들은 아마 이마를 찡그리며 달아날 것이다. 낙타의 젖과 양의 젖은 북방 사람들이 즐겨 먹는 음식이다. 하지만 남방 사람에게 그것을 마시게 하면 그들은 아마 구역질을 하며 토해낼 것이다. 사람들이 어떤 음식을 좋아하는 현상은 그 지역적 특성에 의한 것일 뿐이다. 음식 그 자체의 맛이 훌륭하기 때문에 좋아하는 것은 아니다.

옛날 사람 중에는 말매미를 먹은 자도 있었으며, 사당에 조개를 올린 자도 있었으며, 왕개미 알로 장을 담근 자도 있었다. 하지만 요즈음 사람들은 그런 것들을 먹지 못한다. 시대가 변함에 따라 사람들의 습성도 역시 달라졌기 때문이다.

양주(楊朱)의 학설을 공부하는 자는 양주에게 물이 든 자이고, 묵적(墨翟)의 학설을 공부하는 자는 묵적에게 물이 든 자이다. 그 물이 든 학술에 매어 마음을 바꿀 줄 모르니 슬픈 일이다. 만일 어떤 사람이 마음을 바꾸어 다른 공부를 하기로 작정한다면 정도(正道)로 나아가는 것도 어렵지는 않을 것이다. 가령 사람들로 하여금 쌀밥을 좋아하는 것처럼 정도를 좋아하게 한다면 저들은 자연스럽게 다른 학술의 유혹을 떨쳐버릴 수 있을 것이다."

 盧生問於浮休子曰, "鈞是人也, 有爲楊者, 有爲墨者. 其所爲不同, 何歟?"

---

124) 쥐의 뱃속에 든 새끼를 꺼내 꿀에 찍어서 먹는다 함.

浮休子曰, "人心之不同, 如其面焉. 其所嗜, 亦如之, 譬諸飮食, 夫
桂蠹蜜唧, 南人之佳饌也, 使北人見之, 則蹙額而走. 駝酥羊酪, 北人
之至味也, 使南人飮之, 則領而哇之. 此因其土性, 而所美非其美也.
古之人, 有食蝸范者矣, 有薦蛤於廟者矣, 有以蚘子爲醬者矣. 今人
曾不能食之. 此因時世, 而所習不同也. 爲楊者, 習於楊者也. 爲墨者,
習於墨者也. 拘於習而不知變, 哀哉. 如或變而有所擇焉, 則其趨正
道不難. 如使人之嗜正道, 如嗜稻粱, 則自然不爲他岐之惑矣."

18. 재능과 노력

 정생(丁生)이 부휴자에게 물었다.
"사람의 재능은 배워서 능하게 될 수 있는 것입니까?"
부휴자가 대답하였다.
"그렇다."
정생이 말하였다.
"그렇지 않습니다. 사람의 재능은 하늘로부터 타고나는 것입니다. 그
러므로 모두 일정한 제한이 있기 때문에 다른 사람을 본받는다 하여 그
들을 따라갈 수 있는 것이 아닙니다. 단지 글을 배우는 것만 그런 것이
아닙니다. 활을 잘 쏘는 사람은 활과 화살을 정확하게 다루고, 뛰어난
장인(匠人)은 칼을 귀신처럼 놀립니다. 하지만 그들은 그 기술을 배우려
는 사람에게 원칙과 방법을 겉으로 보여줄 수는 있으나 배우려는 사람
으로 하여금 그 높은 경지를 터득하게 할 수는 없습니다. 바둑이나 장
기와 같은 작은 기예를 배우는 경우에도, 비록 날마다 능숙한 사람과
함께 지내면서 의지를 가지고 정성을 다해 공부한다 하더라도, 그 일정

한 정도에 이르러서는 반드시 더 이상 나아가지 못한 채 머무르고야 마는 것입니다."

부휴자가 말하였다.

"그대의 말은 아마도 선(善)에 대한 사람들의 의지를 꺾어 더 이상 앞으로 나아가지 못하게 할 것이다. 성인께서 사람들에게 단계별로 가르침을 베푸실 적에, 능력이 있는 자에게는 그 재능을 지켜가며 잘 조절하게 하셨으며, 능력이 없는 자에게는 희망을 가지고 더욱 노력하게 하셨다. 게으름 부리지 말고 노력해야만 고명(高明)한 경지로 나아갈 수 있는 것이기 때문이다. 이제 만일 '사람의 재질(才質)은 타고나는 것이므로 배워서 변화시킬 수 있는 것이 아니다'라고 말함으로써, 사람들로 하여금 스스로 포기한 채 노력조차 하지 못하게 한다면, 어느 누가 기술이나 학문에 뜻을 두겠는가? 그대는 무쇠를 부리는 광경을 보지 못하였는가? 무쇠는 불길 속에서 펄펄 뛰며 수많은 단련을 거친 뒤에야 그 바탕이 더욱 단단해져 마침내 훌륭한 도구로 바뀌는 법이다. 하물며 사람에게 자신의 재능을 힘써 닦게 한다면 어느 누가 뜻을 이루지 못하겠는가? 그대의 말은 틀린 것이다."

원문 丁生問於浮休子曰, "人才, 可學而能乎?" 曰, "可."

曰, "不然. 人之才品, 稟受於天, 皆有區限, 不可擬而倫之也. 非獨學文也. 善射者, 持弓矢必正, 梓匠操刀如神, 外示人以規模指法, 而不能使學者得其巧. 至如博弈小數也, 雖專心致志, 日與能者而處之, 至其區限, 必止而不能過也."

曰, "如子之言, 則是杜人之爲善而不能進也. 聖人之設科也, 使能者守而裁之, 不能者企而及之, 努力不懈, 然後可至高明之域. 如曰, '人之才質有品, 非學所能變.' 自棄而莫之爲, 則孰留心於才學也? 子不見冶金者乎? 金踊躍火中, 而經於百鍊, 則其質愈剛, 終成良器. 況勉勵人才, 豈有不成就者乎? 子之言過矣."

19. 만랑수(漫浪叟)의 어리석음

옮김譯 만랑수(漫浪叟)[125]가 남산(南山)의 남쪽 기슭에 정자를 지었다. 소나무와 삼나무가 울창한 곳이었다. 그러므로 부엉이가 한낮에도 숲 속에서 울었다. 만랑수는 그 소리가 듣기 싫어 장차 점쟁이를 찾아가 그 길흉에 대해 물어보려 하였다.

그러자 한 동료가 그에게 말하였다.

"저 부엉이는 남산을 문으로 삼고 소나무를 집으로 삼은 새입니다. 사람들이 제게 다가오는 것을 두려워하여 궁벽한 곳으로 숨어들었던 것입니다. 그런데 그대는 지금 집을 지으면서 큰길이나 저자 바닥을 버리고 적막한 남산 속을 선택하였습니다. 이는 말하자면 그대가 부엉이의 집을 침범한 것입니다. 부엉이가 그대 집을 침범한 것이 아닙니다. 부엉이 집에 살면서 부엉이의 울음소리를 싫어하다니, 저 부엉이란 놈은 장차 어디로 가라는 말씀입니까? 정작 부엉이가 불평할 일이지 그대가 불평할 일이 아닙니다."

군자(君子)[126]가 말하였다.

"그 동료의 말씀이 옳다. 산중에 살면서 승냥이와 호랑이가 울부짖는 소리를 싫어하는 것이나, 물가에 살면서 파도가 요동치는 소리를 싫어하는 것이나, 얼음을 끌어안고 추위를 싫어하는 것이나, 불가에 앉아 더위를 싫어하는 것 등은 다 그와 같은 것이다. 단지 그 뿐만이 아니다.

---

125) 만랑수(漫浪叟) : '일정한 생업을 갖지 않은 채 떠도는 노인'이라는 뜻임.
126) 군자(君子) : 저자인 성현(成俔) 자신을 말함.

벼슬길에 나아가 힘들게 일하는 것을 싫어하거나, 나이가 들어서 병이 드는 것을 싫어하거나, 권세가 없으면서 천하게 사는 것을 싫어하거나, 관직이 낮으면서 가난하게 사는 것을 싫어한다면, 그런 사람은 후회하게 되지 않는 경우가 없다."

원문 漫浪叟構亭於南山之陽, 松杉環翠, 訓狐晝鳴於其間. 叟聞而惡之, 將問休咎於卜者.

有僚友進言曰, "夫訓狐, 以南山爲戶, 松樹爲家者, 畏人之侵己, 而托於幽隱也. 今君作室, 不於通衢闤闠之中, 而於南山寂寞之濱. 是君侵訓狐之室, 非訓狐犯君之室也. 居訓狐之室, 而惡訓狐之聲, 爲訓狐者, 將何所適? 訓狐有咎, 非君有咎也."

君子曰, "信哉! 僚友之言也. 居山而惡豺虎之嘷, 居水而惡波浪之吼, 抱氷而惡寒, 附火而惡熱, 皆此類也. 非獨此也, 身作而惡困, 年高而惡疾, 勢窮而惡辱, 官卑而惡貧, 未有不悔恨於後也."

20. 욕심의 해악

옮김譯 부휴자가 말하였다.

"날짐승은 본능적으로 날기를 잘하기 때문에 높은 하늘로 올라가면 사람이 따라가 붙잡을 수 없다. 들짐승은 본능적으로 달리기를 잘하기 때문에 넓은 들판으로 달아나면 사람이 쫓아가 죽일 수 없다. 물고기는 본능적으로 잠수를 잘하기 때문에 깊은 연못으로 들어가면 사람이 들어가 잡을 수 없다.

그렇지만 저 동물들은 각종 그물에 걸려들기도 하고 주살이나 화살을 얻어맞기도 한다. 그렇게 사람들이 저들을 잡아먹을 수 있는 것은 저들에게 욕심이 있기 때문이다. 날짐승이 방심하고 흩어져 먹이를 먹지 않는다면 죽임을 당하지 않을 것이며, 들짐승이 초목의 새싹을 그리워하지 않는다면 죽임을 당하지 않을 것이며, 물고기가 향기로운 미끼를 탐하지 않는다면 죽임을 당하지 않을 것이다. 저들이 이상의 세 가지 욕심만 부리지 않는다면 하늘로 날아가고 들판으로 달아나고 물 속으로 들어감으로써 사람에게 해를 당하는 일이 없을 것이다.

사람도 만족할 줄을 알고 이익이나 욕심에 흔들리지 않는다면 역시 화를 당하는 일이 없을 것이다. 하지만 그렇게 하지 못하는 경우가 많다. 큰 경우에는 공명에 욕심을 부리고, 작은 경우에는 재물에 욕심을 부린다. 이익을 챙기기에 여념이 없고 세금을 거두기에 쉴 틈이 없다. 그리하여 자신도 모르는 사이에 형벌을 받거나 죽임을 당할 길로 점점 나아간다. 『시경(詩經)』에 이르기를, '큰 쥐야! 큰 쥐야! 우리 기장을 먹지 말아라'[127] 하였다."

원문 浮休子曰, "禽性能飛, 飛薄天, 則人不能攀而執之. 獸性善走, 走壙野, 則人不能逐而刺之. 魚性喜潛, 潛深淵, 則人不能沒而取之. 然未免網罟所罥, 弋射所中, 人得烹而食之, 以其有欲也. 禽不散啄, 則不死. 獸不慕由, 則不死. 魚不貪餌, 則不死. 無三者之欲, 則自飛自走自潛, 而無患害也. 人能知足, 不爲利慾所搖動, 則亦可以無患害. 惟其不如是, 大則貪功名, 小則黷財貨, 射利無厭, 徵斂不休, 不知駸駸然入於刑辟之地矣. 詩曰, '碩鼠碩鼠, 無食我黍.'"

---

127) 『시경』 「위풍(魏風)」 「석서(碩鼠)」편의 구절. 그 원문은 '碩鼠碩鼠 無食我黍'임. 이 시는 가렴주구(苛斂誅求)로 민생을 도탄에 빠뜨리는 위정자를 비난한 작품임.

21. 형제와 숙질(叔姪)

 어떤 사람이 부휴자에게 물었다.
"숙부와 형 가운데 누가 더 귀중합니까?"
부휴자가 대답하였다.
"숙부가 더 귀중하다."
"숙부와 형 가운데 누가 더 친밀합니까?"
"형이 더 친밀하다."
"그렇다면 귀중함과 친밀함 가운데 어느 것이 더 중요한 것입니까?"
"'귀중하다'는 말은 의리의 범주에 속하는 것이고, '친밀하다'는 말은
정감의 범주에 속하는 것이다. 그런데 의리는 모든 사람과 관련이 있고,
정감은 절친한 사람과 관련이 있다. 모든 사람과의 관련을 어떻게 절친
한 사람과의 관련과 비교할 수 있겠는가? 조카는 숙부와 어깨를 나란히
하고 걷지 않는다. 어깨를 나란히 하고 걷지 않는 것은 숙부를 공경하
기 때문이다. 공경하는 사이는 비록 친밀하다 하더라도 지극한 관계라
할 수 없다. 아우는 형과 기러기가 나는 것처럼 걷는다. '기러기가 나는
것처럼 걷는다'는 말은 어깨를 나란히 하고 걷는다는 뜻이다. 어깨를 나
란히 하고 걷는 것은 서로 친밀하기 때문이다. 친밀한 사이는 심정적으
로 매우 지극한 관계라 할 수 있다. 그렇기 때문에 형이나 아우가 상대
의 집을 방문하는 경우에는 대문에서 고하지 않고 안으로 들어가지만,
숙부나 조카가 상대의 집을 방문하는 경우에는 대문에서 고한 뒤에 안
으로 들어가는 것이다. 형과 아우는 하루만 서로 만나보지 못해도 그리
움을 느낀다. 또한 그리움을 느끼면 반드시 불러보려 하게 마련이다. 하
지만 숙부와 조카는 비록 며칠 동안을 만나보지 못했다 하더라도 서로
그리움을 느끼지 않는다."
"숙부와 형이 한 자리에 앉아 있을 때 술을 올리려면 누구에게 먼저

올려야 합니까?"

"숙부에게 먼저 올려야 한다."

"아우와 조카가 다른 집에서 살 때 물건을 보내려면 누구에게 먼저 보내야 합니까?"

"아우에게 먼저 보내야 한다."

"숙부와 형이 각각 다른 사람과 싸움을 하고 있을 때, 내가 달려가 도우면 살 수 있고 달려가 돕지 않으면 죽게 되는 경우라면, 누구를 먼저 도우러 가야 합니까?"

"형이 응당 급하기는 하지만 숙부 또한 급하지 않은 것은 아니다. 죽을 힘을 다하여 달려가 두 사람을 모두 도와야 한다. 도우러 갔으나 구할 수 없었다면 그것은 운명이다. 비록 죽었다 하더라도 어쩔 수 없는 일이다."

그 사람이 다시 물었다.

"어머니께서 나가지 말라고 명한다면 어떻게 해야 합니까?"

부휴자가 대답하였다.

"숙부와 형의 일이 비록 중요하다 하더라도 어찌 어머니의 명보다 더 중요할 리 있겠는가? 응당 울부짖으며 간청한 뒤에 달려가 돕는 것이 마땅할 것이다. 비록 간청했으나 허락을 얻지 못했을 경우, 나와 저들이 함께 살 수 있다면 도우러 달려가야 할 것이고, 나와 저들이 함께 살 수 없다면 달려가지 말아야 할 것이다."

 或問於浮休子曰, "叔與兄, 孰重?" 曰, "叔重."
曰,[128] "叔與兄, 孰親?" 曰, "兄親."

曰,[129] "重與親, 孰勝?"

---

128) 목판본에는 '曰'이 누락되어 있음.
129) 목판본에는 '曰'이 누락되어 있음.

曰, "重者, 義也. 親者, 情也. 義泛而情切, 泛可擬切乎? 叔姪不比
肩, 不比肩則敬也, 敬則雖親而未至也. 兄弟鴈行, 鴈行, 比肩之謂也.
比肩則親也, 親則心之至也. 是故, 兄弟之家, 不告而入, 叔姪之家,
告而後入. 兄弟, 一日不見則思, 思則必欲致之. 叔姪, 雖數日不見,
不至於思矣."

曰, "叔兄同坐, 薦酒, 則誰先?" 曰, "先薦叔."

曰, "弟姪異居, 與物, 則誰先?" 曰, "先與弟."

曰, "叔兄與人鬪, 我往救之則生, 不往救則死. 誰先救?"

曰, "兄當急, 而叔亦不可緩也. 出死力, 兩往救之. 救之不得則命
也, 雖死無憾也."

曰, "母命止之, 則如之何?"

曰, "叔兄雖大, 豈有大於母命乎? 當號泣請之而往救可也. 雖請之
而不得, 可與生則往, 不可與生則不可往也."

22. 노계(魯鷄)와 양자(養子)

옮김譯 부휴자가 말하였다.
"남의 자식을 데려다가 자신의 자식으로 삼는 것은 노계(魯
鷄)130)의 행위와 다를 것이 없다. 노계는 고니의 알을 얻으면 30일 동안
이나 정성스럽게 엎드려서 그 알을 품는다. 그러면 마침내 고니 새끼가
알 껍질을 깨뜨리고 나와 물 속으로 뛰어들어가 떴다 잠겼다 하면서 즐
겁게 유영한다. 그 때 노계는 물가에서 서성거리며 애타게 그 새끼를

---

130) 노계(魯鷄) : 닭의 일종. 보통 닭보다 몸집이 크다 함.

부른다. 물에 빠져 죽지나 않을까 두려워하는 것이다. 그렇지만 고니는 점점 자라 큰 날개가 생기면 결국 구름 속으로 날아가 버린다. 고니가 저 노계를 저버리려 생각하고 날아가는 것이 아니다. 같은 종족이 아니므로 그 마음이 자연 다르기 때문에 떠나가는 것이다.

날짐승도 오히려 그러하거늘 하물며 사람이 그렇지 않겠는가? 양자(養子)는 그 양부모(養父母)가 살아 있을 때에는 그래도 길러준 은혜를 생각하여 제 멋대로 행동하지 않을 것이다. 하지만 양부모가 일단 죽은 뒤에는 매장하거나 슬퍼하는 자리에도 나아가지 않을 것이다. 그러니 기꺼이 산으로 올라가 친히 무덤에 제사를 올릴 리 있겠는가? 옛날에 중니(仲尼)가 확상(矍相)[131]의 밭에서 활을 쏠 때 남의 집 양자로 들어간 자는 그 자리에 참여하지 못하게 하였다.[132] 그 뜻은 아마도 여기에 있었을 것이다."

＿＿＿

원문 浮休子曰, "以人之子爲其子者, 其猶魯雞乎! 魯雞得鵠之卵, 三旬伏而菢之. 及其破殼而出也, 投水浮沈而自樂. 雞循岸而呼, 惟恐其死也. 鵠漸大而羽翮長, 飛入雲霄而去. 是非欲背其雞也, 非同類, 而其心自然異也. 禽鳥尙如此, 而況人乎? 生時, 猶慕參養之私, 而不敢肆身. 旣死焉, 則葬埋喪哀之不臨, 其肯上丘壟而親祀之乎? 昔仲尼射於矍相之圃,[133] 爲人後者不得入, 意蓋在此耳."

＿＿＿＿＿＿＿＿＿

131) 확상(矍相) : 땅 이름. 지금의 산동성 곡부현(曲阜縣) 궐리(闕里)에 있었음.
132) 이 이야기는 『예기』 「사의(射義)」편에서 찾아볼 수 있음.
133) 이 구절의 '之圃'가 목판본에는 '國'으로 되어 있음. (『예기』 「사의(射義)」편에 의거하여 바로잡았음.)

1. 저산생(樗散生)과 주씨(朱氏)

옮김 譯 위(魏)나라에 저산생(樗散生)[1]이라는 자가 살고 있었다. 그가 초(楚)나라 땅을 지나가다가 방성산(方城山)[2] 아래의 한 마을에서 잠시 휴식을 취하였다. 그러자 그 마을 사람 주씨(朱氏)가 그를 맞이한 뒤 음식을 대접하였다.

저산생은 대문에 들어서더니 고개를 들고 집을 우러러보면서 감탄하였다.

"그대의 집채는 크기도 하구려!"

마당을 이리저리 거닐면서 감탄하였다.

---

1) 저산생(樗散生) : '쓸모가 없는 가죽나무와 같은 사람'이라는 뜻임. 가상의 인물. 우언에 등장하는 사람들은 이 경우에서 볼 수 있는 것처럼 대체로 허구적으로 창조되었음.
2) 방성산(方城山) : 산 이름. 지금의 호북성(湖北省) 죽산현(竹山縣) 동남에 있음. 망초산(望楚山)이라고도 함.

"그대의 수레와 말은 많기도 하구려!"

마루로 올라가 하인을 부르면서 감탄하였다.

"그대의 하인은 많기도 하구려!"

사발에 가득 담아 놓은 밥을 먹으면서 감탄하였다.

"그대의 음식은 풍성하기도 하구려!"

이윽고 주씨에게 다가가 그의 어깨와 등을 어루만지면서 감탄하였다.

"그대의 의복은 화려하기도 하구려!"

그러자 마을 사람 주씨가 말하였다.

"나는 궁벽한 시골에서 가난하게 살며 추위와 배고픔을 겨우 면할 따름이기 때문에 항상 불만을 품고 있습니다. 그런데 그대는 지금 나를 부자(富者)로 여기고 있습니다. 그것은 무엇 때문입니까?"

저산생이 대답하였다.

"내가 위나라에서 살고 있을 때에는 남의 집에 더부살이를 하고 있었으므로 주인과 약속한 달이 차면 이사를 가야만 했습니다. 그런데 그대의 집에는 대문과 행랑이 있어 안팎을 구별할 수 있습니다. 나는 외출할 때 타고 다닐 만한 것이 없었으므로 두 발로 걷는 수고를 피할 도리가 없었습니다. 그런데 그대의 집에는 대문 앞에 수레가 있고 마구간에 말이 있습니다. 내가 지게로 땔나무를 마련하면 나의 아내는 물동이로 물을 길어다 손수 밥을 지었습니다. 그런데 그대의 집에는 대문을 지키는 동자가 있고 세수 대야로 물을 바치는 예쁜 계집종이 있습니다. 나는 채소와 죽으로 겨우 끼니를 때웠는데 그마저도 마음놓고 먹을 수가 없었습니다. 그런데 그대의 집에서는 술로 손님을 대접하고 닭으로 안주를 장만합니다. 나는 옷이 누더기처럼 낡아빠졌기 때문에 정강이도 제대로 가릴 수 없었습니다. 그런데 그대는 염소와 표범 가죽으로 만든 옷을 입고 있습니다. 그 광채가 참으로 아름답습니다.

그대가 비록 자신의 처지를 불만스럽게 여기고 있는지 모르겠으나 나는 그대를 부자라 생각합니다. 자신의 분수를 편안하게 여기면 누추한 거리에서 가난하게 사는 삶 속에서도 오히려 만족을 찾을 수 있습니다. 만약에 자신의 분수를 편안하게 여기지 않고 끊임없이 욕심을 부린다면 천하를 얻고 만금(萬金)을 얻는다 하더라도 오히려 만족을 찾을 수 없을 것입니다.

근세(近世)의 일을 가지고 예를 들어보겠습니다. 왕중경(王仲卿)[3]은 중병(重病)이 들었으나 집이 가난하여 이불조차 구할 수 없었습니다. 그러므로 그는 쇠덕석[4]을 덮고 누운 채 장차 죽을 것으로 생각하고 처자(妻子)와 함께 결별을 고하기까지 하였습니다. 그런데 그는 마침내 경조윤(京兆尹)[5]의 자리에까지 올라갔습니다. 큰 영화를 누렸던 것입니다. 그렇지만 왕중경은 여전히 만족할 줄을 모르고 봉사(封事)를 올려 더 귀한 자리로 올라가려 하다가 결국 정위옥(廷尉獄)[6]에서 죽고 말았습니다.

그보다 더 심한 경우도 있었습니다. 전생(田生)[7]은 장릉(長陵) 땅의 한낱 장사치에 불과한 자였습니다. 그렇지만 황후와의 인연 때문에 제후와 승상의 지위까지 얻을 수 있었습니다. 지극히 존귀하게 되었던 것입니다. 그렇지만 전생은 만족할 줄을 모르고 위기후(魏其侯)[8]에게 성남(城南)의 토지를 달라고 하다가 마침내 그와 틈이 벌어졌습니다. 또한 고공(考工)[9]의 땅을 청해 집을 늘이려 하다가 황제의 노여움을 사 마침내 멸족(滅族)의 화를 당할 뻔하였습니다.

또한 그보다 더 심한 경우도 있었습니다. 오왕(吳王)[10]은 산으로 가서

---

3) 왕중경(王仲卿) : 왕장(王章), 중경은 그의 자임. 한(漢)나라 때의 사람으로 발분 독서하여 성제(成帝) 때 경조윤(京兆尹)에 올랐음.
4) 쇠덕석 : 추울 때 소의 등을 덮어 주기 위하여 멍석처럼 만든 것. 우의(牛衣).
5) 경조윤(京兆尹) : 한(漢)나라 때 수도(首都) 장안(長安)을 다스리던 장관.
6) 정위옥(廷尉獄) : 감옥의 일종. 주로 중죄인을 수감하였음.
7) 전생(田生) : 전분(田蚡). 한(漢)나라 경제(景帝)의 후비 전씨(田氏)의 아우로서 무제(武帝) 때 승상에 올라 두영(竇嬰)과 관부(灌夫)를 모살(謀殺)하였음.
8) 위기후(魏其侯) : 두영(竇嬰), 위기(魏其)는 그의 봉읍임. 문제(文帝)의 후비(后妃) 두씨(竇氏)의 종형의 아들로서 무제(武帝) 때 승상에 올랐음.
9) 고공(考工) : 기계(器械)의 제작을 담당하던 관청.
10) 오왕(吳王) : 유비(劉濞). 한(漢)나라 고조(高祖)의 조카로서 오(吳) 땅의 왕으로 봉함을

동전(銅錢)을 주조하고 바닷물을 끓여 소금을 만들었습니다. 그리고 천하
의 반이 됨직한 많은 하인과 신첩(臣妾)들로부터 봉양을 받았습니다. 지
극한 부를 누렸던 것입니다. 그렇지만 오히려 오왕은 부족하게 여기며
머리가 허옇게 늙은 나이에 군사를 일으켜 한(漢)나라와 싸움을 벌였습
니다. 그러나 상대가 되지 못한 채 동월(東越)11) 지방에서 목이 떨어지고
말았습니다.

　또한 그보다 더 심한 경우도 있었습니다. 한(漢)나라 무제(武帝)는 문제
(文帝)와 경제(景帝) 등 여러 임금의 치적을 이어받았습니다. 그러므로 대
창(大倉)12)에서는 곡식이 남아돌아 썩기도 하고 눅기도 하였습니다. 모
아둔 돈도 쓸 곳이 없어 그 꿰미가 먼저 썩을 지경이었습니다. 그는 정
원을 넓게 만들었으며 토목 공사도 마음껏 벌였습니다. 과거와는 비교
할 수 없을 정도로 궁궐과 문물을 성대하게 일으켰던 것입니다. 그렇지
만 무제는 오히려 부족하게 여겨 동쪽으로 가서는 바다에서 신선을 구
하고, 서쪽으로 가서는 천마(天馬)13)·구기(枸杞)14)·포도(葡萄)·공죽(筇
竹)15) 따위를 구하였습니다. 아울러 변방을 개척하고 오랑캐를 다스렸습
니다. 마침내 백성들로 하여금 지쳐서 힘을 쓸 수 없게 하였으며 천하
의 재물도 바닥이 나게 만들었습니다. 한(漢)나라 왕실을 위태롭게 만들
었던 것입니다.

　그대는 노자(老子)의 말씀을 듣지 못하였습니까? '죄악은 욕심을 부리
는 것보다 더 큰 것이 없으며, 재앙은 만족할 줄 모르는 것보다 더 큰
것이 없으며, 허물은 얻으려 하는 마음보다 더 큰 것이 없다. 그러므로

받았음.
11) 동월(東越) : 나라 이름. 지금의 복건성 민후현(閩侯縣) 일대에 만족(蠻族)이 세운 나
　　라였음.
12) 대창(大倉) : 한나라의 수도 장안에 있었던 큰 창고.
13) 천마(天馬) : 말의 일종. 서역의 대완국(大宛國)에서 나는 명마를 말함.
14) 구기(枸杞) : 구기자. 그 종자를 약재로 씀.
15) 공죽(筇竹) : 대나무의 일종. 단단하고 아름다워 지팡이의 재료로 쓰였음.

만족할 줄 알고 만족스럽게 생각한다면 항상 만족할 수 있다'16)고 하였습니다. 일찍이 저 두 명의 임금과 두 명의 선비가 만족할 줄을 알고 구차히 얻으려 하지 않았더라면 어찌 욕을 보거나 패망을 당할 리 있었겠습니까?"

마침내 그 마을 사람은 저산생(樗散生)을 상좌에 모셔 놓고 낯빛을 바꾸며 예를 갖추었다. 그리고 그를 전송하였다.

원문　魏有樗散生者, 過楚而憩方城之里. 其里人朱氏, 邀而食之. 生入門仰視曰, "夥! 子之堂宇也."

周步於庭曰, "夥! 子之車馬也." 上堂呼人曰, "夥! 子之使令也." 食一盂飯曰, "夥! 子之飮食也." 就撫肩背曰, "夥! 子之衣服也." 里人曰, "余窮在村野, 纔免飢寒, 常以爲歉. 君以我爲夥, 何也?" 生曰, "余之居魏, 傭寓人家, 滿月而徙. 而子之室, 則庭廡門闌, 有內外矣. 余出無所乘, 步無代勞. 而子則巷有車, 而廐有馬矣. 余負薪, 妻汲水, 親爨. 而子則童子守門, 阿環捧匜矣. 余茹蔬食粥,17) 常若難繼. 而子則享客有酒, 佐酒有雞矣. 余衣若懸鶉, 挽不掩脛. 而子則羔裘豹袖, 楚楚有光矣. 子雖常以爲歉, 而余則以爲夥也. 心安於分, 則陋巷簞瓢, 猶以爲泰. 如不安分, 而有所求欲, 則四海之大, 萬金之富, 猶未快也. 以近世之事言之. 王仲卿, 疾病, 無被, 臥牛衣中, 與妻子訣別. 及爲京兆, 其榮多矣, 猶以爲未足, 上封事, 希望驟貴, 竟死於廷尉獄. 有甚於此者. 田生, 長陵一賈竪也, 因緣肺腑, 封侯拜相, 其貴至矣. 猶以爲未足, 請魏其城南田, 遂成嫌隙. 又請考工地, 益宅, 爲上所不直, 而僅免於族. 又有甚於此者. 吳王, 卽山鑄銅, 煮海爲鹽,

---

16) 『노자(老子)』 제46장의 구절. 그 원문은 '罪莫大于可欲, 禍莫大于不知足, 咎莫大于欲得, 故知足之足, 常足矣'임.

17) 이 구절의 '余'가 목판본에는 누락되어 있음.

興馬臣妾之奉, 半天下, 其富極矣. 猶以爲不足, 皓首興兵, 與漢不敵,
身首分於東越. 又有甚於此者. 武皇帝, 席文景累世之業, 大倉之粟,
紅陳相因, 錢貫朽而不可用. 廣治園囿, 窮極土木, 宮室制作之盛, 复
古無比. 然猶以爲不足, 東求神仙於海, 西求天馬枸杞蒲萄筇竹之屬,
開邊事夷, 人困力痛, 卒致海內虛竭, 而漢室危矣. 子不聞老子之言
乎? '罪莫大於可欲, 禍莫大於不知足, 咎莫大於欲得, 故知足之足,
常足.' 向使二君二士, 知足而不務苟得, 則豈有危辱敗亡之患乎?"

於是, 里人延之上座, 改容禮而送之.

2. 화음(華陰)선생과 백규(白珪)

옮김譯　위(魏)나라 화음(華陰)선생18)이 소왕(昭王)19)을 섬겼다. 선생은 임
금의 좌우에 머물면서 문학적 소양을 통해 임금의 부족한 점
을 보좌하였기 때문에 온 나라가 그의 도움을 받을 수 있었다. 그런데
시간이 조금 흐른 뒤부터 임금은 새로 벼슬길에 나선 선비들을 좋아하
기 시작하였다. 선생에 대한 사랑이 마침내 식고 말았던 것이다. 선생은
벼슬을 그만두고 싶었으나 마음속에 결심이 서지 않았으므로 새벽에 말
을 몰고 백규(白珪)20)를 찾아갔다.

그러자 백규가 말하였다.

"선생이 사랑을 잃은 것은 임금의 허물이 아닙니다. 선생의 기술이 세
상에 받아들여질 수 없었기 때문입니다. 진(秦)나라에는 편작(扁鵲)21)이라

---

18) 화음(華陰)선생 : '태화산(太華山) 북쪽에 사는 사람'이라는 뜻임.
19) 소왕(昭王) : 전국시대 위(魏)나라의 임금.
20) 백규(白珪) : '깨끗한 옥과 같은 사람'이라는 뜻임.
21) 편작(扁鵲) : 전국시대 진(秦)나라의 명의(名醫).

는 자가 있었습니다. 그는 의술(醫術)로 무왕(武王)에게 다가간 뒤에 온갖 약을 조제하여 왕후의 병을 고쳐 주었습니다. 그러자 무왕은 기뻐하여 수놓은 비단 1천 동과 좋은 곡식 1천 종(鍾)과 흰 구슬 열 쌍과 황금 띠 한 개를 하사하고 그를 상대부(上大夫)에 봉하였습니다. 이윽고 편작은 서쪽 지방의 나라에 사는 사람 가운데 가장 부귀한 사람이 되었습니다.

초(楚)나라에는 양유기(養由基)22)라는 자가 있었습니다. 그는 활 솜씨로 문왕(文王)에게 다가간 뒤에 운몽(雲夢)23)의 숲으로 왕을 따라가 날아가는 기러기의 날개를 주살로 맞추고 달아나는 사슴의 등뼈를 화살로 꿰뚫었습니다. 하루 동안에 그렇게 잡은 짐승의 수가 수십 마리를 넘어섰습니다. 그러자 문왕은 기뻐하여 국고(國庫)의 금은을 모두 그에게 하사하고 궁중의 음식도 계속하여 그의 집으로 실어보내게 하였습니다. 아울러 상경(上卿)의 벼슬을 내렸으니 그 지위는 바로 막오(莫敖)24)의 다음에 해당하는 것이었습니다. 이윽고 양유기는 동쪽 지방의 나라에 사는 사람 가운데 가장 부귀한 사람이 되었습니다.

무릇 의술과 활 솜씨는 기예 중에서도 작은 것입니다. 하지만 다른 어떤 기예보다도 자신이 하고자 하는 바를 이루게 하였습니다. 다른 이유가 있는 것이 아닙니다. 임금의 의중에 잘 부합하는 것이었기 때문입니다.

지금 임금께서는 문학을 좋아한다는 말은 듣고 있으나 문학을 숭상한 성과를 찾아볼 수 없으며, 선비를 우대한다는 말은 듣고 있으나 선비를 등용한 성과를 찾아볼 수 없습니다. 반면에 임금은 지모(智謀)를 갖춘 선비가 제후에게 사절로 돌아다니는 것이나 무용(武勇)을 갖춘 무사가 사냥터에서 말을 달리는 것 따위를 귀하게 여기고 있습니다. 그런데 그대는 장보관(章甫冠)25)과 봉액의(縫掖衣)26) 차림으로 옛날 경전(經傳)이

---

22) 양유기(養由基) : 춘추시대 초(楚)나라의 대부.
23) 운몽(雲夢) : 땅 이름. 춘추시대 초나라 땅으로 그 곳에 임금의 사냥터가 있었음.
24) 막오(莫敖) : 초(楚)나라의 관직 이름. 그 지위는 총재인 영윤(令尹) 다음에 해당하였음.

나 읽으면서 옛사람의 조박(糟粕)을 고수하고 있습니다. 그런 방법으로 임금을 섬기니 어찌 어리석다 아니할 수 있겠습니까?

임금께서는 여러 사람의 칭찬을 중하게 여기고 있습니다. 그러므로 앞으로도 그대의 자리를 빼앗는 일은 없을 것입니다. 하지만 그대의 지위는 기껏해야 하대부(下大夫)를 넘지 못하고 녹봉(祿俸)도 수십 석에 지나지 않을 것입니다. 지난 날 말석(末席)을 지키고 있던 저 어리고 용렬한 자들이 모두 그대의 어깨를 누르고 목을 조르며 그대의 윗자리로 올라설 것입니다. 그대는 그래도 마음이 편하겠습니까?"

화음(華陰)선생은 백규(白珪)에게 절을 한 뒤 하직을 고하였다. 그는 마침내 농사나 지으려고 시골로 내려갔다.

원문 魏華陰先生, 事昭王, 居王左右, 能以文學補王之闕, 而國內賴之. 未幾, 王說新進之士, 而先生之寵遂衰. 將欲投紱, 而未定於心, 晨駕而往見白珪.

白珪曰, "先生之失寵, 非王之過也, 先生之術, 自不得售於世也. 秦有扁鵲者, 以醫術干武王, 能調和百藥, 已王后之疾. 而王喜之, 賜錦繡千純, 美粟千鍾, 白璧十雙, 黃金帶一腰, 封爲上大夫. 其富貴, 冠於西方之國. 楚有養由基者, 以射術干文王, 隨王于雲夢之藪, 能仰繳蜚鴈之翼, 俯麗走麋之龜, 日獲數十. 而王悅之, 傾帑藏以賜之, 內廚之饌, 相繼於其家, 爵爲上卿, 位亞莫敖. 其貴富, 冠於東方之國. 夫醫射, 伎之小者也, 能售其所欲, 而天下莫及焉. 此無他, 能中王之心也. 今王有好文之名, 而無右文之實, 有貴儒之名, 而無用儒之實. 所貴, 智謀之士, 行聘於諸侯, 勇武之士, 馳獵於郊囿. 子以章甫之冠, 縫掖之衣, 讀古之墳典, 而守古人之糟粕. 以此事君, 不已迂乎? 縱王

---

25) 장보관(章甫冠) : 관의 일종. 주로 유학자(儒學者)들이 썼음.
26) 봉액의(縫掖衣) : 도포의 일종. 주로 유학자들이 입었음.

重衆人之譽, 而不廢子之職. 然子位不踰下大夫, 祿不過數十石. 向
之年少闒茸, 眇然居末者, 皆拉子之肩, 搕子之項, 而處其上. 子以爲
安乎?”

先生拜謝, 遂退耕于野.

3. 공동자(空同子)와 어부

옮김譯 공동자(空同子)[27]가 한수(漢水) 가에 낚시를 드리우고 있었으나
물이 차서 물고기가 물지 않았다. 그는 낚시를 그만두고 바위
위로 물러나 앉은 뒤 거문고를 손에 들고 운문곡(雲門曲)[28]을 타기 시작
하였다.

그 때 어떤 늙은 어부가 갈대밭에서 나오더니 공동자에게 읍을 하고
물었다.

“그대가 어루만지고 있는 것이 무엇입니까?”

공동자가 대답하였다.

“거문고랍니다.”

“청컨대 잠시만 멈추도록 하십시오 그대에게 고할 말씀이 있습니다.
저 거문고라 하는 악기는 길이가 3척 6촌 6푼이고 너비가 6촌입니다.
그 길이 3척은 300일을 본받은 것이며, 6촌은 60일을 본받은 것이며, 6
푼은 6일을 본받은 것이고, 그 너비 6촌은 육합(六合)[29]을 본받은 것입니
다. 그리고 다섯 줄의 현(絃)은 오행(五行)을 본받은 것이며, 위가 둥글고

---

27) 공동자(空同子) : ‘무지몽매한 사람’이라는 뜻임.
28) 운문곡(雲門曲) : 악곡의 일종. 황제(黃帝) 때의 악곡이라 함.
29) 육합(六合) : 상하(上下)와 사방(四方).

아래가 모나며 앞이 넓고 뒤가 좁은 형상은 천지(天地)의 존비(尊卑)를 본받은 것입니다. 그대는 그런 사실을 알고 있었습니까?"

"모르고 있었습니다."

어부가 다시 물었다.

"사람에게는 입이 있으므로 말을 하지 않을 수 없습니다. 그리고 말이 있으면 성음(聲音)도 또한 없을 수 없으므로 그것을 악기(樂器)에 옮기고 율려(律呂)로 조율하는 것입니다. 임금은 음악으로 신하를 부리며 신하는 음악으로 백성을 부립니다. 그러므로 온갖 사물이 각각 그 마땅함을 얻게 되는 것입니다. 9촌에서 시작하여 4촌에서 끝이 나며, 삼분(三分)을 상생(上生)하여 여분이 있고 삼분(三分)을 하생(下生)하여 부족함이 있으며,30) 음양이 교대로 사이에 들어갑니다. 그러므로 사계절의 질서가 문란하지 않게 되는 것입니다. 그대는 그런 사실을 알고 있었습니까?"

공동자가 대답하였다.

"모르고 있었습니다."

"음악은 하늘에서 나온 것으로서 사람의 마음에 갖추어져 있습니다. 그러므로 학문에 잘 활용하면 그 인격을 올바르고 온화하고 너그럽고 엄숙하게 닦을 수 있으며, 조정에서 잘 활용하면 그 임금을 공손하고 아름답게 만들 수 있습니다. 사람에게 잘 활용하면 그 마음에 답답함이 없이 모두 화평하게 만들 수 있으며, 귀신에게 잘 활용하면 귀신이 언제나 찾아와 마음껏 흠향하게 만들 수 있습니다. 만물에 잘 활용하여 어긋남이 없게 하면, 해와 달이 이지러지는 변괴를 일으키지 않게 할 수 있으며, 산과 강이 무너지거나 터지는 재앙을 일으키지 않게 할 수 있으며, 나무와 풀이 일찍 시드는 아픔을 겪지 않게 할 수 있으며, 새나 짐승이 놀라서 달아나는 일이 없게 할 수 있습니다. 그대가 그렇게 할

---

30) 음악에서 율관(律管)의 길이를 계산하는 방법. 황종(黃鐘)의 길이 아홉 치를 기준으로 하여 3분의 1을 감해서 여섯 치를 임종(林鐘)으로 하고, 그것에 3분의 1을 더하여 태주(太簇)를 만듦. 그런 방식으로 차례차례 12율을 제정함.

수 있겠습니까?"

"나는 그렇게 할 수 없습니다."

"옛날에 중화씨(重華氏)31)가 거문고를 타자 백성들의 화가 풀어지고 재물이 불어났으며, 호파(瓠巴)32)가 거문고를 타자 물고기들이 그 소리를 들으려고 모여들었습니다. 백아(伯牙)33)가 '흐르는 물과 높은 산'을 생각하면서 거문고를 연주하자 그 곡조가 생각과 조금도 어긋나지 않았으며, 사광(師曠)34)이 거문고를 타자 흰 고니가 날아오르고 검은 학이 춤을 추었습니다. 그대도 그렇게 할 수 있겠습니까?"

"나는 그렇게 할 수 없습니다."

어부가 다시 물었다.

"그렇다면 그대는 왜 거문고를 손에 들고 즐거워하여 마지않는 것입니까?"

공동지가 대답하였다.

"나는 그 깊은 뜻을 취한 것이 아니라 한적한 정취를 즐기고 있었습니다. 오로지 답답한 감정을 발산함으로써 심사를 편안하게 하고, 사악한 생각을 버림으로써 올바른 길로 들어가려는 것일 따름이었습니다. 화답할 사람이 없이 이렇게 홀로 즐기다 보니 아직까지 음악을 제대로 아는 사람을 만난 적이 없었던 것입니다."

마침내 어부가 말하였다.

"지금 그대의 음악은 조정에서 쓰일 수 없으며, 귀신을 흠향하게 할 수 없으며, 사람들을 화평하게 할 수 없으며, 만물을 감응하게 할 수 없습니다. 거문고에 대해 물어도 그 제도를 모르고 있으며, 음악에 대해

---

31) 중화씨(重華氏) : 순(舜)임금의 별칭. 그가 거문고로 남풍가(南風歌)를 연주하자 위와 같은 효험이 나타났다 함.
32) 호파(瓠巴) : 상고시대 거문고의 명수.
33) 백아(伯牙) : 춘추시대 거문고의 명수. 그가 고산(高山)과 유수(流水)를 생각하며 거문고를 연주하자 종자기(鍾子期)가 듣고 그 뜻을 완전무결하게 알아들었다 함.
34) 사광(師曠) : 춘추시대 진(晉)나라의 음악가.

물어도 그 기원을 모르고 있습니다. 그렇다면 그대가 배운 것은 빈 껍데기에 불과할 뿐입니다. 이 세상에 아무 쓸모가 없는 것입니다."

그 늙은 어부는 노를 저어 떠나가면서 뒤도 돌아보지 않았다.

원문 空同子垂釣於漢水之上, 水寒而魚不食, 退坐磯石, 操琴而方奏雲門之曲.

有漁叟, 出自葦間, 來揖而問曰, "子所撫者, 何物?" 曰, "琴也."

叟曰, "請子且休. 我明告子. 夫琴之爲器, 長三尺六寸六分, 廣六寸. 其三尺象三百, 六寸象六旬, 六分象六日. 廣之六寸象六合. 絃之有五象五行. 上圓下方, 前廣後狹, 象天地之尊卑. 子知之乎?" 曰, "不知"

曰,[35] "人之有口, 不能無言. 有言, 必有聲音以寓於器, 而調於律呂. 君以御臣, 臣以御民, 而事物各得其宜. 始於九寸, 而終於四寸. 三分上生而有益, 三分下生而有損. 陰陽相間, 而四時之序不紊. 子知之乎?" 曰, "不知."

曰,[36] "樂者, 出於天而具於心. 能施於學, 則有直溫寬栗之效. 施於朝, 則有穆穆皇皇之容. 施於人, 則人無不和, 而無淰濼之失. 施於神, 則神無不格, 而有肸蠁之誠. 施於萬物而不悖, 則日月無朒朓之愆, 山川無崩阤之災, 草木無夭折之傷, 禽獸無狘獷之惡. 子能之乎?" 曰, "不能."

曰,[37] "昔重華氏鼓之, 而解慍阜財. 瓠巴鼓之, 而河魚聚聽. 伯牙鼓之, 而流水高山不違於志. 師曠鼓之, 而白鵠翔, 玄鶴舞. 子能之乎?" 曰, "不能."

---

35) 목판본에 '曰'이 누락되어 있음.
36) 목판본에 '曰'이 누락되어 있음.
37) 목판본에 '曰'이 누락되어 있음.

曰, "然則子, 何取而玩之不已也?"

曰, "我取其適也, 非取於義也. 欲宣情而寫鬱也, 閑邪而納正也, 寡和獨吟, 而未遇知者也."

曰, "今子之樂, 不能用於朝廷, 協於神鬼, 合於人心, 感於萬物. 問琴而不知制, 問樂而不知原. 然則子之所學者, 糟粕也, 無所用於世也."

鼓枻, 不顧而去.

4. 완(緩)과 부휴자(浮休子)

옮김譯 선비 완(緩)38)은 유가(儒家)의 학술을 배워 육경(六經)과 제자(諸子)·사서(史書) 등을 탐구하지 않은 것이 없었다. 그가 지은 사장(詞章)은 청신(清新)하고 부섬(富贍)하여 온 세상에서 그를 대적할 자가 없었다. 그렇지만 조정에 들어선 지 30년이 지났으나 관계(官階)는 대부(大夫)를 넘지 못하고 직무는 집극(執戟)39)을 면하지 못하였다. 이에 그의 벗 부휴자(浮休子)에게 물었다.

"사람들은 모두 살진 말을 타고 가벼운 가죽옷을 입었습니다. 그러나 내 경우에는 짧은 베옷마저도 성한 곳이 없습니다. 사람들은 모두 맛있는 음식을 먹으며 화려하게 단장한 말을 몰고 다닙니다. 그러나 내 경우에는 명아주 잎이나 콩 죽마저도 마음껏 먹을 수 없습니다. 사람들은 모두 곁에서 임금을 모시고 있습니다. 그러나 나는 홀로 임금에게 가까

---

38) 완(緩) : '민첩하지 못한 사람'이라는 뜻임. 『장자』「열어구(列御寇)」편에서 찾아볼 수 있음.
39) 집극(執戟) : '창을 잡는다'는 뜻임. 하급 무사 또는 그가 하는 일을 말함.

이 다가갈 수 없습니다. 사람들은 모두 국정에 깊이 참여하고 있습니다. 그러나 나는 홀로 국정에 참여할 수 없습니다. 나의 문장과 경술(經術)은 결코 남들에게 뒤지지 않습니다. 그렇지만 공명(功名)과 이록(利祿)만은 유독 남들을 따라갈 수 없습니다. 그것은 무엇 때문입니까?"

부휴자가 대답하였다.

"무릇 경술이라는 것은 치국(治國)의 추구(芻狗)40)이고, 문장이라는 것은 정사(政事)의 토자(土苴)41)입니다. 가령 경술을 닦았다 하여 모두 높은 벼슬길에 오를 수 있다면 중니(仲尼)가 무엇 때문에 그렇게 근심을 하였겠습니까? 맹자도 또한 길 위에서 늙지는 않았을 것입니다. 가령 문장에 능하다 하여 모두 뜻을 펼 수 있다면, 가의(賈誼)42)가 길게 탄식하지 않았을 것이며, 자운(子雲)43)도 누각 위에서 뛰어내리지 않았을 것입니다.

성현(聖賢)이 말씀을 하고 사업을 베풀면 그 당시에는 비록 받아들여지지 않는다 하더라도 후세에 오히려 법이 될 수 있습니다. 성현도 일반 사람과 같은 사람일 따름입니다. 그 용모나 언어가 일반 사람들과 다를 것이 없는 것입니다. 그러니 사람들이 어떻게 성현을 알아볼 수 있겠습니까? 후세 사람들은 다만 그 말씀과 사업을 보고서 성현이라 생각하는 것입니다. 만약 용모를 보고 성인(聖人)이라는 것을 알 수 있으며, 말씀을 듣고 현인(賢人)이라는 것을 알 수 있다면, 세상은 언제나 평안하여 혼란에 빠지거나 망하는 일이 없을 것입니다.

---

40) 추구(芻狗) : 짚으로 만든 개. 고대의 제사 때 쓰던 물건으로 제사가 끝나면 내버렸음. 전하여 필요하면 쓰고 필요가 없으면 버리는 물건을 비유함.
41) 토자(土苴) : 기와 조각과 두엄풀. 전하여 하찮은 물건을 비유함.
42) 가의(賈誼) : 한(漢)나라 문제(文帝) 때의 문신. 주발(周勃)과 관영(灌嬰) 등의 시기를 받고 장사(長沙)로 귀양가면서 상수(湘水)에서 부(賦)를 지어 굴원(屈原)을 조상하였음. 그 행간에는 가의 자신의 슬픈 심사가 잘 드러나 있음.
43) 자운(子雲) : 양웅(揚雄), 자운은 그의 자임. 전한(前漢) 말의 문신으로 왕망(王莽)이 다스리던 때 벼슬을 살다가 유분(劉棻)의 모함을 받았음. 그 때 옥리(獄吏)가 잡으러 오자 그는 자신이 죽임을 면하지 못할 것으로 생각하고 천록각(天祿閣)에서 뛰어내렸으나 목숨을 잃지는 않았음.

보통 사람의 경우 현(賢)·불초(不肖)를 알 수 없기 때문에 벼슬이 높은 자를 어진 사람이라 하기 마련이며, 덕의 경우 일정한 형체를 발견할 수 없기 때문에 재주가 없는 자를 유덕한 사람이라 하기 마련입니다. 재주가 많고 기예가 뛰어난 사람이 비록 지극한 덕을 갖추고 있다 하더라도 그 재주나 기예 때문에 덕이 잘 드러나지 않습니다. 그러므로 사람들은 그를 유덕한 사람이라 하지 않는 것입니다. 재주가 높은 사람이 낮은 관직에 묻혀 있으면서 남들로부터 부림이나 받는 경우를 흔히 볼 수 있는 것은 모두 그 때문입니다.

그대가 경술과 문장을 잘하는 것이 그대 자신의 빌미[44]입니다. 사람들을 나무랄 일이 아닙니다. 그대 스스로 그 빌미에서 벗어나지 못하면서 공명(功名)을 세울 수 없는 처지를 한탄하는 것은 너무 지나친 처사가 아닙니까? 그대는 공명과 이록(利祿)에 대한 뜻을 지금 이 시대에도 펴지 못하고 있습니다. 하물며 말씀과 사업을 어떻게 후세에 전할 수 있겠습니까? 지금 그대는 머리카락이 희끗희끗하고 얼굴빛도 초췌합니다. 시골로 물러가 농사나 짓는 편이 더 나을 것입니다."

원문 士人緩也, 學儒之業, 六經子史, 無不探也. 其發爲詞章, 淸新贍富, 一世無雙. 而立朝三十年, 官不過大夫, 職不免執戟, 謂其友人浮休子曰, "人皆乘肥馬, 衣輕裘也, 而我之短褐不完. 人皆列華鼎, 馳鳴珂也, 而我之藜藿不充. 人皆昵近淸光, 而我獨不能近. 人皆與聞國政, 而我獨不能與. 我文章經術, 不後於人, 而功名利祿, 獨後於人, 何也?"

浮休子曰, "夫經術者, 治之芻狗也. 文章者, 政之土苴也. 使經術而可以立身, 則仲尼何爲乎遑遑? 而孟子不老於行矣. 使文章而可以得志, 則賈誼不至太息, 而子雲不投閣矣. 聖賢立言行事, 不能售於

---

44) 빌미 : 재앙이나 질병 같은 것을 발생하게 하는 원인.

一世, 而猶可爲後世法. 聖賢與人同耳, 其容貌言語, 不異於人, 則人
何由知之? 後世之人, 以其言與事, 而謂之聖賢. 若觀貌而知聖, 聽言
而知賢, 則世常治而無亂亡之迹矣. 人無賢愚, 官高者爲賢, 德無常
形, 無才者爲德. 多才與藝之人, 雖有至德, 而爲才藝所掩, 人不謂之
德. 是故, 高才多沈於下寮, 而爲人所使也. 子之有經術文章, 是子之
祟也, 非人之罪也. 不能去祟, 而歎功名之不立, 不已過乎? 子不能以
功名利祿, 伸於當時. 而況以其言與事, 而傳之後世乎? 子之鬢髮蒼
浪, 而顔色腫噲,45) 不如退而耕於野."

5. 주대부(朱大夫)와 동문수(東門膄)

 주대부(朱大夫)가 동문수(東門膄)46)의 거문고 타는 소리를 듣고는
그 번화한 소리를 좋아하여 감탄을 발하였다.

"이것이 어찌 장부(丈夫)가 할 일이 아니겠는가?"

주대부는 마침내 악보를 살펴가며 거문고를 배우기 시작하였다. 밤에
는 잠자는 것을 잊었으며 밥상에서는 음식의 맛을 잊었다. 길에서는 가
는 방향을 잊었으며 자리에서는 해야 할 일을 잊었다. 그렇게 3년 동안
을 쉬지 않고 노력하였으나 성음(聲音)은 음률과 맞지 않았으며 완급(緩
急)도 악보와 거리가 멀었다. 그러자 그는 거문고를 땅바닥에 집어던지
며 분연히 말하였다.

"이것이 어찌 장부가 할 짓이겠는가?"

---

45) 이 구절의 '腫'이 목판본에는 '種'으로 되어 있음. (『장자』 「양왕(讓王)」편에 의거하
여 바로잡았음.)
46) 동문수(東門膄): '동대문 근처에 사는 맹인'이라는 뜻임.

그 뒤로 주대부는 악기를 연주하는 사람을 만나기만 하면 반드시 하지 못하게 말렸다. 만일 그 사람이 말을 듣지 않으면 화를 벌컥 내며 당장 뛰쳐나갈 것처럼 야단을 쳤다. 그러자 사람들은 모두 그의 소행을 비웃었다.

어떤 사람이 부휴자(浮休子)에게 물었다.

"주대부의 총명함은 나라 안에 대적할 자가 없습니다. 그는 여러 기예에 정통하여 하지 못하는 것이 없습니다. 무릇 열 살 먹은 계집애는 지극히 무지하기 마련입니다. 그렇지만 손가락을 벌려 줄을 조절하다 보면 마침내 다 배워서 청탁의 절주를 잃지 않습니다. 그런데 주대부는 도리어 그것을 배우지 못하였습니다. 그것은 무엇 때문입니까?"

부휴자가 대답하였다.

"사람의 품성은 선천적으로 어떤 일에 능한 것이 있는가 하면 능하지 못한 것이 있습니다. 능한 것을 능하지 못하게 억누를 수 없으며, 능하지 못한 것을 잘하게 선도할 수도 없습니다. 소 백정 탄(坦)은 하루 아침에 소 12마리를 잡을 수 있었습니다. 그렇지만 그에게 제기(祭器)를 진설하게 했더라면 도리어 시축(尸祝)[47]만도 못하였을 것입니다. 들소가 거창하게 크지 않은 것은 아닙니다. 그렇지만 쥐를 잡는 솜씨는 너구리나 족제비만 못한 법입니다. 성인 공자께서도 역시 '나는 늙은 농부나 늙은 원예사만 못하다'[48]고 하는 말씀을 남겼습니다.

만일 다른 사람이 소유한 재물을 빼앗아 자기 것으로 삼을 수만 있다면 힘이 있는 자는 부유하지 않은 경우가 없을 것입니다. 만일 다른 사람이 소유한 기예를 빼앗아 자기 것으로 삼을 수만 있다면 권세가 있는 자는 기예에 무능한 경우가 없을 것입니다. 재물과 기예를 마음대로 빼

---

47) 시축(尸祝) : 시동(尸童)과 축관(祝官). 시동은 고대 제사에서 신주(神主)의 역할을 하던 아이를 말하고, 축관은 축문을 읽는 사람을 말함.
48) 『논어』「자로(子路)」편의 구절. 그 원문은 '吾不如老農'임. 공자의 제자 번지(樊遲)가 농사를 짓는 방법에 대해 묻자 공자가 그렇게 대답하였음.

앗을 수 있다면 저 가난하고 미천한 자들은 이 세상에서 설 곳을 찾을 수 없을 것입니다. 그러므로 하늘이 만물에게 능력을 부여할 때, 이를 주는 경우에는 그 뿔을 빼앗았으며, 날개를 주는 경우에는 다리를 두 개만 주었습니다. 이치가 본디 그런 것입니다.

백성들의 윗자리에 앉아 있는 사람은 남의 유능함을 시기하지 말고 나 자신의 무능함을 염려해야 하며, 남의 넉넉함을 질투하지 말고 나 자신의 부족함을 염려해야 합니다. 그리하여 모든 사람들의 기예를 모아 내가 필요로 하는 곳에 쓸 수 있다면 나라를 다스리는데 무슨 어려움이 있겠습니까?"

원문 朱大夫聽琴於東門腴, 悅其繁聲曰, "此豈非丈夫之所爲乎?" 遂按譜學焉. 當夜忘寢, 當食忘味, 當行忘路, 當坐忘事. 三年不輟, 而聲音不中律, 緩急不成譜. 憤然擲琴於地曰, "此豈丈夫之所爲乎?"

人有調樂者, 必使之止. 不止, 則勃然怒, 若將趨出. 人皆笑之.

或問於浮休子曰, "以大夫之明也, 而國人無敵. 其於藝也, 無不精. 夫十歲之娃, 至無知也, 猶能布指操縵, 不失淸濁節奏, 以成其功. 而大夫反不能焉, 何歟?"

浮休子曰, "人之性, 有能有不能. 能者不可使之抑, 不能者不可使之揚. 屠牛坦, 一朝能解十二牛, 而使之執俎豆, 則不如尸祝. 犖牛非不鬼然大也, 然而捕鼠不如狸狌. 孔子亦有吾不如老農老圃之說. 使人之有財者, 可奪而有之, 則凡有力者無不富. 使人之有藝者, 可奪而有之, 則凡有勢者無不藝.[49] 富與藝可奪焉, 則凡爲貧賤者, 無所立於世矣. 是故, 天之賦物, 與之齒者, 奪其角, 傅之翼者, 兩其足, 其理然也. 爲人上者, 不忌人之能, 而患吾之不能, 不妬人之足, 而患吾

---

49) 이 구절의 '勢'가 목판본에는 '執'으로 되어 있음.

之不足. 收攬衆藝, 以爲己用, 則於爲國乎, 何有?"

6. 제선왕(齊宣王)과 순우곤(淳于髡)

옮김譯　제(齊)나라 선왕(宣王)이 순우곤(淳于髡)50)에게 물었다.
"과인이 백성을 다스려도 백성들이 편안하게 살지 못하고, 정사를 베풀어도 정사가 제대로 시행되지 않습니다. 그 이유가 무엇입니까?"

순우곤(淳于髡)이 대답하였다.

"무릇 백성은 지극히 어리석으면서도 신령스럽고 지극히 미천하면서도 두려운 존재입니다. 일도(佚道)51)로 부리지 않으면 저들은 노여워하기 마련이며, 생도(生道)52)로 부리지 않으면 저들은 원망하기 마련입니다. 노여움과 원망이 마음속에 쌓이면 서로 이끌고 이리저리 떠돌게 되고, 이리저리 떠돌다 보면 그 마음이 편안할 수 없습니다. 달이 구름 속을 달려갑니다. 하지만 실은 달이 달려가는 것이 아니라 구름이 달려가는 것입니다. 언덕이 배 앞으로 지나갑니다. 하지만 실은 언덕이 지나가는 것이 아니라 배가 지나가는 것입니다. 백성이 편안하게 살지 못하는 까닭은 백성 스스로가 편안하게 살지 못하기 때문이 아닙니다. 임금의 정사가 저 백성을 편안하게 살지 못하도록 하기 때문입니다.

옛날에 요(堯)·순(舜)이 인의(仁義)로 백성을 기르자 그 백성도 역시 인의로 보답하였습니다. 걸(桀)·주(紂)가 위세와 폭력으로 백성을 거느리자

---

50) 순우곤(淳于髡): 전국시대 제(齊)나라 선왕(宣王) 때의 사람. 즐겨 골계로 선왕을 풍간하였음.
51) 일도(佚道): 백성의 삶을 편안하게 하는 도
52) 생도(生道): 백성의 생존을 온전하게 하는 도

그 백성도 역시 위세와 폭력으로 응수하였습니다. 지금 임금께서는 천하에 인정(仁政)을 베풀기 염원하면서도 안으로는 토목(土木)의 역사(役事)를 일으켰고 밖으로는 전쟁에서 승리하기를 바랐습니다. 그러므로 다치거나 병든 자들은 다시 일어날 수 없고, 고통으로 신음하는 자들은 다시 소생할 수 없습니다. 그렇게 하면서 백성이 편안하게 살기를 바라는 것은 이치에 맞지 않는 일입니다.

무릇 횃불로 나무에 깃든 참새를 잡으려고 하는 경우에는 힘써 그 횃불을 밝혀야 합니다. 횃불이 밝지 않으면 비록 애써 나무를 흔든다 하더라도 아무 소용이 없을 것입니다. 천하를 다스리려고 하는 자는 힘써 그 덕을 쌓아야 합니다. 덕을 쌓지 않으면 비록 부지런히 정사를 베푼다 하더라도 아무 소용이 없을 것입니다. 지금 임금께서 덕으로 백성을 편안하게 하신다면 이 나라가 치세를 맞게 될 것입니다."

 齊宣王問曰, "寡人, 治民而民弗靖, 爲政而政不行, 其故何歟?"

淳于髡對曰, "夫民, 至愚而神, 至微而可畏. 不以佚道使之, 則怒, 不以生道役之, 則怨. 怒與怨積於心, 則相率而離散, 離散則弗靖也. 月走於雲中, 非月走也, 乃雲之走也. 岸行於舟前, 非岸行也, 乃舟之行也. 民之所以弗靖者, 非民之弗靖也, 王者之政, 不能靖其民也. 昔者, 堯舜以仁義養民, 則民亦以仁義報之. 桀紂以威暴率民, 則民亦以威暴待之. 今王欲行仁政於天下, 而內則興土木之役, 外則要戰伐之功. 傷夷者未起, 呻吟者未蘇. 以此而望民之靖, 難矣. 夫耀雀者, 務明其火. 火不明, 則雖振其樹, 無益也. 王者, 務蓄其德. 德不蓄, 則雖勤其政, 無益也. 今王以德而靖民, 則而國治矣."

7. 동고자(東皐子)와 녹피옹(鹿皮翁)

 동고자(東皐子)[53]가 자신의 가난함을 근심하여 녹피옹(鹿皮翁)[54]을 찾아가 가난에서 벗어나는 방법에 대해 물었다.

녹피옹이 대답하였다.

"강서(江西)에 오생(吳生)이라는 자가 살고 있습니다. 그는 많은 곡물(穀物)을 저축하였을 뿐만 아니라 사람들에게 빌려주었다가 다시 거두어들이는 일에도 수완을 가지고 있습니다. 곡물의 본전과 이자를 적절하게 저울질하면서 가난한 사람들을 구제하는 것입니다. 그러므로 그에게 곡물을 빌려가려고 사람들이 구름처럼 모여들고 있으며, 그가 상환을 수고롭게 독촉하지 않더라도 사람들은 상환 날짜에 맞추어 빌려간 곡물을 모두 갚습니다. 따라서 그의 창고에는 곡물이 가득 차 있습니다. 비록 흉년이 들어 사람들이 굶주림에 시달리는 때라 하더라도 그의 집에는 항상 먹을 것이 넘쳐흐릅니다. 그를 찾아가 배워 보는 것이 어떻겠습니까?"

동고자는 오생을 찾아가 그가 쓰던 방법을 남김없이 모두 배웠다. 그리고 밤낮으로 주판을 손에 들고서 끝자리 숫자까지도 꼼꼼하게 셈을 놓아보곤 하였다. 이윽고 사람들에게 곡물을 빌려주었다. 그런데 힘이 센 자는 힘으로 밀어붙이며 갚지를 않고, 힘이 약한 자는 도망을 가 몸을 피했다. 그 때문에 몇 해가 채 지나가기도 전에 그는 재산을 모두 잃고 더욱 가난한 처지로 떨어졌다.

마침내 동고자는 녹피옹을 찾아가 꾸짖었다.

"그대가 나를 속였습니다."

---

53) 동고자(東皐子) : '동쪽 들녘에 사는 사람'이라는 뜻임.
54) 녹피옹(鹿皮翁) : '사슴 가죽으로 만든 옷을 입은 사람'이라는 뜻임. 주로 은자(隱者)들이 그 옷을 입었음.

"내가 그대를 속인 것이 아니라 그대의 방법이 서툴렀던 것입니다. 장안에 정대부(鄭大夫)라는 자가 살고 있습니다. 그는 기회를 보아가며 이익을 챙기는 사람입니다. 풍년이 들어 곡물이 흔할 때에는 면포(綿布)를 사들이고, 흉년이 들어 곡물이 귀할 때에는 곡물을 사들입니다. 그렇게 곡물과 면포를 교대로 사들이기 때문에 그 이익은 더욱 커지는 것입니다. 그는 장안에서도 부자로 소문이 났습니다. 그를 찾아가 배워 보는 것이 어떻겠습니까?"

동고자는 정대부를 찾아가 배우기를 청한 뒤에 그가 쓰던 방법을 남김없이 모두 배웠다. 그리고 밤낮으로 뛰어다니며 오직 그에 미치지 못할까 두려워하였다. 장사꾼들과 교제하면서 하인들도 열심히 부렸다. 그런데 잠시 뒤에 그는 장사꾼과 하인에게 속아 재산을 모두 잃고 말았다.

동고자는 다시 녹피옹을 찾아가 꾸짖었다.

"그대가 나를 속였습니다."

"내가 그대를 속인 것이 아니라 그대의 방법이 서툴렀던 것입니다. 동교(東郊)에 한 늙은이가 살고 있습니다. 그는 사람들을 모아 농사를 지으면서 논 수십 경(頃)을 개간한 뒤 물길을 나누어 논마다 물을 줍니다. 한 해에 수확하는 곡식이 거의 수백 섬을 넘습니다. 그를 찾아가 배워 보는 것이 어떻겠습니까?"

동고자는 그 말을 듣고 매우 기뻐하였다. 마치 며칠 안에 큰 부자가 될 수 있을 것 같았다. 그리하여 그는 건장한 종에게 명하여 장정 몇 사람을 거느리고 들판으로 나가게 하였다. 관가에서 곡식을 꾸고 다른 사람에게서 소도 빌렸다. 땅을 파고 흙을 나를 인부도 천여 명이나 모집하였다. 이제 며칠만 지나면 개간을 마칠 수 있을 것 같았다. 그런데 잠시 뒤에 호랑이가 건장한 종을 물어 죽이자 그 무리들도 모두 뿔뿔이 달아났다. 끝내 그 일마저 이룰 수 없었던 것이다.

마침내 동고자는 크게 화를 내며 녹피옹을 꾸짖었다.

"내가 그대의 말을 듣고 세 가지 일을 배웠으나 모두 실패하고 말았습니다. 어쩌자고 나를 이토록 속이는 것입니까?"

그러자 녹피옹이 대답하였다.

"사람에게는 재능이 있는 자도 있고 재능이 없는 자도 있습니다. 빈부(貧富)는 하늘이 내려주는 것이고 공졸(工拙)은 본성으로 타고나는 것입니다. 그대는 화살로 꿩 잡는 사람을 보지 못하였습니까? 재능이 있는 자는 말의 고삐를 잡은 채 주위에서 빙빙 돌면서도 꿩을 놀라게 하지 않습니다. 재능이 없는 자는 멀리서 바라보기만 하면서도 꿩을 날아가게 만듭니다. 그대는 낚시로 물고기 낚는 사람을 보지 못하였습니까? 재능이 있은 자는 물고기가 다투어 미끼를 물기 때문에 끊임없이 고기를 끌어올릴 수 있습니다. 재능이 없는 자는 비록 능한 낚시꾼이 잡고 있던 낚싯대를 잡고 그가 던지고 있던 미끼를 던진다 하더라도 물고기를 끌어올릴 수 없습니다. 작은 기예도 오히려 그와 같습니다. 하물며 큰 일이 그렇지 않을 리 있겠습니까? 저 세 사람의 기술과 그대의 문학을 바꾸어 놓고 생각한다면 저들이 문학에 능치 못함은 또한 그대가 부유하지 못함과 다를 바 없는 것입니다."

동고자는 녹피옹의 말을 들은 뒤 편안한 마음으로 분수를 지키며 무능한 그대로 삶을 살아갔다. 문학을 즐기다가 생애를 마쳤던 것이다.

원문

東皐子患貧, 問術於鹿皮翁.

翁曰, "江西有吳生者, 善蓄穀, 能散而能斂之, 權其子母而相濟之. 民之就貸者雲集, 不勞徵督, 而如期畢償. 由是, 困廩皆滿, 雖凶年飢歲, 而家食有裕. 子盍往而學焉?"

東皐子往見吳生, 而盡得其所爲, 日夜操籌, 窮錙銖而計之. 散穀於民, 則强者拒而不納, 弱者逃而避之. 未數歲而失其業, 其貧益甚, 見翁而責之曰, "子誑我矣."

翁曰, "我非誑子, 是子之術疎也. 國中有鄭大夫者, 能乘時射利.

穀賤則貿布, 穀貴則貿穀, 布穀相貿, 而其利益博, 以富稱於國中. 子
盍往學焉?"

東皐子往謁大夫, 而請其術, 盡得其所爲. 日夜皇皇, 惟恐其不及,
友商賈而役僮僕. 未幾, 爲商賈僮僕所欺, 盡失其業. 又見翁而責之
曰, "子誑我矣."

翁曰, "我非誑子, 是子之術疎也. 東郊有老生者, 募人耕野, 開田
數十頃, 分流灌畝, 一歲所穫, 幾數百斛. 子盍往而學焉?"

東皐子聞其說而樂之, 其富可指日而待也. 令健僕, 率其徒數人,
往莅之. 糴穀於官, 借牛於人, 具千夫畚鍤, 其墾有日. 未幾, 健僕爲
虎所噬, 而其徒皆解散, 卒無成焉.

東皐子大慍曰, "吾聽子之言, 三學而三不成. 子何誑我如是?"

翁曰, "人有能, 有不能. 貧富天也, 巧拙性也. 子不見射雉者乎? 能
者, 控馬盤回, 而雉不驚. 不能者, 皆遠見, 而飛起矣. 子不見釣魚者
乎? 能者, 魚爭食餌, 而曳之不絶. 不能者, 雖把能者之竿, 投能者之
餌, 而魚不來矣. 小技尚如此,[55] 況大事乎? 以彼三人之術, 易子之文
學, 則彼之不能文學, 亦如子之於富也."

東皐子聞翁之言, 安分守拙, 遂以文學終焉.

---

8. 화양자(華陽子)와 그의 제자

 화양자(華陽子)56)는 고전(古典)을 즐겨 읽었다.
그의 제자가 물었다.

"선생께서는 종일토록 책을 손에 들고 내려놓지 않습니다. 그것은 무엇 때문입니까?"

화양자가 대답하였다.

"농부는 쟁기를 손에서 놓지 않으며, 어부는 그물을 손에서 놓지 않는다. 목수는 연장을 손에서 놓지 않으며, 상인은 장사하기 좋은 터를 떠나지 않는다. 그 모두가 자연스러운 것이다."

"저 농부나 어부나 목수나 상인은 단지 하나의 생업만을 가지고 있기 때문에 그 생업을 잃는다면 먹고 살 방도를 찾을 수 없습니다. 그러므로 저들은 그 도구를 손에서 놓지 못하는 것입니다. 선생은 재능과 덕을 완전하게 갖추었으며 여러 학설을 두루 연구하여 집대성을 이루었고 아울러 높은 관계(官階)와 작위(爵位)를 받으셨습니다. 그러므로 고전은 이제 전제(筌蹄)57)나 추구(芻狗)와 같은 물건으로 전락하였습니다. 잊으셔도 좋은 때가 된 것입니다. 잊어도 좋은 것을 잊지 못하는 것은 기예에 정신을 빼앗긴 결과라 아니할 수 있겠습니까?"

"그렇지 않다. 고전은 나에게도 하나의 도구이다. 이 도구를 놓을 것 같으면 나는 단 하루도 즐겁게 지낼 수 없다. 지혜로운 자는 책을 통하여 더욱 지혜를 터득하게 되고, 대사를 도모하는 자는 책을 통하여 더욱 깊이 생각하게 된다. 현명한 자는 책을 통하여 더욱 현명하게 되고, 명예가 있는 자는 책을 통하여 더욱 명예를 얻게 된다. 우리 임금께서

---

56) 화양자(華陽子) : '화산(華山) 남쪽에 사는 은자(隱者)'라는 뜻임.
57) 전제(筌蹄) : 물고기를 잡는 통발과 짐승을 잡는 올가미. 전하여 필요하면 쓰고 필요가 없으면 버리는 물건을 비유함.

는 나를 무능하다 여기지 아니하고 나에게 나라의 정권(政權)을 맡겨 놓
으셨다. 이제 나는 있는 힘을 다해 직무를 수행하려 한다. 옛 성인의 도
(道)를 행하면서도 시의(時宜)에 맞는 정책을 펴려는 것이다. 하지만 이
책을 통하지 않고서는 그렇게 할 방도를 찾을 수 없다."

"그런 뜻이 아닙니다. 해가 서산에 지려 하고 있습니다.[58] 그런데도
오히려 애를 쓰면서 고통스러운 줄을 모르고 있다는 말씀입니다."

"공자께서 말씀하시지 않았던가? '아침에 도를 들으면 저녁에 죽어도
여한이 없다.[59] 내가 몇 년을 더 살아 마침내 『주역(周易)』을 배울 수만
있다면 큰 허물은 저지르지 않을 것이다'[60]라고 책 속에는 본디 즐거움
이 있는 법이다. 그 즐거움을 누리면서 근심을 잊고 살다가 죽음을 맞
이하는 것이 나의 소원이다."

원문 華陽子耽嗜書典. 有弟子問曰, "夫子之終日不釋, 何也?"
子曰, "農夫不捨耒耟, 漁者不捨網罟, 梓匠不捨刀鋸, 賈人
不離壟斷, 自然之道也."

弟子曰, "夫農漁工賈, 只有一業, 失其業, 則無以資口, 故不釋其
器. 夫子才全德備, 集衆流而爲大, 官高而位隆, 則書典猶筌蹄也, 芻
狗也, 可以忘之也. 可忘而不能忘, 無乃局於技乎?"

曰, "不然. 書典是吾器也, 吾不可一日捨是器以嬉也. 智者因書而
益達, 謀者因書而益深, 賢者因書而益明, 名者因書而益著. 國君不
以我爲無能, 授我以政柄矣. 我欲殫力而奉職, 行古之道, 施今之宜.
非是書, 無以爲也."

弟子曰, "非此之謂也. 景迫濛汜, 而猶乾乾不知苦也."

---

58) 사람의 나이가 많음을 비유함.
59) 『논어』 「이인(里仁)」편의 구절. 그 원문은 '朝聞道 夕死可矣'임.
60) 『논어』 「술이(述而)」편의 구절. 그 원문은 '加我數年 卒以學易 可以無大過矣'임.

曰, "孔子不云乎? '朝聞道, 夕死可矣. 加我數年, 卒以學易, 可以
無大過矣.' 書中自有樂地, 樂以忘憂, 以至於死, 此吾志也."

9. 사마기(司馬期)와 군졸(軍卒)

옮김譯 노(魯)나라가 추(鄒)나라[61]를 친 뒤에 그 정벌의 공로를 논의하
였다. 그 때 군졸(軍卒) 가운데 '공은 많이 세웠으나 상을 받지
못하였다'고 불평하는 자가 있었다.

사마기(司馬期)[62]가 물었다.

"그대는 기이한 계책을 내놓은 적이 있는가?"

군졸이 대답하였다.

"없습니다."

"그대는 성가퀴[63] 위로 올라가 적의 허를 찌른 적이 있는가?"

"없습니다."

"그대는 또한 마초(馬草)나 군량(軍糧)을 운반한 적이 있는가?"

"없습니다."

"그렇다면 그대가 무슨 공을 세웠다고 감히 보답을 받기 바란다는 말
인가?"

"저는 말고삐를 잡고 사람들을 따라다녔습니다."

마침내 사마기(司馬期)가 그 군졸에게 말했다.

---

61) 추(鄒)나라 : 춘추시대 노(魯)나라의 부용국(附庸國). 지금의 산동성 추현(鄒縣) 지역에
    있었음.
62) 사마기(司馬期) : '사마(司馬) 벼슬을 하는 사람 기(期)'라는 뜻임. 사마는 군사에 관한
    일을 총괄하였음.
63) 성가퀴 : 성 위에 낮게 쌓은 담. 그 곳으로 올라가는 것은 성을 지키는 것을 뜻함.

"그대의 말을 듣고 보니 그대는 베틀 아래쪽에 달려 있는 쇠꼬리[64]와 같은 역할을 한 셈이구려. 저 베틀에서 씨줄을 담고 있는 것은 북[65]이고, 날줄을 받아 주는 것은 바디[66]이며, 그 아래쪽에 달려 있으면서 발을 따라 왕래하는 것은 쇠꼬리이다. 베를 짠 공로를 논할 경우에 북과 바디는 후한 상을 받아야 하지만 쇠꼬리는 상을 받을 수 없는 법이다.

옛날 진(晉)나라 문공(文公)[67]이 19년 동안을 국외(國外)에서 떠돌 때 그를 따라다닌 훌륭한 인재들이 많이 있었다. 하지만 그가 자기 나라로 돌아갔을 때 군막(軍幕)에서 함께 대사를 도모하던 선비들에게는 상을 주었으나 마부 같은 천한 자들에게는 상을 주지 않았다. 군자는 그것을 보고 '체모(體貌)를 얻은 조치였다'고 논평하였다. 그대는 말고삐를 잡고 따라다닌 미천한 자이다. 그 형편에 지모(智謀)를 다한 인재들과 어깨를 나란히 하려고 하는구려. 어찌 어리석은 생각이 아니겠는가?"

 魯伐鄒, 論征討之勞, 軍卒有言功多而不與者.
司馬期問曰, "子有奇謀秘計乎?" 曰, "否."
曰, "子能登陴擣虛乎?" 曰, "否."
曰, "子亦掌輗芻粟乎?" 曰, "否."
曰, "然則子有何功而敢希報乎?" 曰, "吾執鞿靮而從之矣."
曰, "若子之言, 則是猶機下之牽挺也. 夫持緯者, 杼也. 受經者, 軸也. 隨足往來而在下者, 牽挺也. 論織之功, 則杼軸爲重, 而牽挺不與焉. 昔晉文公十九年在外, 豪彦多從之遊. 迨夫返國也, 賞及於帷幄

---

64) 쇠꼬리 : 베틀에 딸린 기구의 하나. 베틀에서 끌신과 신나무를 연결해 주는 길다란 끈.
65) 북 : 씨줄의 꾸리를 담은 채 날줄의 틈으로 왕래하면서 옷감을 짜는 기구.
66) 바디 : 베의 날줄을 고르며 북의 통로를 만들어 주는 기구.
67) 문공(文公) : 춘추오패(春秋五霸) 가운데 한 사람. 이름은 중이(重耳)임. 그의 아버지 헌공(獻公)이 여희(驪姬)에게 빠져 그의 형인 태자 신생(申生)을 죽음으로 몰아넣자 국외로 피신하여 떠돌아다니다가 뒤에 진(秦)나라의 도움을 받고 국내로 돌아가 왕위에 올랐음.

之士, 而不及於褻御之臣. 君子以爲得體. 子以韈鞻之微, 欲肩智謀
之列, 不已疎乎?"

10. 부휴자(浮休子)와 의원(醫員)

옮김譯 부휴자(浮休子)가 심한 체증(滯症)을 앓고 있었다. 가슴이 꽉 막혀 물을 마셔도 내려가지 않고 밥을 먹어도 내려가지 않았다. 배가 장구처럼 불룩하여 누워서 잠도 잘 수 없었기 때문에 그대로 자리에 앉아 있었다.

어떤 용렬한 의원이 병세를 살펴보고 부휴자에게 말하였다.

"오근(烏菫)[68]을 복용하면 다 쏟아낼 수 있으니 더 이상 걱정하지 마시기 바랍니다."

부휴자는 그 말을 믿고 오근을 복용하였다. 그런데 시간이 조금 흐른 뒤부터 뱃속에서 천둥이 치는 듯한 소리가 나더니 천지가 뒤집히는 것처럼 아프기 시작하였다. 이내 가슴이 뚫렸던지 위로 올라온 음식은 입가로 흘러 넘치고 아래로 쏟아진 오물은 방바닥으로 굴러 다녔다. 그렇게 위와 장을 세척하여 묵은 찌꺼기를 모두 쏟아내자 몸은 비로소 평온을 되찾았다. 하지만 그로부터 정신이 어지러워지더니 온몸의 맥박이 마구 뛰면서 손발이 뒤틀리는 것 같았다. 귀머거리가 된 것처럼 귀가 들리지 않았고, 봉사가 된 것처럼 눈도 보이지 않았다. 입이 써서 밥은 먹기 싫었으나 입술이 타 들어가 물 생각이 절로 났다. 마침내 며칠 동안 자리에 누운 채 몸을 일으킬 수가 없었다.

---

68) 오근(烏菫) : 바곳 또는 부자(附子)라고 하는 맹독성(猛毒性)의 식물. 줄기는 오근 또는 오두(烏頭)라 하며 뿌리는 부자라 함.

부휴자는 송대부(宋大夫)를 불러 그 까닭을 물어보았다.

송대부가 대답하였다.

"그대의 원기(元氣)가 손상을 입었습니다. 모든 병에 속히 쾌차하려고 힘쓰는 경우에는 반드시 몸을 상하게 마련이고, 모든 일에 서둘러 처치하려고 힘쓰는 경우에는 반드시 일을 그르치게 마련입니다. 이치가 본디 그런 것입니다. 만약 먹은 것이 체하여 답답하기 때문에 속이 내려가게 하고 싶다면 우선 부드럽게 잘 넘어가는 음식을 쓰면서 오장육부(五臟六腑)를 천천히 다스려야 합니다. 서둘러 억지로 쏟아냄으로써 시원스럽게 쾌차를 보려 해서는 못쓰는 법입니다. 원기를 한 번 상하게 되면 온갖 질병이 교대로 발병하면서 틈틈이 허한 곳을 노리다가 마침내 고황(膏肓)[69]을 공격하기 시작합니다. 그러면 비록 유부(俞跗)[70]나 편작(扁鵲)[71]과 같은 명의(名醫)가 있다 하더라도 손을 쓸 방도가 없는 것입니다."

부휴자가 자리에서 일어나 사의를 표하였다.

"대부의 말씀은 단지 병을 다스리는 것뿐만 아니라 나라를 다스리는 이치까지 일깨워 주고 있습니다. 옛날 삼대(三代)[72]의 임금은 인의(仁義)와 충신(忠信)으로 백성의 마음을 점점 교화시키고 나라의 근본[73]을 북돋아 기름으로써 천하를 얻었습니다. 그러므로 그 자손들은 수백 년 동안이나 나라를 잃지 않고 지킬 수 있었습니다. 진시황(秦始皇)은 무력(武力)으로 여섯 나라를 합병하고도 스스로 좋은 계책을 썼다고 생각하였습니다. 또한 혹독한 형벌을 써서 백성의 마음을 아프게 하고 나라의 근본을 상하게 하였습니다. 그러므로 겨우 이대(二代)만에 나라가 망하게 되었던 것입니다. 지난 역사가 주는 교훈과 내가 몸소 깨달은 바가 이미 말씀한 바와 같습니다. 앞으로 명심하여 죽을 때까지 잊지 않도록

---

69) 고황(膏肓) : 심장과 격막의 중간 부분. 병이 그 곳으로 들어가면 고칠 수 없다 함.
70) 유부(俞跗) : 황제(黃帝) 때의 명의(名醫).
71) 편작(扁鵲) : 전국시대 진(秦)나라의 명의(名醫).
72) 삼대(三代) : 하(夏)·은(殷)·주(周)의 세 나라.
73) 근본 : 백성을 뜻함.

하겠습니다."

 浮休子患病痞痞, 塞於胸, 飮而不能流, 食而不能下. 腹脹如鼓, 坐而不寐.

有庸醫見之曰, "服烏菫, 可泄而無虞矣."

如其言服之. 未幾, 腹中雷吼, 天地易位. 上而逆者嘔, 下而瀉者散. 浣滌腸胃, 盡祛查滓, 而身始平然. 自是, 精神恍惚, 支脈亂起, 手足若戾. 耳若聾, 而目若翳. 口苦厭殕, 脣焦思水. 伏枕而不能起者數日. 爲邀宋大夫而問之.

大夫曰, "子之元氣傷矣. 凡事, 務快者必傷, 務速者必敗, 理之常也. 若惡滯而務下之, 則以甘脆瀹滑之物, 徐而導之, 以調臟腑. 不應馳驟而擊搏之, 使有所快也. 元氣一傷, 則百疾交攻, 投隙而進, 叢集膏肓.[74] 雖兪跗扁鵲, 末如之何矣"

浮休子起而謝曰, "大夫之言, 非徒理病, 可喩理國. 昔三代之得天下也, 以仁義忠信, 漸漬民心, 培養邦本. 故其子孫, 維持數百年, 而不失焉. 秦始皇以威武幷六國, 自以謂得計, 用刑慘酷, 劘割民心, 戕敗邦本. 故僅至二世而亡. 此已然之明鑑, 而吾身之所取警也. 請服之終身."

---

74) 이 구절의 '肓'이 목판본에는 '盲'으로 되어 있음.

11. 초장왕(楚莊王)과 손숙오(孫叔敖)

옮김譯 초(楚)나라 신(申)75) 땅의 수령 미숙(羋叔)은 사리(私利)를 채우기 좋아하면서 매사에 전횡을 일삼았다. 사람들 중에 보화(寶貨)를 가진 자가 있으면 미숙은 온갖 방법을 다 써서 반드시 빼앗은 뒤 그것으로 뇌물을 삼아 임금 좌우의 근신들을 구워삶았다. 그로 말미암아 그는 임금에게 사랑을 받게 되었다. 이윽고 그는 임금의 사랑을 믿고 자신을 부르는 자가 있으면 술을 마시러 가지 않는 적이 없었다. 하루에 서너 번씩을 나가면서도 오히려 더 가지 않을 수 없을까 하여 염려할 정도였다.

손숙오(孫叔敖)76)가 임금에게 물었다.

"임금께서 미숙을 사랑하시는 것은 무엇 때문입니까?"

"내 좌우의 사람들 중에는 그의 어짊을 칭찬하지 않는 이가 없습니다. 그러므로 공의(公議)에 따라 그를 등용한 것입니다."

손숙오가 임금의 말을 듣고 대답하였다.

"임금께서 사람을 잘못 쓰시는 것은 그 때문입니다. 제가 들으니, 미숙이 신(申) 땅을 다스릴 때 백성들의 골수(骨髓)까지 착취하면서 끝까지 빼앗지 않고서는 만족할 줄을 몰랐으며, 그 절반은 자신이 갖고 나머지 절반은 임금의 총애를 받는 사람들에게 나누어주었다고 합니다. 그러므로 그가 주는 물건을 받은 자들이 서로 앞다투어 칭찬하며 그를 떠받들었던 것입니다. 임금께서는 그런 사실을 모르고 계셨습니까? 그들은 단지 미숙을 떠받들었을 뿐만 아니라 또한 술과 여자를 갖추어 놓고 그를 초청하였습니다. 그러므로 음악 소리가 밤낮으로 끊어진 적이 없었습니다. 임금께서는 그런 소문을 접한 적이 없으셨습니까?

---

75) 신(申) : 땅 이름. 지금의 하남성 남양현(南陽縣)의 북쪽 지역임.
76) 손숙오(孫叔敖) : 춘추시대 초(楚)나라 장왕(莊王) 때의 재상.

월(越)나라 산골에 구욕새[77]가 살고 있었습니다. 그 새가 음식을 차려 놓은 뒤 평소 가까이 지내던 새들을 초청하였습니다. 까마귀와 꿩도 그 소식을 듣고 잔치에 참석하려 하면서 화공(畵工)을 불러 자신의 깃털 위에 그림을 그려 달라고 부탁하였습니다. 먼저 꿩이 말하기를 '오색(五色)을 써서 아름답게 그려 달라'고 하였습니다. 그 때문에 꿩은 매우 화려한 무늬를 갖게 되었습니다. 그런데 잔치의 시작을 알리는 북소리가 들려오기 시작하였습니다. 까마귀가 다급하게 말하기를 '오색을 다 쓸 필요가 없다. 다만 한 가지 색만 써도 상관이 없다'고 하였습니다. 그 때 마침 화공의 곁에 먹물이 놓여 있었습니다. 화공은 서둘러 그 먹물을 까마귀의 몸에 뿌렸습니다. 그 때문에 까마귀는 온몸이 까맣게 변하여 암수조차 구별할 수 없게 되었습니다.

지금 저 미숙은 말할 수 없이 탐욕스러운 자이지만 또한 많은 사람들로부터 칭찬을 받고 있습니다. 바로 월나라 까마귀와 같은 부류인 것입니다. 무릇 재물을 탐하는 것을 도(饕)라 하며, 음식을 탐하는 것을 철(餮)이라 하며, 탐욕을 부려 관가(官家)의 기강을 무너뜨리는 것을 묵(墨)이라 합니다. 욕심으로 속이 시커먼 사람을 어떻게 쓸 수 있겠습니까?"

임금은 이에 신(申) 땅의 수령 미숙(羋叔)을 쫓아내고 그 자리에 어진 사람을 다시 임명하였습니다. 초나라는 마침내 큰 치적을 이룩하였습니다.

원문 楚申尹羋叔,[78] 好利而專. 人有貨寶者, 必百計奪之, 以賂王之左右. 由是, 得寵於王, 籍其寵, 人有邀請者, 無不往飮, 一日而三四赴, 猶恐不及.

孫叔敖問王曰, "王之所以寵叔者, 何故?"

王曰, "吾左右之人, 無不譽其賢, 故以公議而用之."

---

77) 구욕새 : 새의 일종. 모양이 때까치와 비슷함.
78) 이 구절의 '羋'가 목판본에는 '芊'으로 되어 있음.

對曰, "此王之所以失人也. 臣聞, 叔之在申, 攘剝民之骨髓, 不奪
不厭, 五分在己, 五分遺諸王之嬖倖. 凡有受遺者, 爭譽而揚之. 王不
知乎? 非徒揚之, 又持酒色而邀之, 歌鍾不絶於晝夜. 王不聞乎? 越之
鄙有鸜鵒, 設食, 招其同類者. 烏與雉聞而欲往, 請畫工, 刻畫毛羽.
雉曰, '請調五色而彰施之.' 由是, 雉之藻繢甚華. 烏聞鼓聲, 忙遽而
曰, '不必調五色, 只用一色施之, 可也.' 適有墨汁在傍, 工以墨洒之.
由是, 遍體皆黑, 不辨雌雄. 今叔之貪墨無比, 而譽之者亦多, 正與越
烏相類. 夫貪財爲饕, 貪食爲餮, 貪以敗官爲墨, 貪墨之人, 何足任
乎?"

王於是黜申尹, 而改授賢者. 楚遂大治.

12. 위령공(衛靈公)과 거백옥(蘧伯玉)

옮김譯 위(衛)나라 임금 영공(靈公)이 폐인(嬖人)[79] 축타(祝鮀)[80]를 사랑하
였기 때문에 그에게 귀한 벼슬자리를 주고 싶어 왕명(王命)을
출납(出納)하는 요직을 맡겼다. 좌우의 신하들이 모두 나서서 그 일의 부
당함을 역설하였으나 영공은 말을 들으려 하지 않았다. 조신(朝臣)과 재
상(宰相) 중에는 심지어 인수(印綬)를 풀어놓고 극간(極諫)하는 자도 있었
다. 그렇지만 영공은 더욱 고집을 부리며 마음을 돌리지 않았다.

마침내 거백옥(蘧伯玉)[81]이 나아가 말하였다.

"감히 묻겠습니다만 축타가 무슨 재주로 나라에 도움을 주고 있습니

---

79) 폐인(嬖人): 임금에게 사랑을 받는 사람.
80) 축타(祝鮀): 춘추시대 위(衛)나라의 대부. 특히 아첨을 잘하였다 함.
81) 거백옥(蘧伯玉): 춘추시대 위(衛)나라의 대부. 공자의 제자로 어진 사람이었음.

까?"

영공이 대답하였다.

"다른 것은 없습니다. 다만 그 사람은 용모가 아름다울 뿐만 아니라 말을 타고 돌며 채찍을 휘두르는 솜씨가 귀신 같으며 활을 쏘면 정곡을 맞추지 못하는 적이 없습니다. 그 때문에 내가 그를 사랑하는 것입니다."

"그렇다면 임금께서는 사리를 심히 잘못 판단하고 계신 것입니다. 청컨대 제가 바른 말을 하도록 하겠습니다. 그래도 목숨만은 살려 주시겠지요? 지금 얼마나 많은 신료(臣僚)와 집사(執事)들이 문학으로 다스림을 빛내기도 하고 무력으로 혼란을 막기도 하고 있는지 임금께서는 알고 계십니까? 하지만 혹자는 임금에게 알려지지 않았기 때문에 더 높은 자리로 올라가지 못하고 있고, 혹자는 임금에게 알려지기는 하였으나 자신의 재능을 제대로 발휘하지 못하고 있습니다.

무릇 관직이라는 것은 일종의 그릇입니다. 그릇은 그 크기에 대소(大小)의 구분이 있으며, 사람은 그 타고난 재능에 경중(輕重)의 차이가 있습니다. 이는 모두 하늘이 정한 이치입니다. 사사로운 정감에 따라 마음대로 할 수 없는 것입니다.

지금 축타에게 작은 기예가 있다 하여 높은 벼슬자리를 주셨습니다. 앞으로는 재능과 덕망을 갖춘 군자들이 모두 마음속에 울분을 품은 채 자신의 능력을 다하려 하지 않을 것입니다. 반면에 축타와 같은 소인배들은 모두 분에 넘치는 소망을 품고 자신의 처지를 불만스럽게 여길 것입니다. 갓과 신발의 위치가 뒤바뀐 형국이 되어 국사(國事)가 장차 나날이 잘못된 길로 나아갈 것입니다. 지금 임금에게는 재물과 곡식에 여유가 있어 나라의 창고가 넘쳐날 지경입니다. 따라서 재물을 주고 싶은 자에게는 얼마든지 줄 수가 있습니다. 하필 많은 사람들의 노여움을 무릅쓴 채 벼슬자리를 줄 필요가 있겠습니까? 그를 부유하게 해주는 것은 옳은 일이나 귀하게 해주는 것은 옳지 않은 일입니다."

영공(靈公)은 마침내 축타(祝鮀)를 그 자리에서 물러나게 하였다. 그러자 사람들은 모두 편안하게 생각하였다.

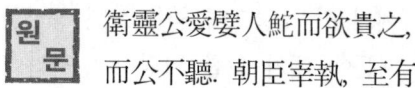 衛靈公愛嬖人鮀而欲貴之, 授以喉舌之職. 左右皆言其不當, 而公不聽. 朝臣宰執, 至有解組而極諫者, 公意愈確而不回.

蘧伯玉進曰,[82] “敢問, 鮀有何術, 能補於國乎?”

公曰, “無他. 其爲人, 美容貌, 其旋馬揮策如神, 而射不失鵠. 故吾愛之耳.”

曰, “然則公之所蔽甚矣. 臣請正言而無誅, 可乎? 今臣工百執事, 有文以飾治, 武以勘亂者, 何限? 或未爲公之所知, 而不能達. 或爲公之所知, 而不能盡其材. 夫官者, 器也. 器有大小, 而人之所授有輕重. 是皆天經, 而不可以私意而亂之也. 今以小技而超遷之, 君子有才望者, 皆心悱而不盡力. 小人如鮀比者, 皆懷非望而不安其分. 冠履倒置, 而國事將日非矣. 公之財穀有餘, 而帑庫盈溢, 惟其所與而與之. 其可冒衆怒, 而必欲官之乎? 可富之, 而不可貴之也.”

公於是罷鮀之職, 人皆安之.

13. 위군(衛君)과 대부 성(成)

 위(衛)나라 임금이 꼼꼼하게 감독하기를 좋아하였다.
그러자 대부(大夫) 성(成)이 간하였다.

“임금은 눈이 밝아야 하나 꼼꼼하게 감독하지는 말아야 하며, 귀가

---

82) 이 구절의 ‘蘧’가 목판본에는 ‘蘆’로 되어 있음.

밝아야 하나 세세하게 살피지는 말아야 합니다. 요(堯)·순(舜)이 믿음으로 사람을 대하였으므로 신하들은 충성을 다할 수 있었으며, 인(仁)으로 사람을 길렀으므로 사람들은 힘을 펼 수 있었습니다. 걸(桀)·주(紂)는 눈과 귀가 지나치게 밝아 도리어 그 정사를 혼란에 빠뜨렸습니다. 스스로 잘난 척하며 매사를 마음대로 처리하였기 때문에 신하들이 그의 잘못을 바로잡을 수 없어 결국 패망하게 되었던 것입니다.

무릇 물이 지나치게 맑으면 물고기가 살 수 없으며, 나무가 지나치게 높으면 새가 깃들 수 없으며, 현악기의 두꺼운 줄이 지나치게 팽팽하면 가는 줄이 끊어집니다. 이치가 본디 그런 것입니다.

지금 위나라는 자그마한 나라로서 큰 나라들 사이에 끼어 있습니다. 그 형세는 마치 천 근의 무게로 새 알을 짓누르고 있는 것과 다름이 없습니다. 위나라가 의지할 만한 것은 충성스럽고 지혜로운 선비들이 함께 계책을 세우고 서로 힘을 북돋우면서 나라의 안전을 도모하는 것뿐입니다. 그런데 지금 임금께서는 지혜가 없는 자를 쓰면서 덕이 높은 사람을 포용하려 하지 않으시고, 사사로운 욕심을 채우면서 공공의 도리를 따르려 하지 않으십니다. 사람들의 작은 허물도 용서하지 않으며 털끝 만한 작은 일까지 세세하게 감독하려 하십니다. 그러니 누가 벼슬길에 나서기를 좋아하겠습니까? 마치 물고기가 깊은 연못을 찾아가고 새가 무성한 숲을 찾아가는 것처럼 백성들은 장차 사방으로 달아날 것입니다. 위나라로 향하는 자를 찾아볼 수 없을 것입니다.”

위(衛)나라 임금은 그 말을 따르지 않았다. 시간이 조금 흐른 뒤 위나라는 결국 패망하였다.

원문
衛君好察.
大夫成諫曰, “人君當明而不當苛, 當聰而不當察. 堯舜, 待人以信, 故臣得盡其忠. 飮人以仁, 故人得展其力. 桀紂, 以聰明亂厥政, 自賢自用, 而臣下無所匡其失, 以至於亡. 夫水至淸則魚不游, 樹太高則鳥不集, 大絃急則小絃絶, 此理之常也. 今衛以微小之邦, 介乎諸大國之間, 其勢如千鈞壓鳥卵. 所賴, 忠智之士吐其謀, 相與扶持之, 以圖其安耳. 今君任小智, 而不恢大德, 肆私欲, 而不用公道, 不赦人之小過, 毫毛之事皆欲察之. 然則人豈樂爲用哉? 如魚之覓深澤, 鳥之投茂藪, 高飛四散, 莫有向衛者矣."

君不用其言. 未幾, 衛亡.

14. 중산왕(中山王)과 왕자 혁(革)

옮김 중산국(中山國)[83] 임금이 종기를 앓고 있었다. 그런데 한 의원이
譯 권하는 약을 쓴 뒤로 종기가 나았다. 이에 임금은 그 의원에게
정경(正卿)의 벼슬을 주려 하였다.

그러자 왕자(王子) 혁(革)이 간하였다.

"옛날 월(粤) 땅의 어떤 사람이 집을 지었습니다. 그리고 좋은 기와로
주변에 담장을 쌓고 아름다운 옥으로 대문의 지도리를 만들었습니다.
또한 북사(北社)[84]의 가죽나무를 사랑하여 그 나무로 대문의 기둥을 만
들려 하였습니다.

그러자 그 아들이 말렸습니다. '그러시면 안 됩니다. 가죽나무는 쓸모
가 없는 나무입니다. 그 나무는 결이 고르지 않고 마디마다 옹이로 울
퉁불퉁합니다. 그 목재에서는 수액(樹液)이 많이 흘러나오며 또한 반듯하
지도 않습니다. 지금 만들어 놓은 담장이나 지도리와 전혀 어울리지 않

---

83) 중산국(中山國) : 전국시대 선우족(鮮虞族)이 세웠던 나라.
84) 북사(北社) : 마을의 북쪽 교외에 위치한 사당. 토지 신을 제사하는 곳이었음.

는 나무입니다.' 그러나 월 땅 사람은 끝내 그 나무를 썼고 그 집도 결국 얼마 후에 무너졌습니다. 그러자 도적이 그 틈을 타고 들어가 재물을 모두 훔쳐가 버렸습니다.

우리 화주(化主)[85])께서 나라를 세우고 기틀을 닦아 놓으셨습니다. 영원히 전승할 왕업(王業)을 창건하여 후세 자손에게 물려주셨던 것입니다. 그런데 임금께서는 의원에게 정사를 맡기려 하고 계십니다. 무릇 의술은 작은 기술입니다. 그리고 그 의원은 됨됨이가 매우 용렬하며 기술 또한 아주 볼 것이 없습니다. 그는 분명히 자신의 직임을 제대로 수행하지 못할 것입니다. 조그만 우리 중산국(中山國)은 7개의 큰 나라들 사이에 끼어 있습니다. 그렇게 사리에 맞지 않는 일을 하면서 어떻게 도적[86])의 눈길을 피할 수 있겠습니까?"

원문 中山王患瘍, 得醫之藥以愈, 將以醫爲卿.

王子革諫曰, "昔粤人作宅, 以彫瓦爲墻, 文珉爲甃, 愛北社之樗, 將以爲柱. 其子諫曰, '不可. 此散木也, 其理錯戾, 其節朣腫, 其爲材液㾮而不貞, 甚不稱於所建之墻甃.' 粤人卒用之. 未幾而屋壞, 盜賊乘虛, 盡取貨物而去. 惟我化主, 開國創基, 建無窮之業, 以遺子孫. 而王以醫輔政. 夫醫, 小器也. 其爲人甚庸, 其爲術甚賤. 其不堪任, 明矣. 以區區中山之小, 介于七大國之間, 而顚倒如是, 其不爲盜之所窺乎?"

---

85) 화주(化主) : 중생을 교화하는 사람. 여기서는 나라를 창업한 임금을 뜻함.
86) 도적 : 이웃 나라를 말함.

15. 제왕(齊王)과 후(候)선생

 제(齊)나라에 도적이 많았다.
임금이 그런 현실을 근심하다가 후(候)선생87)에게 물었다.

"어떻게 하면 도적을 없앨 수 있겠습니까? 과인은 도적이 있는 마을을 찾아낸 뒤 그 마을 사람들 모두에게 죄를 물을까 합니다. 그러면 어떻겠습니까?"

후(候)선생이 대답하였다.

"그것은 진(秦)나라 사람들이 쓰던 수사법(收司法)88)이라는 것입니다. 어진 임금이 쓰던 제도가 아닙니다."

"도적이 훔친 그릇을 숨기고 있는 자도 도적질을 한 자와 같은 죄로 다스리려 합니다. 그러면 어떻겠습니까?"

"그것은 초(楚)나라 사람들이 쓰던 복구법(僕區法)89)이라는 것입니다. 어진 임금이 쓰던 제도가 아닙니다."

"도적 문제를 담당하는 관리로 하여금 사람들의 안색을 살펴본 뒤 의심스러운 점이 있는 자를 찾아내 사형에 처하게 하려 합니다. 그러면 어떻겠습니까?"

"그것은 진(晉)나라에서 쓰던 극옹술(郄雍術)90)이라는 것입니다. 어진 임금이 쓰던 제도가 아닙니다. 임금께서 나라 안의 도적을 없애려 하신다면 적절한 사람을 택해 형정(刑政)91)을 맡기는 것보다 더 좋은 방법이

---

87) 후(候)선생 : '도적 따위를 정찰(偵察)하는 사람'이라는 뜻임.
88) 수사법(收司法) : 진(秦)나라 상앙(商鞅)이 제정한 법. 마을 단위로 사람들이 서로 감시하고 고발하게 하였음. 수사연좌법(收司連坐法)이라고도 부름.
89) 복구법(僕區法) : 초(楚)나라 문왕(文王)이 제정한 법. 장물(贓物)을 은닉한 자도 도적질을 한 것과 같은 죄로 처벌하였음.
90) 극옹술(郄雍術) : 진(晉)나라 극옹(郄雍)이 쓰던 법. 극옹은 『열자』의 우언에 등장하는 인물로서 사람들의 안색을 살펴보고 능히 도적을 분별해냈다 함.
91) 형정(刑政) : 죄인을 다스리는 일과 관련이 있는 정사(政事).

없을 것입니다. 가령 임금의 형정을 담당하는 자가 모두 자산(子産)[92]과 같은 사람이라면 관대한 정책과 잔혹한 정책을 교대로 시행함으로써 숲속에 숨어 있는 도적을 사라지게 할 수 있을 것입니다. 모두 소공(蘇公)[93]과 같은 사람이라면 자신이 맡은 옥사(獄事)에 정성을 다함으로써 우리나라를 길이 보전하게 할 수 있을 것입니다. 모두 고요(皐陶)[94]와 같은 사람이라면 형정을 밝게 살펴 백성으로 하여금 믿고 따르게 함으로써 형벌을 받는 자 자체가 사라지게 만들 수 있을 것입니다. 그러면 무엇 때문에 도적을 염려하겠습니까?"

齊國多盜.

王患之, 問於候先生曰, "若何而可以去盜? 寡人察里之有盜者, 皆欲罪其里人, 何如?"

先生曰, "此秦人相收司之法, 非王者之政也."

王曰, "欲使人之隱盜之器者, 與同罪, 何如?"

先生曰, "此楚人僕區之法, 非王者之政也."

王曰, "欲使掌寇者, 察人之顏色, 有可疑者殺之, 何如?"

先生曰, "此晉國郤雍之術, 非王者之政也. 王欲去國盜, 則莫如擇人任刑而已. 使王之司刑者, 皆如子産, 則寬猛相濟, 而自無萑蒲之暴矣.[95] 皆如蘇公, 則能敬厥獄, 而長我王國矣.[96] 皆如皐陶, 則惟明, 克允, 而刑期無刑矣. 夫何患盜?"

---

92) 자산(子産): 공손교(公孫僑), 자산은 그의 자임. 춘추시대 정(鄭)나라의 어진 재상이었음.
93) 소공(蘇公): 소분생(蘇忿生)의 경칭. 주나라 무왕(武王) 때의 사구(司寇)로서 형옥(刑獄)을 잘 다스렸음.
94) 고요(皐陶): 순(舜)임금의 신하. 사구(司寇)로서 형옥을 잘 다스렸음.
95) 이 구절의 '萑'가 목판본에는 '藿'으로 되어 있음. (『춘추좌씨전』 소공(昭公) 20년의 기사에 의거하여 바로잡았음.)
96) 이 구절의 '我'가 목판본에는 '於'로 되어 있음. (『서경』 「입정(立政)」편에 의거하여 바로잡았음.)

16. 연(燕)나라 무사(武士)

옮김譯 연(燕)나라에 한 무사(武士)가 살고 있었다. 그는 전쟁에 나가 공을 세워 하경(下卿)의 지위에 올랐으나 글 한 줄도 제대로 읽지 못하는 무식한 사람이었다. 그러므로 다만 채소를 가꾸거나 차조로 술을 빚는 것으로 낙을 삼을 뿐이었다.

그 무사가 이른 새벽에 일어나 술 한 사발을 마시며 노래를 불렀다. "담장은 높아야 하고 집은 낮아야 하지. 벼슬이 올라갈수록 마음은 더욱 겸손해야 해. 겸손하게 모는 수레는 넘어질 염려가 없는 법이니까."

그리고 그 아들에게 명하여 노래를 따라 부르게 한 뒤 다시 주의를 주었다. 하루에도 세 번씩이나 그렇게 반복하면서 조금도 게으름을 부리는 적이 없었다.

군자(君子)가 그 말을 듣고 아름답게 여겼다.

"옳은 말씀이다! 담장이 낮은데 집이 높다면 사람들은 그 집안을 들여다볼 수 있을 것이다. 벼슬이 높은데 제 스스로도 역시 자만심을 갖는다면 교만한 태도가 저절로 나타날 것이다. 사람이 예를 알고 겸양할 줄 안다면 어찌 몸을 망칠 리가 있겠는가? 저 무사는 단지 어리석고 무지한 사내일 뿐이라서 아무 것도 내세울 만한 점이 없었다. 그럼에도 불구하고 좋은 말을 하여 그 자식을 가르칠 줄 알았다. 의당 녹을 받으며 영화를 누릴 만하구나!"

원문 燕有武士, 以戰功爲下卿者, 目不辨牛行書, 惟蓄蔬釀秫以自樂. 凌晨起飮一盂, 歌曰, "墻欲高而室欲低, 官愈尊而心愈卑. 禮讓之興無顚隮."

令其子和之, 和已, 復戒之. 一日如是者三, 未嘗少懈.

君子聞而嘉之曰, "信乎! 墻卑室高, 則人得窺其內. 官尊而心亦尊, 則驕侈自生. 人而有禮有讓, 豈有敗身者乎? 武士特悾悾一鄙夫也, 無可稱之德, 而猶知出善言以戒其子. 其享祿榮, 宜矣."

17. 사구장인(莎丘丈人)과 손님

사구장인(莎丘丈人)[97]은 항상 정도(正道)를 지켜 한 순간도 도리에 벗어나는 행동을 하는 적이 없었다. 그는 집안에서 기르는 나무 가운데 가지가 구부정한 것이 있으면 반드시 칼로 깎아 반듯하게 만들었으며, 처마 모퉁이에 거미가 거미줄을 쳐 놓은 것이 눈에 뜨이면 반드시 장대로 쳐서 거미를 모두 죽였다.

어떤 손님이 그 까닭을 물었다.

사구장인이 대답하였다.

"나뭇가지를 칼로 깎는 것은 나무가 굽은 모습을 싫어하기 때문이고, 거미를 장대로 죽이는 것은 거미가 기교(機巧)를 써서 다른 동물을 해치는 행위를 싫어하기 때문입니다."

손님이 말하였다.

"이 세상에 굽은 것은 비단 나무만 있는 것이 아니며, 기교를 쓰는 것은 비단 거미만 있는 것이 아닙니다. 뱀이 본능적으로 꾸불꾸불하게 기어다니는 것도 그대가 반듯하게 만들 수 있겠습니까? 낙타의 등이 불룩하게 솟아오른 것도 그대가 반듯하게 만들 수 있겠습니까? 그리고 굽이굽이 흐르는 물과 불룩불룩 솟아오른 산도 그대가 모두 반듯하게 만들 수 있겠습니까?

___
97) 사구장인(莎丘丈人) : '향부자(香附子)가 자라는 언덕에서 사는 노인'이라는 뜻임.

또한 이 세상 사람들이 기교를 쓰는 경우도 한두 가지가 아닙니다. 그물을 만들어 새나 물고기 따위를 잡기도 하며, 두레박을 만들어 논밭에 물을 주기도 하며, 베틀을 만들어 사람에게 필요한 옷감을 짜기도 합니다. 기교 중에는 그보다 더 큰 것이 없을 것입니다. 하지만 그대가 그것들도 모두 없앨 수 있겠습니까? 그뿐만이 아닙니다. 마음이 간교한 하급 관리나 아양을 부리는 애첩 따위가 기이한 재주를 부리거나 음란한 행위를 하여 임금의 마음을 방탕하게 만들기도 합니다. 그대가 그것들도 역시 모두 없앨 수 있겠습니까? 그대가 하는 일은 무능한 기술자를 본 뒤에 '천하의 기술자를 모두 없애 버리자'고 주장하는 것과 무엇이 다르겠습니까? 또한 노둔한 말을 본 뒤에 '천하의 말을 모두 없애 버리자'고 주장하는 것과 무엇이 다르겠습니까?"

사구장인이 대답하였다.

"어허! 그것이 무슨 말씀입니까? 내가 그렇게 하는 것은 거미나 나무를 보았을 뿐이지 다른 것은 보지 않았기 때문입니다. 내가 본 바에 따라 매사 바르게 하려는 마음을 잠시도 버릴 수 없었던 것일 뿐입니다. 그대의 말씀을 들었다 하여 어떻게 내 생각을 갑자기 바꿀 수 있겠습니까?"

원문 莎丘丈人常守正道, 造次必於正. 家有樹枝揚起者, 必剔而直之, 見蛛蝥懸網於簷角者, 以竹竿撲之, 必盡殺乃已. 客問其故.

丈人曰, "剔樹, 惡其曲也. 殺蛛, 惡其作機巧以害物也."

客曰, "世間曲者, 非獨樹也. 作機巧者, 非獨蛛也. 蛇性屈曲, 子能直之乎? 駝背窮曲, 子能直之乎? 水之洄曲, 山之繚曲者, 子能盡直之乎? 且世人作機巧者, 非一. 作網罟, 捕禽獸魚鼈. 作桔槹, 引水灌畝. 作機杼, 織布授衣. 機巧莫大於此, 子能盡去之乎? 不特此也. 細臣嬖

寵, 心懷姦譎, 作奇技淫巧, 以侈君上之心者, 子亦能盡去之乎? 子之
所爲, 不幾於見拙工而欲廢天下之工, 見駑馬而欲廢天下之馬?”

丈人曰, “惡! 是何言也? 吾所以然者, 見蛛樹, 未見其他也. 隨吾所
見, 而欲正之心, 未嘗須臾舍也. 豈以子之言, 而遽變吾志乎?”

1. 의씨(猗氏)와 복씨(卜氏)

옮김譯 제(齊)나라 의씨(猗氏)는 탐욕스럽고 부유하였다. 그런데 그가 죽던 날 그의 집에서는 조문(弔問)을 하려고 찾아오는 사람을 찾아볼 수 없었다. 위(魏)나라 복씨(卜氏)는 가난하면서도 청렴하였다. 그런데 그가 죽던 날 그의 집에는 많은 조문객들이 몰려오는 바람에 거리에 수레를 미처 다 댈 수가 없었다.

어떤 사람이 후(候)선생에게 물었다.

"부유한 자를 사람들은 평소 사모하였고, 가난한 자를 사람들은 평소 멸시하였습니다. 그런데 살았을 때와 죽었을 때의 대우가 서로 다른 것은 무엇 때문입니까?"

후선생이 대답하였다.

"부유한 자를 사모하는 것은 그가 사람들에게 재물을 나누어주면서 시혜를 베풀기 때문입니다. 베푸는 자가 쉬지 않고 시혜를 베푼다면 보답하는 자도 게으름을 부리지 않고 은혜를 갚는 법입니다.

복씨(卜氏)는 본디부터 가난한 사람이 아니었습니다. 많은 곡식을 가지고 있었으나 쌓아 두려 하지 않았고, 많은 재물을 가지고 있었으나 감추어 두려 하지 않았습니다. 그 때문에 친척과 동료들은 그의 은혜를 두루 입을 수 있었고, 마을의 궁핍한 자들은 그의 음식을 함께 먹을 수 있었습니다. 비록 밥 한 사발과 국 한 대접이 있다 하더라도 사람들과 함께 나누어 먹으려 하였습니다. 그는 인색하게 군 적이 없었습니다. 그 자신이 의리에 합당하게 남에게 베풀었으므로 남들도 역시 의리에 합당하게 그를 대우하였던 것입니다. 그 자신이 예의 바르게 남을 대접하였으므로 남들도 역시 예의 바르게 그에게 보답하였던 것입니다.

의씨(猗氏)는 그렇지 않았습니다. 곡식을 만 섬이나 가지고 있었지만 사람들에게 나누어줄 줄을 몰랐으며, 돈을 만 관이나 가지고 있었지만 유용한 곳에 쓸 줄을 몰랐습니다. 고기가 썩어 구더기가 슬 때까지 아까워하며 먹지 않았고, 술이 쉬어 파리가 생길 때까지 아까워하며 마시지 않았습니다. 창고에 재물을 가득 쌓아 놓고도 오직 부족하지 않을까 두려워하였고, 의복과 음식이 추하고 거칠었으나 오히려 싫어할 줄을 몰랐습니다. 그 재산은 말하자면 다른 사람의 것이었던 셈입니다. 그 자신의 재산이라 할 수 없는 것이었습니다. 그와 교제하던 사람들은 모두 이익을 챙기려는 자뿐이었습니다. 그러므로 이득이 있을 것 같으면 함께 어울리고, 이득이 없을 것 같으면 곁을 떠났습니다. 그의 삶은 영광스러운 것이 아니었고, 그의 죽음은 치욕스러운 것이 아니었습니다. 무릇 돼지나 잡는 미천한 백정 따위도 그의 죽음을 슬프게 생각하지 않았으며, 까마귀나 사냥하는 하찮은 포수 따위도 그의 죽음을 애석하게 여기지 않았습니다. 그를 증오하였기 때문입니다. 의씨(猗氏)는 일신이 죽임을 면한 것 자체가 어쩌면 다행일 것입니다."

齊猗氏貪而富, 死之日, 門無弔者. 魏卜氏貧而廉, 死之日, 弔客軒車不容巷.

人有問於候先生曰, "富者人所慕, 貧者人所賤. 而死生不同, 何歟?"

先生曰, "所謂慕富者, 以其能散而能施之也. 施之者不已, 則報之者不怠. 卜氏本非貧也, 有粟而不務蓄, 有財而不務藏. 使親戚僚友, 沐其波, 鄕里窮乏者, 霑其瀝. 雖簞食豆羹,[1] 皆欲共之而無吝. 我能以義與之, 故人亦以義許之. 我能以禮接之, 故人亦以禮答之也. 猗氏則不然. 有粟萬斛而不知散, 有錢萬貫而不知用. 肉腐生虫而不食, 酒酸生鷄而不飮. 藏蓄府庫, 惟恐不足, 黐牏衣食, 猶不知厭. 是守人之財, 非己之財也. 所交, 皆談利之人, 利則交, 不利則去. 其生非榮也, 其死非辱也. 夫屠猪者無惜, 彈烏者無愛, 人所憎惡而然也. 猗氏之得免於身, 幸也."

2. 연소왕(燕昭王)과 극신(劇辛)

북녘 오랑캐가 국경 부근에서 연(燕)나라 사람을 살해하였다. 연나라 소왕(昭王)은 크게 노하여 장차 온 국력을 기울여 그들을 치려 하였다.

그러자 극신(劇辛)[2]이 임금에게 간하였다.

"임금께서 오랑캐에게 무력을 쓰려고 하시는 것은 저들이 변방의 우리 백성을 죽였기 때문입니까?"

---

1) 이 구절의 '簞'이 목판본에는 '簟'으로 되어 있음.
2) 극신(劇辛) : 전국시대 조(趙)나라 사람. 연(燕)나라로 가서 소왕(昭王)을 섬겼음.

"그렇습니다."

"저들이 군량(軍糧)을 약탈해 갔기 때문입니까?"

"그렇습니다."

"저들이 우리나라의 위엄을 손상시켰기 때문입니까?"

"그렇습니다."

"저는 그것들을 모두 사소한 문제라고 생각합니다. 또한 그보다 더 큰 것이 있습니다. 임금께서는 그것을 모르고 계셨습니까? 옛날에 어떤 사냥꾼이 산 속에서 짐승을 쫓고 있었습니다. 날이 저물었기 때문에 그는 무성한 수풀 속에서 잠을 잤습니다. 그런데 모기가 살갗을 물어뜯었습니다. 그 사냥꾼은 화가 치솟은 나머지 칼을 빼 들고 모기의 뒤를 쫓아갔습니다. 사나운 호랑이가 그 옆에 엎드려 침을 흘리고 있다는 것도 모른 채 말입니다. 저 오랑캐는 모기가 살갗을 무는 것과 다름이 없습니다. 그리고 연나라 편에서 본다면 저 진(秦)나라는 단 하루도 고기 생각을 잊은 적이 없는 사나운 호랑이가 침을 흘리고 있는 것과 같습니다. 지금 임금께서 그 점은 염려하시지 않으면서 어쩌자고 도리어 두려울 것이 없는 오랑캐 따위를 염려하고 계십니까?"

임금이 다시 물었다.

"그렇다면 어떻게 해야 하겠습니까?"

극신(劇辛)이 대답하였다.

"여섯 나라가 합종책(合從策)3)을 써 한 마음으로 진(秦)나라를 물리치는 것보다 더 좋은 방법은 없을 것입니다. 만약 진나라가 여섯 나라 가운데 어느 한 나라를 공격하는 경우에는 나머지 다섯 나라가 모두 군사를 보내 그 나라를 도와주어야 합니다. 안팎의 여러 나라들이 서로 돕고 앞뒤의 여러 나라들이 서로 원조하여 마치 아교로 단단하게 붙여 놓은 것처럼 여섯 나라가 굳게 결속할 수 있다면 아마도 연나라는 무사할

---

3) 합종책(合從策) : 전국시대의 조(趙)·위(魏)·한(韓)·연(燕)·제(齊)·초(楚)의 여섯 나라가 남북의 종(縱)으로 연합하여 강력한 진(秦)나라에 대항하게 하려던 정책.

것입니다. 그와 반대로 다만 연횡책(連橫策)4)을 주장하는 자의 말만을 믿고 여섯 나라가 각각 마음속에 의심을 품는다면 임금께서는 역수(易水)5)와 장성(長城)6) 일대를 적의 손에 넘겨주실 수밖에 없을 것입니다."

 北戎殺燕人于境上. 燕王大怒, 將掃國以伐之.

劇辛諫曰, "王欲加兵於戎者, 爲其侵耗邊氓歟?" 曰, "然."

曰,7) "爲其抄掠軍糧歟?" 曰, "然."

曰,8) "爲其虧損國威歟?" 曰, "然."

曰, "臣意以爲此皆小者. 又有大於此者, 王不知乎? 昔有虞人, 獵獸於山中, 因日暮, 寄宿於叢薄者. 有蚊蝱嘈膚. 虞人忿怒, 拔劍而逐之, 不知猛虎之垂涎於其側也. 夫戎, 猶蚊蝱之嘈膚也. 秦之於燕, 猶猛虎之垂涎, 無日而不忘肉也. 今王, 不此之慮, 而反慮不足畏之戎乎?"

王曰, "然則奈何?"

曰, "莫若與六國合從, 一心以擯秦. 秦攻一國, 五國各以師救之. 內外相助, 首尾相援, 其交如膠漆之固而不可解焉, 則庶乎無事. 不然, 徒信橫人之說, 而各生疑貳, 易水長城, 非王之有也."

---

4) 연횡책(連橫策) : 전국시대의 조(趙)·위(魏)·한(韓)·연(燕)·제(齊)·초(楚)의 여섯 나라가 동서의 횡(橫)으로 연합하여 진(秦)나라에 복종하게 하려던 정책.

5) 역수(易水) : 강 이름. 지금의 하북성(河北省) 역현(易縣) 일대로 흐르며 전국시대에는 그 지역이 연나라의 남쪽 변경에 속하였음.

6) 장성(長城) : 성 이름. 조양(造陽)에서 양평(襄平) 사이에 있었던 성으로 연나라가 북쪽 오랑캐의 침범을 막기 위해 쌓았음.

7) 목판본에는 '曰'이 누락되어 있음.

8) 목판본에는 '曰'이 누락되어 있음.

3. 진평공(晉平公)과 사광(師曠)

옮김 譯 진(晉)나라 임금 평공(平公)이 사광(師曠)[9]에게 물었다.
"나는 음악을 매우 좋아합니다. 그렇지만 일찍이 음악에 조예가 깊은 사람이 나를 찾아온 적이 없었습니다. 내가 음악을 좋아한다는 소리가 멀리까지 퍼져나가지 않았기 때문일 것입니다."

사광이 대답하였다.

"저는 임금께서 하시는 말씀과 다른 이야기를 들었습니다. 임금께서 좋아하시는 것은 소리 가운데 작은 것입니다. 하지만 제가 들은 이야기는 소리 가운데 큰 것입니다."

평공이 다시 물었다.

"감히 묻겠습니다만 그것이 무슨 말씀입니까?"

사광이 대답하였다.

"무릇 현악기에서 나는 소리는 대문 이상을 나아갈 수 없고, 관악기에서 나는 소리는 마을 이상을 나아갈 수 없습니다. 종에서 나는 소리는 현악기나 관악기에서 나는 소리보다 큽니다. 그렇지만 그 소리도 십리 이상을 나아갈 수 없습니다. 소리 가운데 가장 큰 것으로는 천둥보다 더한 것이 없습니다. 그렇지만 그 소리 또한 근교(近郊) 백 리 정도를 나아가는데 불과할 뿐입니다. 저들은 모두 다른 물체를 빌어서 나는 소리입니다. 따라서 진정한 소리라고 할 수 없습니다.

진정한 소리는 그 소리가 없으므로 멀리까지 나아갈 수 있고, 그 형체가 없으므로 멀리까지 다다를 수 있습니다. 큰 경우에는 광대한 천지의 끝까지 퍼져나가면서도 막히는 수가 없습니다. 작은 경우에는 날아다니는 곤충이나 기어다니는 벌레 따위의 생명체들까지 그 은택을 받으며 즐겁게 살아가게 합니다. 옛날에 요(堯)·순(舜)이 소리를 발하자 그

---

9) 사광(師曠) : 춘추시대 진(晉)나라 평공(平公) 때의 악사(樂師).

소리가 바다 연안까지 퍼져나갔으며, 하(夏)나라 임금이 소리를 발하자 그 소리가 사해(四海) 끝까지 퍼져나갔습니다. 은(殷)나라가 소리를 발하자 천하 구주(九州)의 질서가 정연하게 되었으며, 주(周)나라가 소리를 발하자 동서남북의 모든 곳에서 신복(信服)하지 않는 자가 없었습니다. 그것이 바로 소리 가운데 큰 것입니다. 저 거문고·축(筑)·통소·피리 등에서 나는 온갖 소리를 세간에서는 비록 소리라 부르고 있지만 군자는 소리라 일컫지 않는 법입니다.”

 晉平公問於師曠曰, “予之好樂甚矣, 而未嘗有善樂者至. 是予好樂之聲, 未遠播也.”

師曠對曰, “臣之所聞, 與王異. 王之所好者, 聲之小者也. 臣之所聞者, 聲之大者也.”

王曰, “敢問何以.”

師曠對曰, “夫絲聲止門閭,10) 竹聲止閭巷. 鍾聲, 比之絲竹猶大也, 然止乎十里. 聲之最大者, 莫甚於雷也, 亦不過百里莽蒼之間. 是皆假物有聲, 非眞聲也. 眞聲, 無聲而能遠, 無形而能達. 大則極天地之廣而無礙, 小則肖翹蠉蠢之生靈, 莫不涵澤而鼓舞. 昔者, 唐虞振之, 丕冒海隅. 夏王振之, 訖于四海. 殷振之, 能使九有有截. 周振之, 自西自東, 自南自北, 無思不服. 此聲之大者也. 若夫琴筑簫竽, 宮徵角羽, 雖謂之聲, 而君子不謂之聲也.”

---

10) 이 구절의 ‘門’이 목판본에는 ‘聞’으로 되어 있음.

4. 동고자(東皐子)와 녹피옹(鹿皮翁)

옮김譯 동고자(東皐子)가 시냇가의 아름다운 암석들 사이에 집을 지은
뒤 가파른 계곡을 어렵사리 개간하여 농사를 짓고 있었다. 그
러나 몇 해 연속 곡식이 제대로 자라지 않았다. 그는 쟁기를 내려놓으
며 탄식을 발하였다.

"다른 사람들의 논밭은 모두 풍년이 드는데 오직 내 논밭에서만은 흉
작이 계속되는구나. 하늘은 왜 나를 도와주지 않는 것일까?"

녹피옹(鹿皮翁)이 그 말을 듣고 웃으며 대답하였다.

"그대는 어쩌면 그렇게도 사리를 모르십니까? 땅은 그 비옥한 정도가
다름에 따라 성질도 각각 다른 법입니다. 한 지역의 경우를 예로 든다
면, 지대가 높은 땅은 메기장을 심기에 적당하며, 중간쯤 되는 땅은 차
기장을 심기에 적당하며, 지대가 낮은 땅은 벼를 심기에 적당합니다. 넓
은 천하의 경우를 예로 든다면, 위천(渭川)11)의 넓은 들녘은 대나무가 자
라기에 적당하며, 연(燕)·조(趙) 지방은 대추나무가 자라기에 적당하며,
촉(蜀) 지방은 생강과 토란이 자라기에 적당하며, 형주(荊州) 지방은 귤과
유자가 자라기에 적당합니다. 역시 각각의 지방마다 자라기에 적당한
식물이 있는 것입니다. 이제 각각의 땅에 적당한 식물을 심는다면 그
식물은 잘 자라지 않을 리가 없습니다. 하지만 만일 적당한 식물을 심
지 않는다면 비록 일년 내내 힘을 다해 부지런히 농사를 짓는다 하더라
도 큰 소득을 기대할 수 없을 것입니다.

저 벼 종류는 토양이 기름지고 수분이 풍부한 곳에서 잘 자라는 식물
입니다. 그런데 그대는 지금 토양이 메마르고 지대가 높은 곳에 벼를
심었습니다. 그 땅은 색깔이 희고 지대가 높아 물이 쉽게 빠져버리는

---

11) 위천(渭川) : 강 이름. 황하의 지류 가운데 하나로 그 연안에 대나무가 많이 자란다 함.
   위수(渭水)라고도 부름.

곳입니다. 냇물에 보를 막는다 하더라도 물을 끌어다 댈 수도 없습니다. 그 때문에 다른 사람들의 논밭에는 풍년이 들었음에도 불구하고 그대의 논밭에는 흉작이 계속되었던 것입니다.

그대는 단지 자연 속에서 사는 즐거움을 알았을 뿐입니다. 그 곳에다 집을 짓는 것이 이로운가의 여부는 생각을 해본 적도 없었습니다. 그대는 자신의 어리석음은 깨닫지 못한 채 도리어 하늘만을 원망하고 있습니다. 그것을 어찌 옳다 할 수 있겠습니까? 이 세상 사람들 가운데 스스로 살아갈 방도를 찾지 못하는 자들은 모두 그대와 같은 부류라 할 수 있을 것입니다."

원문　東皐子築室於石磵, 斸崖谷而爲之耕. 連歲不登, 棄耒耟而歎曰, "人田皆穰, 我田獨荒. 何歲之不助也?"

鹿皮翁聞而笑之曰, "何子之不知理也? 地之肥瘠不同, 而厥性各異. 以一境之內而言之, 則高者宜黍, 中者宜稷, 下者宜秔. 以天下之大而言之, 則渭川千畝竹, 燕趙千樹棗, 蜀之薑芋, 荊之橘柚, 亦各有所宜也. 隨其宜而施之, 所施無不遂. 苟失其宜, 雖終歲勤動, 殫力而爲之,[12] 無益也. 今夫秔稻, 宜於黏泥汙邪之墟,[13] 而子種之於磽确甌窶之地. 白墳而易燥, 防溪而水不可及, 則人穰而我荒, 固所當也. 子徒知山水之樂, 而不思建家之利. 不知己之迂拙, 而反罪歲焉, 可乎? 世人之不善自謀者, 皆子之類也."

---

12) 이 구절의 '殫'이 목판본에는 '磾'로 되어 있음.
13) 이 구절의 '汙'가 목판본에는 '汗'으로 되어 있음.

5. 갈공(葛公)과 어떤 대부

옮김譯 갈공(葛公)[14]이 오(吳)나라의 재상이 되었다. 이후로 그는 날마다 가렴주구(苛斂誅求)를 일삼았다. 그러므로 그의 이웃에 사는 백성들은 그 침탈을 견딜 수 없어 모두 집을 버리고 도망을 쳤다.

그 종족(宗族)의 한 대부가 갈공에게 간하였다.

"무릇 벼슬하는 사람은 자신의 이웃에 사는 백성들을 가엽게 여기며 힘써 구휼(救恤)해야 합니다. 그렇지만 상공(相公)에게서는 저들을 사랑하는 인후(仁厚)한 덕을 찾아볼 수 없습니다. 저 백성들은 아비가 자식을 보호하지 못하고 지아비가 지어미를 보호하지 못합니다. 함께 모여 단란하게 살 수가 없으므로 사방으로 뿔뿔이 흩어지고 있습니다. 상공께서는 그런 사실을 모르고 계셨습니까?

옛날 사성(司城)[15] 자한(子罕)[16]의 경우에는 남쪽 이웃집의 담장이 구부정하여 자기 집 쪽으로 불룩하게 튀어나왔으며, 서쪽 이웃집의 하수구가 자기 집 쪽으로 나 있어 비만 내리면 빗물이 끊임없이 집안으로 흘러들었습니다. 그러나 그가 그대로 살고 있었으므로 어떤 사람이 그 까닭을 물어보았습니다. 그러자 자한이 대답하였습니다. '남쪽 집에 사는 자는 신발을 삼는 장인(匠人)이다. 내가 그를 다른 곳으로 이사가서 살게 하려 하였다. 그러자 그 아비가 말했다. 「나는 신발을 삼는 덕분에 이미 삼대(三代)째 밥을 먹고 살 수 있었습니다. 지금 만일 이사를 간다면 송(宋)나라 안에서 신발을 구하려는 사람들이 내가 사는 곳을 알 수 없게 될 것입니다. 그러면 나는 장차 먹고 살 수가 없을 것입니다.」 그 점을 생각하였기 때문에 나는 그에게 이사를 가도록 강요하지 않았던

---

14) 갈공(葛公) : '남에게 해를 끼치는 사람'이라는 뜻임. 칡의 습성이 다른 나무를 감고 올라가는 데에서 그 뜻을 취함.

15) 사성(司城) : 토지와 민사를 담당하던 관직. 사공(司空)이라고도 함.

16) 자한(子罕) : 악희(樂喜), 자한은 그의 자임. 춘추시대 송(宋)나라의 대부였음.

것이다. 서쪽 집은 터가 높고 내 집은 터가 낮다. 따라서 빗물이 내 집 쪽으로 흐르는 것은 자연스러운 일이다. 그 점을 생각하였기 때문에 나는 물길을 막게 하지 않았던 것이다.'

　지금 상공께서는 재상의 자리에 오르셨습니다. 그런데 백성들은 상공의 덕망을 노래하기는커녕 날마다 원망만 토하고 있습니다. 만일 상공께서 지난날의 잘못을 고치시지 않는다면 하늘은 필시 상공을 돕지 않을 것입니다. 상공께서는 그 점을 잘 아셔야 할 것입니다."

　시간이 조금 흐른 뒤 갈공(葛公)은 결국 죄가 드러나 유배를 당하였다.

원문　葛公爲吳相, 日以掊克聚斂爲事. 旁隣之舍, 不堪侵耗, 皆棄遯.

　有宗族大夫諫曰, "夫隣里, 所當恤也. 而公無仁厚之德以撫之. 父不保子, 夫不保婦, 離散而不相聚. 公不知之乎? 昔司城子罕, 南家之墻, 擁於前而不直, 西家之潦, 經其宮而不止. 人問其故. 子罕曰, '南家, 工人, 爲鞼者也. 吾將徙之. 其父曰, 吾恃爲鞼, 已食三世. 今徙, 則宋邦之求鞼者, 不知吾處, 吾將不食焉.[17] 是故, 吾不徙之. 西家高, 吾宮卑, 潦之經吾宮也利焉.[18] 是故, 不禁也.' 今公之爲相, 人不詠德, 怨讟日聞. 若不改轍, 天必不佑. 相公其審之."

　未幾, 得罪而竄.

---

17) 이 구절의 '焉'이 목판본에는 '爲'로 되어 있음.
18) 이 구절의 '焉'이 목판본에는 '爲'로 되어 있음.

6. 자봉(子封)과 자류(子柳)

 자봉(子封)이 조(趙)나라 자류(子柳)의 집을 찾아갔다. 그 때 마침 누에고치에서 누에가 나오고 있었다.

자류가 물었다.

"다 같은 누에고치입니다만 그 고치에 따라 누에가 나오기도 하고 구더기가 나오기도 합니다. 그것은 무엇 때문입니까?"

자봉이 대답하였다.

"만물의 조화는 참으로 무궁합니다. 그러므로 사람의 경우에도 각각의 사람마다 그 품성에 차이가 나기 마련입니다. 요(堯)·순(舜) 같은 아버지에게 단주(丹朱)19)와 상균(商均)20) 같은 불초한 아들이 있었으며, 주공(周公) 같은 아우에게 관숙(管叔)21) 같은 나쁜 형이 있었으며, 유하혜(柳下惠) 같은 형에게 도척(盜跖)22) 같은 흉악한 아우가 있었습니다. 지금 그대의 형제는 두 사람입니다. 그대 아우는 과거에 급제하여 이름을 날리며 대궐 문을 드나들고 있습니다. 하지만 그대는 지금 나이 오십에 아무 것도 이루어 놓은 것이 없어 개울가에 나뒹구는 송장 신세를 면하지 못하고 있습니다. 한 부모 밑에서 태어났으나 그 현(賢)·불초(不肖)가 각각 다르기 때문입니다. 그러니 고치에서 누에가 나오기도 하고 구더기가 나오기도 하는 것을 어찌 괴이하다 할 수 있겠습니까?"

자류가 성난 얼굴로 다시 물었다.

---

19) 단주(丹朱) : 요(堯)의 아들. 요는 그 아들 단주가 불초하므로 순(舜)에게 왕위를 물려
  주었다 함.
20) 상균(商均) : 순(舜)의 아들. 순은 그 아들 상균이 불초하므로 우(禹)에게 왕위를 물려
  주었다 함.
21) 관숙(管叔) : 주공(周公)의 형. 아우 채숙(蔡叔)과 함께 반란을 일으켰다가 죽임을 당
  하였음.
22) 도척(盜跖) : 유하혜(柳下惠)의 아우. 춘추시대 노(魯)나라의 큰 도적으로 무리 수천(數
  千)을 이끌고 다니며 날마다 죄 없는 사람들을 죽였음.

"그대의 말씀은 참으로 옳은 말이지만 또한 나를 몹시 조롱하는 말이기도 합니다. 그렇지만 나는 내심 의혹을 떨쳐버릴 수 없습니다. 지금 벼를 뿌려 놓을 경우 그 벼가 기장으로 바뀌는 것을 본 적이 없으며, 복숭아나무를 심어 놓을 경우 그 나무가 오얏나무로 바뀌는 것을 본 적이 없습니다. 그것은 또 무엇 때문입니까?"

자봉이 대답하였다.

"그렇지 않습니다. 그 나무는 비록 수종(樹種)만은 다른 나무로 바뀌지 않을 것입니다. 그렇지만 어찌 그 나무의 대쇼(大小)와 비박(肥薄)마저 같을 리가 있겠습니까? 거름을 주고 흙으로 북돋아 준다면 그 나무는 크고 튼튼한 나무로 자랄 것입니다. 돌보지 않고 그대로 내버려둔다면 그 나무는 작고 연약한 나무가 될 것입니다. 지금 그대는 말하는 것을 보아도 사람임에 틀림이 없고 움직이는 것을 보아도 사람임에 틀림이 없습니다. 그렇지만 그대의 행실만은 아우에게 크게 미치지 못하고 있습니다. 그대는 말하자면 거름을 주고 북돋아 주는 노력을 기울이지 않았기 때문에 그런 것입니다."

조(趙)나라 자류(子柳)는 더 이상 응수하지 못하였다.

 子封往趙子柳之家, 適有蠶繭生蛾者.
子柳曰, "同一繭也, 而或生蛾, 或生蛆, 何歟?"

子封答曰, "物化無窮, 而人之稟受亦殊. 以堯舜之父而有朱均之子, 以周公之弟而有管叔之兄, 以柳下惠之兄而有盜跖之弟. 今子之兄弟, 二人矣. 子之弟, 立身揚名, 出入紫闥. 今子, 年五十而無聞, 未免爲溝中之瘠. 同一父母, 而賢不肖各異. 然則蛆蛾之不同, 何足怪乎?"

子柳慍見曰, "子之言, 誠是也, 子之譏我, 亦甚也. 然竊有惑焉. 今有種稻而不爲黍, 種桃而不爲李, 何歟?"

子封曰, "不然. 樹木雖不爲他類, 而亦豈無大小肥薄之不同乎? 糞壤培壅,23) 則大而肥, 棄而不栽, 則小而薄. 今子之言語, 人也, 跪起, 人也. 而其賢行, 與弟不同. 是子無糞壤培壅之功也."

趙子柳無以應.

7. 주사(周舍)와 어떤 사람

 주사(周舍)24)는 직간(直諫)을 잘하는 것으로 명성이 높았다. 어떤 사람이 그를 조롱하였다.

"그대가 직간을 잘한다는 소문이 온 나라 안에 자자합니다. 그 명성은 훌륭하다 하겠으나 그렇다고 그것이 일신에 무슨 보탬이 되겠습니까? 한 나라를 보좌하는 높은 벼슬을 하려고 하는 까닭은 그 자신의 일신을 영화롭게 하고 처자(妻子)를 편안하게 하기 위한 것입니다. 그렇지만 잠자는 용(龍)을 깨우거나25) 용의 역린(逆鱗)을 건드리는 자는 그 몸이 박살나지 않는 경우가 드문 법입니다. 그 자신의 일신도 보호할 수 없는데 하물며 처자를 보호할 수 있겠습니까? 옛날에 관룡봉(關龍逄)26)은 사지(四肢)를 찢는 형벌을 받고 죽었으며, 비간(比干)27)은 심장을 가르는

---

23) 이 구절의 '壅'이 목판본에는 '擁'으로 되어 있음.
24) 주사(周舍) : 전국시대 진(晉)나라 사람. 특히 직간(直諫)을 잘하였다 함.
25) '천금(千金)의 귀한 구슬은 용의 턱 밑에 있는 바, 그것을 얻으려고 하는 자는 결국 잠자고 있는 용을 건드려 화를 피할 수 없게 된다'는 뜻임. 재물을 탐하다가 임금에게 죽임을 당하는 것을 비유함.
26) 관룡봉(關龍逄) : 하(夏)나라의 폭군 걸(桀) 때의 현신(賢臣). 걸의 장야음(長夜飲)을 간하다가 죽임을 당했음.
27) 비간(比干) : 은(殷)나라의 폭군 주(紂) 때의 현신. 비간의 간언을 미워한 주가 '성인(聖人)의 심장에는 일곱 개의 구멍이 있다'고 하는데 그것이 사실인지 확인해 보겠다며 그의 심장을 꺼냈다 함.

형벌을 받고 죽었으며, 장홍(萇弘)[28]은 죽임을 당한 뒤 3년만에 그 피가 푸른 옥으로 변하였습니다. 저들의 이름은 비록 해와 달처럼 빛난다 하겠으나 그렇다고 일신에 무슨 보탬이 되겠습니까?"

주사(周舍)가 대답하였다.

"생강과 계수나무는 다른 땅에 심어도 그 매운 본성이 바뀌지 않으며, 쇠붙이는 뜨거운 불에 넣어도 그 단단한 바탕이 바뀌지 않습니다. 하늘로부터 받은 내 마음속의 양심도 역시 저들처럼 사라진 적이 없었습니다. 그러므로 어버이에게 허물이 있으면 나는 다투기를 마다하지 않고, 임금에게 허물이 있으면 나는 간하기를 마다하지 않습니다. 나는 위엄에 굴복을 하지 않으며, 벼슬의 유혹을 받지 않으며, 재물의 구속을 당하지 않습니다. 차라리 내 집을 망하게 할지언정 차마 나라를 망하게 할 수 없으며, 차라리 내 몸을 망하게 할지언정 차마 백성을 상하게 할 수 없습니다. 내가 평소 마음속에 다짐한 바가 바로 그런 것입니다. 그대의 말씀을 들었다 하여 어떻게 갑자기 나의 절의(節義)를 바꿀 수 있겠습니까?"

원문

周舍有善諫之名.

人有嘲之曰, "子以諫聞於國, 名則大矣, 於身奚益? 所以爲邦國之佐者, 榮其身而庇及妻子也. 觸龍睡, 批龍鱗, 則鮮不爲糜粉. 身且不保, 而況保妻子乎? 昔關龍逢磔死, 比干剖心死, 萇弘死三年, 血化爲碧. 雖名昭日月, 奚益?"

舍答曰, "薑桂不以地而易其性, 金鐵不以火而易其質. 我之稟受於天, 心中錚錚者不泯, 故親有過則必爭, 君有過則必諫. 不爲威武所屈, 不爲官爵所誘, 不爲貨財所惱. 寧喪吾家, 而不忍喪國, 寧喪吾身,

---

28) 장홍(萇弘): 주(周)나라 경왕(敬王) 때의 현신. 그가 죽임을 당한 뒤 그의 피를 3년간 간수하였더니 푸른 옥으로 변했다 함.

而不忍傷民. 此吾素所心蓄者也. 豈可以子之言, 而遽改其節乎?"

8. 우인(優人)과 대부

옮김譯 날씨가 크게 가물어 정월부터 오월까지 한발(旱魃)이 기승을 부렸다. 높은 산에 제사를 지내도 비가 오지 않았고, 도성의 사대문(四大門)에 제사를 지내도 비가 오지 않았다. 강에 호랑이 머리를 던져도 비가 오지 않았고, 용신(龍神)을 그려 놓고 빌어도 비가 오지 않았다. 무당에게 달려가 빌게 하거나, 아이들이 모여서 노래하게 하거나, 항아리에 도마뱀을 띄워 놓게 해도 비는 여전히 오지 않았다.

그러자 경(卿)·대부(大夫)들이 모여 다음과 같이 결의하였다.

"삼가 고례(古禮)를 살펴보니, '흉년이 들어 곡식이 여물지 않으면, 마부는 말에게 곡식을 먹이지 않으며, 사씨(師氏)[29]는 병사를 풀어 넓은 길을 청소하지 않으며, 제사 때에 악기를 연주하지 않는다. 궁중 요리사는 임금의 수라상에서 반찬의 가짓수를 줄이며, 좌우의 신하들은 제 자리를 지키되 일을 새로 벌이지 않는다. 대부는 맛있는 음식을 먹지 않으며, 사(士)는 술을 마시되 흥겹게 놀지 않는다'[30]고 하였다. 이제부터는 마땅히 그렇게 해야 할 것이다."

그로부터 금주법(禁酒法)을 더욱 강력하게 시행하였다. 따라서 술병을 들고 있는 자는 처벌을 받았고 함께 모여 술을 마신 자는 중죄를 받았다. 어떤 우인(優人)[31]이 대부를 찾아가 그 처사를 조롱하였다.

---

29) 사씨(師氏) : 병기(兵器)를 들고 궁문을 지키는 장수.
30) 『예기』 「곡례(曲禮)」편과 『시경』 「대아(大雅)」 「운한(雲漢)」편의 구절.
31) 우인(優人) : 배우, 광대.

"감히 묻겠습니다만 그토록 강력하게 음주(飮酒)를 금지하는 것은 무엇 때문입니까?"

대부가 대답하였다.

"곡식을 낭비하기 때문이며 또한 질탕하게 노는 것이 못마땅하기 때문이니라."

"제가 들으니, '마음이 화평하면 기운이 화평하고, 기운이 화평하면 모습도 화평하다'고 합니다. 사람의 모습이 화평하면 천지도 응당 화평할 것입니다. 무릇 사람의 성(性)은 천지의 성을 물려받은 것이고, 사람의 기(氣)는 천지의 기를 물려받은 것입니다. 그러므로 나의 간장(肝腸)이 타들어 간다면 천지와 초목도 역시 함께 타들어 갈 것입니다. 이치가 본디 그런 것입니다. 이제 사람들이 속으로 만족을 느낄 정도로 술을 마음껏 마시는 것보다 더 좋은 방법은 없을 것입니다. 그러면 천지도 자연히 음양(陰陽)의 조화를 이루어 비를 뿌릴 것입니다."

대부가 물었다.

"그렇다면 마음속으로 가뭄을 근심하지 않아도 좋다는 말인가?"

그 우인이 대답하였다.

"저의 눈으로 보건대 위에서는 진심으로 가뭄을 근심하고 있으나 아래에는 가뭄을 근심하는 사람이 없습니다. 위에서는 수라상의 반찬 수를 줄이고 있으나 아래에는 술과 음식이 넘칠 정도로 풍성합니다. 위에서는 악기를 연주하지 않으나 아래서는 노래하는 소리가 그치지 않습니다. 아래 사람들은 모든 근심과 고통을 위에 전가한 채 멋대로 즐기고 있습니다. 하지만 그렇게 해야 하겠습니까? 그러므로 저는 '술을 마심으로써 비를 부르는 편이 더 낫다'고 주장하는 것입니다."

대부(大夫)는 말문이 막혀 더 이상 응수하지 못하였다.

원문 歲大旱, 自正月至五月, 陽魃爲虐. 祠喬嶽, 不雨. 祭四門, 不雨. 沈虎額於河, 不雨. 畵龍神而祈之, 不雨. 走巫覡, 聚童兒, 泛蜥蜴, 愈不雨.

卿大夫相與謀曰, "謹按古禮, 歲凶, 年穀不登, 則趣馬不秣, 師氏弛其兵, 馳道不除, 祭事不縣, 膳夫徹膳, 左右布而不修, 大夫不食粱, 士飮酒不樂. 今當以是而行之."

於是, 禁釀之典尤急, 提壺者有罰, 聚飮者有罪.

有優人, 詣大夫而嘲之曰, "敢問, 禁酒如此其急, 何也?"

大夫曰, "爲其費穀, 而不欲豫樂之也."

優人曰, "臣聞, '心和則氣和, 氣和則形和.' 形和, 則天地之和, 應矣. 夫人稟天地之性以爲性, 受天地之氣以爲氣. 吾之肝膈焦燥, 則天地草木, 亦與之焦燥, 理之常也. 不如酌醇酎, 滋榮衛, 浹洽於中, 則自然陰陽和, 而雲雨至矣."

大夫曰, "然則無憂旱之心, 可乎?"

優人曰, "以臣觀之, 上有憂旱之心, 而下無憂旱之人. 上徹饌膳, 而下之酒食豐腆. 上弛鍾懸, 而下之歌吹不絶. 是叢憂苦於上, 而恣歡謔於身, 可乎? 吾故曰, '不如以酒而致雨也.'"

大夫語塞, 無以應.

9. 정대부(鄭大夫)와 그의 동료

 정대부(鄭大夫)는 밤나무 천 그루를 심어 큰 소득을 거두고 있었다.

어떤 동료가 그를 조롱하였다.

"그대는 명문 거족 출신으로서 벼슬이 높으며. 녹봉(祿俸)도 풍성하여 집에 많은 재산을 쌓아 놓았습니다. 무엇이 부족하여 다시 하찮은 이익까지 독차지하려 하십니까?"

정대부(鄭大夫)가 대답하였다.

"이익을 추구하는 자가 사람들에게 미움을 받는 것은, 적당한 때 곡물을 내거나 거두면서 원금의 배가 넘는 이식(利息)을 취하기도 하고, 사사로이 목 좋은 곳을 고른 뒤 시장의 물건을 독차지하기도 하고, 가혹한 방법으로 세금을 거둠으로써 백성들의 재산을 축나게 하기 때문입니다. 하지만 나는 그렇게 하지 않습니다. 다른 사람에게 요구하는 것이 없습니다. 저절로 나는 물건을 가지고 남들과 바꾸어 소득을 얻는 것일 따름입니다."

그러자 그 동료가 나무랐다.

"어쩌면 그렇게 악착같이 그대 자신의 허물을 호도하려 하십니까? 천자는 재물의 다소(多少)에 대해 말하지 않는 법이며, 제후는 이해(利害)에 대해 말하지 않는 법이며, 대부는 득실(得失)에 대해 말하지 않는 법입니다. 그러므로 천승(千乘) 제후의 집에서는 닭이나 돼지 따위를 기르지 않으며, 얼음을 상용하는 대부의 집에서는 소나 염소 따위를 기르지 않으며, 국록(國祿)을 먹는 관료의 집에서는 채소나 과수(果樹) 따위를 기르지 않습니다.

옛날에 공의휴(公儀休)[32]는 베 짜던 부인을 쫓아내고 텃밭의 아욱을 모두 뽑아버렸습니다. 백성과 더불어 이익을 다투고 싶지 않았기 때문입니다. 무릇 이익은 모든 사람들이 다 취하고자 하는 것입니다. 만일 누군가 그것을 독차지하려 한다면 털끝 만한 이익을 놓고서도 장차 끝까지 싸우려 할 것입니다. 신하가 이익을 생각하면서 그 임금을 섬기거

---

32) 공의휴(公儀休) : 전국시대 노(魯)나라 목공(穆公) 때의 관리. 특히 청렴하였음.

나, 자식이 이익을 생각하면서 그 아비를 섬긴다면, 윗사람을 죽이거나 재물을 빼앗지 않고서는 결코 만족할 수 없을 것입니다. 『시경(詩經)』에 이르기를, '거센 바람이 부는 길이 있으니 탐욕스런 자가 모두 패망하리라'33)고 하였습니다."

원문

鄭大夫種栗千株, 收利甚鉅.

有僚友嘲之曰, "子以豪宗世族, 官高祿腆, 家貲殷富. 有何不足, 又欲窮其利源?"

大夫曰, "所惡於利者, 隨時出入而倍償息, 私設壟斷而籠市物, 務取徵斂而朘民財. 余則不然. 非有求於人, 自有其物, 而與之相易耳."

僚友曰, "何夫子文過之深也? 天子不言多少, 諸侯不言利害, 大夫不言得喪. 是故, 千乘之家, 不畜雞豚, 伐氷之家, 不畜牛羊, 食祿之家, 不畜菜果. 昔者, 公儀休去織婦, 拔園葵, 所以不與民爭利也. 夫利, 百物之主也. 如或專之, 錐刀之末, 將盡爭之. 爲人臣者, 懷利以事其君, 爲人子者, 懷利以事其父, 不至於簒弑奪攘, 不饜也. 詩曰, '大風有隧, 貪人敗類.'"

10. 동구(東丘)선생과 손님

동구(東丘)선생34)은 성품이 방탕하여 술과 여색(女色)을 매우 좋아하였다. 첩을 몇이나 두고서도 오히려 부족하게 여겨 사방으

---

33) 『시경』「대아」「상유(桑柔)」편의 구절. 그 원문은 '大風有隧 貪人敗類'임. 이 시는 예백(芮伯)이 여왕(厲王)의 폭정을 풍자한 작품임.
34) 동구(東丘)선생 : '동쪽 언덕 마을에 사는 사람'이라는 뜻임.

로 돌아다니며 더 구하려 하였다. 손님이 찾아오면 반드시 술판을 벌여
놓고 취할 때까지 술을 마셨다.

선생이 하루는 어떤 손님과 함께 사람들을 품평하다가 다음과 같이
말하였다.

"내 이웃에 아주 어리석은 사람이 살고 있었습니다. 그대도 혹시 알
고 있습니까?"

손님이 물었다.

"누구 말씀입니까?"

선생이 대답하였다.

"그 사람은 일찍이 땔나무가 없어 근심하던 나머지 문틀과 서까래를
도끼로 찍어내 그 나무로 밥을 지어먹었습니다. 그런데 처마가 없어지
자 기와가 흘러내렸습니다. 이윽고 빗물이 마치 동이로 붓는 것처럼 방
안으로 쏟아져 들어왔습니다. 그 사람은 방안에 앉아 우산을 쓰고 있었
습니다. 하지만 얼마 뒤에는 집이 완전히 무너져 내려 결국 살 곳을 잃
고 말았습니다."

손님이 말하였다.

"내 이웃에도 두 사람이 살고 있었습니다. 그런데 그들은 저 사람보
다 더 어리석은 자였습니다. 한 사람은 여색을 좋아하였습니다. 길에서
아름다운 여인을 만나면 온갖 수를 다 부려 반드시 자기 집으로 데리고
가 실컷 음욕(淫慾)을 채웠습니다. 만일 그 여자에게 싫증이 나면 다시
다른 여자를 찾으려고 두리번거리며 사방으로 돌아다녔습니다. 날마다
그렇게 하더니 얼마 지나지 않아 그는 신장(腎臟)에 병이 들어 죽고 말
았습니다.

다른 한 사람은 술을 좋아하였습니다. 아침 저녁으로 시장 바닥을 돌
아다니며 주막을 찾은 뒤 옷을 맡기고 술을 사서 흠뻑 취할 때까지 술
을 마셨습니다. 만일 그 주막에 술이 떨어지면 다시 다른 주막을 찾으
려고 두리번거리며 사방으로 돌아다녔습니다. 날마다 그렇게 하더니 얼

마 지나지 않아 그는 폐에 병이 들어 죽고 말았습니다.

문틀과 서까래로 밥을 지어먹은 자는 비록 집을 잃기는 하였지만 그래도 몸은 보전할 수 있었습니다. 하지만 술과 여색을 즐기던 자들은 고황(膏肓)에 병이 들어 마침내 죽음에 이르고 말았던 것입니다. 이 두 사람이 저 사람보다 더 어리석은 것이 아니겠습니까?"

동구(東丘)선생이 말하였다.

"그대의 말씀은 실로 내 병에 약석(藥石)이 되었습니다. 약속하건대 이 제부터 마음을 닦음으로써 전철을 밟지 않도록 주의하겠습니다."

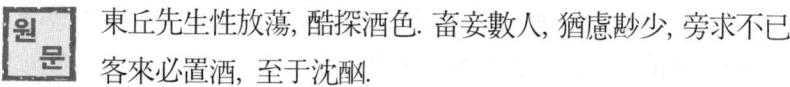 東丘先生性放蕩, 酷探酒色. 畜妾數人, 猶慮尠少, 旁求不已. 客來必置酒, 至于沈酗.

一日, 與客論人, 乃曰, "吾隣有至愚者, 君知之乎?"

客曰, "何也?"

先生曰, "其人甞患無薪, 斫取楣桷而爨之. 簷虛瓦墜, 雨射如注. 常持傘而坐, 未幾, 室皆頹仆, 無所寓也."

客曰, "吾隣有二人, 其愚尤甚. 其一人好色, 路見美色, 必百計邀之於家, 縱淫肆慾. 如或厭焉, 則又顧而求他. 日日如是, 未幾, 病腎而死. 其一人好酒, 朝暮巡遊城市, 往尋酒壚, 典衣沽酒, 劇飮泥醉. 若酒盡, 則又顧而之他. 日日如是, 未幾, 病肺而死. 爨楣桷者, 室雖仆, 而身猶保. 嗜酒色者, 病入膏肓, 而卒就死. 其愚, 豈不甚於彼乎?"

先生曰, "子之言, 實針吾病. 請洗心而改轍."

11. 동문류(東門柳)와 그의 처첩(妻妾)

옮김 譯   동대문(東大門) 밖 버드나무 아래에는 한 집에서 처와 첩을 각
각 하나씩 거느리고 사는 사람이 있었다. 그의 처는 아름다운
여자였고 첩은 추악한 여자였다. 그런데 그 사람은 첩을 사랑하면서 처
를 가까이하지 않았다.

어떤 사람이 부휴자(浮休子)에게 물었다.

"동대문 밖에 사는 사람의 처는 얼굴이 매우 아름답고 성품이 유순하
며 집안을 다스림에 법도가 있습니다. 그런데 그는 그녀를 미워하여 원
수처럼 여기고 있습니다. 그의 첩은 얼굴이 추하고 성품이 고약하며 또
한 살림 또한 잘 할 줄을 모릅니다. 그런데 그는 비할 바 없이 그녀를
사랑하고 있습니다. 대개 사람은 아름다운 자를 좋아하고 추악한 자를
싫어하기 마련입니다. 그런데 그 사람의 성품은 그와 정반대입니다. 그
것은 무엇 때문입니까?"

부휴자가 대답하였다.

"아름다운 자를 좋아하고 추악한 자를 미워하는 것은 정상적인 경우
이고, 아름다운 자를 버리고 추악한 자를 좋아하는 것은 특수한 경우이
다. 그런데 정상적인 경우에도 그 정상적인 상태가 불변하는 것은 아니
며, 특수한 경우에도 그 특수한 상태가 불변하는 것은 아니다. 그 처한
상황이 어떠한가에 따라 사랑이나 증오가 발생하기 때문이다. 아름다운
여자와 추한 여자가 따로 없으니 그저 내 자신의 눈에 들면 아름답게
보일 따름이다. 선한 사람과 악한 사람이 따로 없으니 그저 내 자신의
마음에 들면 선하게 보일 따름이다.

단지 여색의 경우만 그런 것이 아니다. 임금과 신하의 관계도 또한
그와 다름이 없다. 속언(俗諺)에 이르기를, '지란(芝蘭)이 초야로 쫓겨나고
잡초(雜草)가 우대를 받으며, 천리마(千里馬)가 짐을 나르고 노둔한 말은

어가(御駕)를 끈다'고 하였다. 또 '서시(西施)35)가 눈물을 흘리고 모모(嫫
母)36)는 웃음을 지으며, 어진 인물은 물러나 은거하고 아첨하는 자가 벼
슬길로 나아간다'고도 하였다. 만일 사람들이 모두 선악(善惡)을 구분할
줄 앎으로써 거취를 바르게 할 수 있다면 저들은 모두 요(堯)·순(舜) 같
은 훌륭한 사람이 될 수 있을 것이다. 하지만 그렇게 하지 못하기 때문
에 집안이나 나라를 망치는 일들이 꼬리를 물고 일어나는 것이다."

원문

東門柳, 有一妻一妾而處室者. 妻美而妾惡, 愛妾而不顧妻.
人有問於浮休子曰, "東門之妻, 其貌佟美也, 其性婉順也,
其治家有法也, 而反目相讐. 妾則貌醜而性惡, 且未知女功, 而昵愛
無比. 大抵人情, 好善而惡惡, 東門之性反是, 何歟?"

浮休子曰, "好善惡惡, 常也, 捨善趨惡, 變也. 常無可常, 變無恒變,
隨其所遇, 而愛憎生焉. 女無美惡, 悅我目者爲姝. 人無善惡, 適我意
者爲善. 非獨女色爲然, 君臣之分, 亦猶是也. 諺有之, '芝蘭擯野而
闌茸顯也, 麒驥駕鼓而駑駘御. 西施掩泣而嫫母笑也, 賢人退隱而
讒諛進也.' 人皆知善惡而能去就之, 則人皆可爲堯舜. 惟其不如是,
故家國亂亡之相繼也."

12. 상관대부(上官大夫)와 선비

초(楚)나라에 한 선비가 살고 있었다. 그는 아들이 없음을 근심
하다가 당계씨(堂谿氏)37)의 딸이 아름답다는 소문을 듣고 장차

---

35) 서시(西施) : 춘추시대 월(越)나라의 미녀.
36) 모모(嫫母) : 상고시대 황제(黃帝)의 넷째 부인. 얼굴이 아주 못생긴 여자였다 함.

그녀를 맞이하여 부실(副室)로 삼으려 하였다. 그러자 선비의 아내는 지
아비의 사랑을 빼앗길까 염려하여 당계씨에게 욕을 퍼부었다. 당계씨는
그 말을 듣고 혼사를 결정하지 못한 채 머뭇거리고 있었다. 상관대부(上
官大夫)38)가 그 틈을 타 당계씨에게 재물을 건네고 그 딸을 맞이하려 하
였다. 선비는 상관대부가 여자를 빼앗으려는 것에 화가 난 나머지 그를
원망하였다.

상관대부가 그 말을 듣고 대답하였다.

"그대의 말은 도량자(跳梁子)39)가 물고기를 잡으려던 것과 다를 것이
없습니다. 도량자가 강을 건너다가 물고기를 발견하고는 잡아서 반찬을
만들면 좋겠다고 생각하며 주변을 살펴보았습니다. 그러나 낚시를 구할
수 없었으므로 그는 물고기를 잡지 못한 채 물가에서 배회하고 있었습
니다. 그런데 마침 어떤 어부가 낚시를 던져 그 물고기를 낚는 것이었
습니다. 도량자는 '네가 왜 내 물고기를 잡아가느냐?'며 어부를 나무랐
습니다. 그러자 그 어부가 대답하기를, '나는 강물 속의 물고기를 낚았
을 뿐이다. 자네 물고기를 빼앗은 것은 결코 아니다. 자네는 수중에 낚
시를 가지고 있지 않지만 나는 낚시를 가지고 있다. 내가 낚시로 물고
기를 낚는 것이 무슨 잘못인가? 내가 자네 수중에서 물고기를 빼앗기라
도 했다는 말인가?'라고 하였습니다. 이제 보니 이번 일은 바로 저 사건
과 전혀 다를 것이 없습니다."

마침내 당계씨(堂谿氏)의 딸은 상관대부(上官大夫)에게 시집을 갔다.

군자(君子)가 그 이야기를 듣고 말하였다.

"상관대부는 참으로 어질지 못하구나! 대부는 임금의 총애를 받는 신
하로서 집에 아름다운 계집을 수십 명이나 두고 있어 이미 아쉬운 것이

---

37) 당계씨(堂谿氏) : 전국시대 초(楚)나라의 성씨 가운데 하나. 당계라는 지명에서 유래하
    였다 함.
38) 상관대부(上官大夫) : 전국시대 초나라의 관직.
39) 도량자(跳梁子) : '징검다리를 건너는 사람'이라는 뜻임.

없었거늘 다시 선비가 맞이하려 하던 여자를 빼앗아갔다. 저 상관대부
는 선비와 한 조정에서 나란히 벼슬하고 있었으므로 의리로 본다면 그
와 형제나 다름이 없었다. 그럼에도 불구하고 그의 여자를 가로챘다. 그
것을 어찌 옳다 할 수 있겠는가? 상간(桑間) 복상(濮上)40)의 음악은 그래
서 나왔던 것이다. 저 두 사람이 만일 우(虞)·예(芮)41) 두 나라 사람들처
럼 서로 양보하며 예를 지켰더라면 대체(大體)를 무너뜨리는 허물은 범
하지 않았을 것이다. 『시경(詩經)』에 이르기를, '물고기를 먹음에 어찌 반
드시 하수(河水)의 방어(魴魚)라야 하겠는가? 아내를 얻음에 어찌 반드시
제(齊)나라 강씨(姜氏)라야 하겠는가?'42)라 하였다."

원문 楚有士人, 嘗患無子, 聞堂谿氏之女美, 將聘爲貳室. 士人妻
慮其奪寵, 詆訾堂谿氏. 堂谿氏猶豫未決. 上官大夫, 乘間,
納財而聘之. 士人慍其奪也, 而有怨言.

大夫聞之曰, "是猶跳梁子之釣魚也. 跳梁子渡江見魚, 思以爲饌,
顧無鉤, 不得釣, 緣岸彷徨. 有漁人, 投鉤釣得之. 跳梁子曰, '汝何釣
我魚?' 漁人曰, '我釣江中之魚, 非奪汝魚也. 汝無鉤, 而我有鉤, 釣
之何害? 豈奪諸汝之掌中乎?' 以今觀之, 事正與此相類也."

於是, 堂谿氏女遂歸于大夫.

君子曰, "不仁哉! 大夫也. 上官, 王之寵臣也. 家有美姬數十人, 旣
已太康, 而又奪士人已聘之人. 夫同朝比肩, 義若伯仲, 而相竊之, 可
乎? 此桑濮之音, 所以作也. 使二人, 守禮如虞芮之相讓, 則庶無咎於
大體也. 詩曰, '豈其食魚, 必河之魴? 豈其取妻, 必齊之姜?'"

---

40) 상간(桑間) 복상(濮上) : '복수(濮水) 가의 뽕나무 밭'이라는 뜻임. 춘추시대 정(鄭)·위
(衛) 두 나라에서 유행하던 음란한 음악을 말함.
41) 우(虞)·예(芮) : 주(周)나라 초기에 있었던 두 나라. 그 나라 사람들이 땅을 놓고 싸우
다가 문왕(文王)의 덕화를 받은 뒤로는 서로 논밭의 경계를 양보하였다 함.
42) 『시경』 「진풍(陳風)」 「형문(衡門)」편의 구절. 그 원문은 '豈其食魚, 必河之魴? 豈其
取妻, 必齊之姜?'임. 이 시는 은자(隱者)의 숨어사는 즐거움을 노래한 작품임.

13. 전생(田生)과 앉은뱅이

옮김譯 맹상군(孟嘗君)[43]이 빈객(賓客)을 접대하기 좋아하였으므로 사방의 호걸들이 날마다 그의 문하로 모여들었다. 그렇지만 맹상군은 잡인(雜人)들이 꼬이는 것을 싫어하였다. 그러므로 그들 중에서 활을 잘 쏘는 자 200명과 말을 잘 모는 자 200명과 변론을 잘 하는 자 200명과 도적을 잘 분별하는 자 200명과 재물을 잘 관리하는 자 200명 등을 선발하였다. 그러자 쓸 만한 인재가 천여 명에 달하였다. 그런데 전생(田生)[44]은 그만 그 선발에서 탈락하고 말았으므로 길거리에서 아침 저녁으로 슬프게 울부짖었다.

그러자 맹상군의 대문을 지키고 있던 앉은뱅이가 그에게 물었다.

"그대는 무엇 하는 사람입니까? 무슨 억울한 일이 있기에 그렇게 분을 삭이지 못하는 것입니까?"

전생(田生)이 대답하였다.

"나는 문수(汶水)[45] 북쪽에서 온 유생(儒生)입니다. 지금 주군(主君)께서 천여 명의 인재를 골라 쓰면서 나에게는 은택을 베푸시지 않았습니다. 그러므로 슬퍼하는 것입니다."

"그대는 무슨 재주를 가지고 있습니까? 요즈음 세상에 유용한 재주 말입니다."

"나는『춘추좌씨전(春秋左氏傳)』을 열심히 연구하여 중니(仲尼)의 유법(遺法)을 깊이 터득하였습니다. 한두 곳도 소홀하게 보지 않았습니다."

---

43) 맹상군(孟嘗君) : 전문(田文), 맹상군은 그의 봉호임. 전국시대 제(齊)나라의 왕족 전영(田嬰)의 아들로서 설(薛) 땅을 봉토로 받았으며 뒤에 벼슬이 재상에 이르렀음.

44) 전생(田生) : 미상. 추측컨대 제(齊)나라의 국성(國姓)이 전씨(田氏)이므로 그런 인물을 설정한 듯함.

45) 문수(汶水) : 강 이름. 지금의 산동성(山東省) 경내로 흐르며 그 지역이 전국시대에는 제(齊)나라 땅이었음.

"그렇다면 외교 문서에 능할 것 같습니다. 그렇지만 외교 문서에 능한 것은 유용한 재주가 아닙니다."

전생은 집으로 돌아가 태공망(太公望)[46]의 병법(兵法)을 공부하면서 그 책을 백여 번이나 독파하였다. 그는 마침내 맹상군의 문하로 나아가 앉은뱅이에게 자신이 다시 찾아온 이유를 설명하였다.

그러자 앉은뱅이가 말하였다.

"아직은 때가 오지 않았습니다. 무릇 사람들 가운데 갑자기 진출한 자는 갑자기 물러나게 마련이고, 자기 자신을 스스로 천거한 자는 자신의 행위를 후회하게 마련입니다. 어떤 사람이 지우(知遇)를 받거나 받지 못하는 것은 시운(時運)의 소치(所致)일 뿐입니다. 저 화초들은 대개 봄에 꽃이 피지만 국화는 반드시 가을에 꽃이 핍니다. 과수(果樹)는 대개 가을에 열매가 익지만 앵두는 반드시 여름에 열매가 익습니다. 화초나 과수도 오히려 피거나 익는 때가 있습니다. 하물며 사람에게 때가 없을 리 있겠습니까? 그대는 기이한 재주와 불굴의 의지를 가지고 있으니 장차 그 재주를 시험할 날을 만나게 될 것입니다."

그 뒤 제(齊)나라는 한(韓)·위(魏) 두 나라와 공방을 벌이면서 해가 넘도록 치열하게 싸웠다. 그러자 활을 쏘는 자는 힘이 떨어졌고, 말을 모는 자는 손이 부르텄고, 변론을 맡은 자는 말문이 막혔다. 형벌을 담당하는 자는 재능을 발휘할 수 없었고, 재물을 관리하는 자는 양식을 공급할 수 없었다.

그 때 어떤 사람이 맹상군(孟嘗君)에게 전생(田生)을 천거하였다. 맹상군은 전생과 대화를 나눈 뒤 크게 기뻐하면서 그를 상장군(上將軍)에 임명하였다. 전생은 마침내 한(韓)·위(魏) 두 나라를 평정하였다. 그 뒤로 이웃 나라들은 감히 제나라를 침범하지 못하였다.

---

46) 태공망(太公望) : 여상(呂尙), 태공망은 그의 별호임. 주(周)나라 문왕을 보좌한 현신으로서 병서(兵書) 『육도(六韜)』를 저술하였다 함.

孟嘗君好客, 四方之豪俊, 日集其門. 孟嘗君慮其雜也,[47] 揀選得善射者二百人, 善御者二百人, 能辯語者二百人, 能辨盜者二百人, 善化財者二百人, 可用至千人. 而田生獨不與焉, 朝夕哀號於逢巷.

守門謁者問曰, "子何人? 子有何寃, 而懷憤如此?"

田生曰, "余汝北之儒生也. 今君選用千人, 而不及於我, 是以悲也."

謁者曰, "子有何才, 可施於用?"

田生曰, "余明左氏春秋, 深得仲尼之遺法, 而不漏一二."

謁者曰, "此可以善辭命矣. 然善辭命, 非才也."

田生退學太公兵法, 讀之百遍. 遂進門下, 復見謁者, 言其故.

謁者曰, "猶未也. 大抵人有猝進者, 必猝退, 自薦者, 必自悔. 人之遇不遇, 時也. 今夫花敷於春, 而菊藥必華於秋. 菓爛於秋, 而含桃必熟於夏. 草樹猶有發舒之時, 而况人乎? 子抱奇才而不屈, 當有自試之日矣."

其後, 齊與韓魏相功戰, 干戈歲熾. 射者力窮, 御者手倦, 語者口塞, 明刑者不得施其巧, 善財者不得續其食. 人有言田生於孟嘗君者. 孟嘗君與語大悅, 薦爲上將. 遂平韓定魏, 而隣國莫敢敵.

---

47) 이 구절의 '慮'가 목판본에는 '盧'로 되어 있음.

14. 위문후(魏文侯)와 전자방(田子方)

옮김譯 위(魏)나라 임금 문후(文侯)[48]가 전자방(田子方)에게 물었다.
"옛사람이 이르기를, '임금이 어진 이를 구할 때에는 힘이 들지만, 어진 이를 등용한 뒤에는 일신이 편안하다'고 하였습니다. 그것이 무슨 말씀입니까?"

전자방이 대답하였다.

"요(堯)가 순(舜)을 등용할 때 그는 홀아비로 살고 있었으며, 순(舜)이 우(禹)를 등용할 때 그는 물을 다스리고 있었습니다. 탕(湯)이 이윤(伊尹)[49]을 등용할 때 그는 농사를 짓고 있었으며, 고종(高宗)이 부열(傅說)[50]을 등용할 때 그는 성을 쌓고 있었습니다. 그리고 문왕(文王)이 태공망(太公望)을 등용할 때 그는 낚시질을 하고 있었으며, 제환공(齊桓公)이 관중(管仲)[51]을 등용할 때 그는 옥에 갇혀 있었으며, 진목공(秦穆公)이 백리해(百里奚)[52]를 등용할 때 그는 장사를 하고 있었습니다. 저 임금들은 현인을 찾아내기 위해 하루 이틀 애를 썼던 것이 아니며, 현인을 방문하기 위해 한두 시간을 고생했던 것이 아닙니다. 기필코 어진 인재를 얻어 그와 함께 정사를 의논하려고 많은 힘을 기울였던 것입니다. 그것이 이른바 '힘이 든다'는 말의 뜻입니다.

저 임금들은 자신이 부른 인물이 진실로 어진 사람이었을 경우, 빈천하다 하여 소홀하게 대하지 않았으며, 관리로 임용한 다음에는 의심을

---

48) 문후(文侯) : 전국시대 위나라의 임금. 자하(子夏)·단간목(段干木)·전자방(田子方) 같은 현인을 사우(師友)로 삼아 나라를 잘 다스렸음.
49) 이윤(伊尹) : 은(殷)나라 탕(湯) 임금 때의 재상.
50) 부열(傅說) : 은(殷)나라 고종(高宗) 때의 재상.
51) 관중(管仲) : 춘추시대 제(齊)나라 환공(桓公) 때의 재상. 처음에 공자 규(糾)를 섬겼으나 뒤에 환공을 섬겨 패업(霸業)을 이루게 하였음.
52) 백리해(百里奚) : 춘추시대 진(秦)나라 목공(繆公) 때의 재상. 본디 우(虞)나라의 대부였으나 우가 망한 뒤 진나라 목공을 섬겨 패업을 이루게 하였음.

하지 않았으며, 정사를 맡긴 다음에는 의혹에 찬 눈초리로 바라보지 않았습니다. 그러므로 윗사람은 마음을 놓았고 아랫사람은 편안하게 따랐습니다. 사방의 백성들이 생각하는 대로 다스려졌으므로 임금은 머리에 단면(端冕)53)을 쓴 채 전혀 근심할 것이 없었습니다. 그것이 이른바 '일신이 편안하다'는 말의 뜻입니다.

속언(俗諺)에 이르기를, '백 개의 항아리로 물을 길어서 논밭에 붓는다 해도 한 줄기 소나기가 내리는 것만 못하며, 천 개의 부채로 바람을 일으켜 더위를 식힌다 해도 한 줄기 바람이 부는 것만 못하다'고 하였습니다. 무릇 지혜롭고 너그러운 사람의 경우에는 스스로 애를 쓰지 않아도 백성이 저절로 다스려집니다. 그렇지만 가혹하고 좀스러운 임금의 경우에는 스스로 애를 써도 도리어 백성이 다스려지지 않습니다. 그 까닭이 무엇이겠습니까? 주어진 형세에 순응하며 일을 추진하는 경우에는 쉽게 뜻을 이룰 수 있고, 타고난 본성을 어기며 억지로 일을 꾸미는 경우에는 쉽게 뜻을 이룰 수 없기 때문입니다."

문후가 물었다.

"그렇다면 '탕(湯)은 스스로 몸을 단속하면서도 항상 부족한 것처럼 생각하였고,54) 문왕(文王)은 해가 기울 때까지 밥을 먹을 틈이 없었다'55)는 말은 사실이 아닙니까?"

전자방이 대답하였다.

"탕과 문왕은 자신의 덕성을 함양하였던 것이지 뭇 관료들의 직무를 침탈하였던 것이 아닙니다. 자신의 도를 행하였던 것이지 뭇 관료들의 업무를 집행하였던 것이 아닙니다. 만일 죄수가 있다고 친히 재판을 담당하려 한다거나, 곡물이 있다고 친히 출납을 담당하려 한다면, 이는 고기가 눈에 뜨일 때마다 손수 요리를 만들려 하는 것과 같으며, 풀무가

---

53) 단면(端冕) : 검은색 면류관.
54) 『서경』「이훈(伊訓)」편의 구절. 그 원문은 '檢身若不及'임.
55) 『서경』「무일(無逸)」편의 구절. 그 원문은 '至于日中昃 不遑暇食'임.

눈에 뜨일 때마다 손수 그릇을 구우려 하는 것과 같습니다. 그것을 어찌 옳다 할 수 있겠습니까?"

문후가 다시 물었다.

"그 사람이 훌륭한 인재일 경우에는 그를 임명하고 일을 맡겨도 좋을 것입니다. 하지만 그 사람이 훌륭한 인재가 아닐 경우에 그는 정사에 심대한 해악을 끼칠 것입니다. 감히 묻겠습니다만 오늘날의 이른바 '훌륭한 인재'는 어떤 사람입니까?"

전자방이 대답하였다.

"사람을 관찰하는 방법은 그렇게 어려운 것이 아닙니다. 평범하게 지낼 경우에는 그 사람이 친하게 사귀는 자를 살펴보아야 하며, 부유하게 살 경우에는 그 사람이 베푸는 바를 살펴보아야 하며, 벼슬이 높을 경우에는 그 사람이 천거하는 자를 살펴보아야 하며, 궁지에 빠졌을 경우에는 그 사람이 하지 않는 일을 살펴보아야 하며, 가난하게 살 경우에는 그 사람이 취하지 않는 바를 살펴보아야 합니다. 이 다섯 가지를 살펴본다면 족히 훌륭한 인재를 고를 수 있을 것입니다."[56]

문후(文侯)는 마침내 위성자(魏成子)[57]를 재상에 임명한 뒤 그에게 정사를 맡겼다.

원문 魏文侯問於田子方曰, "古人有言, '人君勞於求賢, 逸於任賢.' 何謂也?"

田子方曰, "堯擧舜於鰥夫, 舜擧禹於治水, 湯擧伊尹於躬耕, 高宗擧傳說於板築, 文王擧太公於漁釣, 齊桓擧管仲於囚縲, 秦穆擧百里奚於販鬻. 其求之, 非一日, 訪之, 非一朝. 必得賢才, 與之共之, 此所謂勞也. 其得之也, 苟得賢才, 不以卑賤而忽之, 任之而不疑, 委之而

---

56) 『사기』「위세가(魏世家)」의 구절. 다만 「위세가」에는 이극(李克)이 대답한 것으로 되어 있음.

57) 위성자(魏成子) : 문후(文侯)의 아우로서 어진 사람이었음.

不顧. 上安下順, 四方從欲而治, 端冕於上而無虞, 此所謂逸也. 諺有
之曰, '抱百甕而灌畦, 不如一犂雨也. 颺千翣而祛熱, 不如一陣颷也.'
夫大智閑閑之人, 不勞心而自治也. 苟細叢脞之君, 反勞心而不能底
乎治也. 其所以然者, 何也? 順其勢而成之者, 易也, 矯其性而飾之
者, 難也."

　　文侯曰, "然則湯之檢身若不及, 文王日昃不暇, 非歟?"

　　田子方曰, "湯文, 修己德也, 非侵百執事之職也. 行其道也, 非執
百執事之業也. 如或見囚而必親聽訟, 見財而必親糶糴, 是猶見肉而
必親宰割, 見器而必親陶冶, 可乎?"

　　文侯曰, "如其才, 則雖任之委之, 可也. 如非其才, 其爲害政也, 深
矣. 敢問, 今之所謂賢才者, 何人?"

　　田子方曰, "觀人不難. 居視其所親, 富視其所與, 達視其所擧, 窮
視其所不爲, 貧視其所不取. 此五者, 足以定矣."

　　文侯於是以魏成子爲相, 授之以政.

15. 무령왕(武靈王)과 조성(趙成)

조(趙)나라 임금 무령왕(武靈王)[58]이 몸소 호복(胡服)을 입으려 하
였다.

　　그러자 공자(公子) 조성(趙成)[59]이 간하였다.

　　"무릇 한 나라가 나라다운 소이(所以)는 예(禮)가 있기 때문입니다. 예
에서는 의례(儀禮)보다 중요한 것이 없고, 의례에서는 문채(文彩)보다 중

---

58) 무령왕(武靈王) : 전국시대 조(趙)나라의 임금.
59) 조성(趙成) : 전국시대 조(趙)나라의 왕족. 무령왕의 제부(諸父) 가운데 한 사람이었음.

요한 것이 없습니다. 문채는 소리·광명·물색·수치를 말하는 것입니다. 소리는 그 위엄을 돋보이게 하는 수단이며, 광명은 그 빛깔을 구비하게 하는 수단이며, 물색은 그 형체를 드러나게 하는 수단이며, 수치는 그 등급을 분별하게 하는 수단입니다. 임금은 이 네 가지를 통해 백관(百官) 위에 당당하게 군림합니다. 그 때문에 백관은 임금을 본보기로 삼으며 감히 기강(紀綱)을 어기지 못하는 것입니다.

옛날에 제왕(帝王)이 옷깃을 늘어뜨린 채 편안하게 앉아서 천하를 다스릴 때에는 하늘과 땅으로부터 모든 것을 본받았습니다. 그러므로 곤룡포·면류관·행전·신발이나 비녀·충이(充耳)[60]·굉(紘)[61]·연(綖)[62] 등은 그 방원(方圓)과 곡직(曲直)과 상하(上下)의 형태가 비록 같지는 않았지만 그 제도가 서로 문란하지 않았습니다. 해·달·산·용의 문양이나 수초(水草)·불꽃·도끼·활의 문양 등은 갈포(葛布)나 비단 옷감 위에 수를 놓아 오색(五色) 빛깔을 화려하게 사용하면서도 그 제도가 서로 문란하지 않았습니다.[63]

덕이 가장 융성한 제왕은 반드시 그 물건들을 완벽하게 갖추었으나 다음 사람부터는 두 개씩을 상쇄해 나갔습니다. 그러므로 그 의복에 수놓은 문양의 종류를 천자는 12종으로 하였으며, 공작(公爵)은 9종으로 하였으며, 후작(侯爵)은 7종으로 하였으며, 백작(伯爵)은 5종으로 하였으며, 자작(子爵)과 남작(男爵)은 3종으로 하였으며, 부용국(附庸國)[64]의 임금은 1종으로 하였습니다. 그 신분의 등급과 귀천의 정도를 환하게 알 수 있도록 하기 위한 것이었습니다. 그렇지만 사사로운 자리에 앉을 때조차 항상 예복을 입을 수는 없습니다. 그러므로 평소 거처할 때에는 심의(深衣)를 입었으며, 목욕한 뒤에는 명의(明衣)를 입었습니다. 더울 때에는 베

---

60) 충이(充耳) : 면류관의 좌우에 매다는 구슬.
61) 굉(紘) : 면류관의 끈.
62) 연(綖) : 면류관의 상단을 덮는 물건.
63) 이 부분의 번역에서는 『춘추좌씨전』 환공(桓公) 2년의 전문과 그 주석을 참고하였음.
64) 부용국(附庸國) : 제후의 지배를 받는 작은 나라.

옷을 입었으며, 추울 때에는 갖옷을 입었습니다. 모두 그 몸을 편안하게
하고 활동을 자유롭게 하기 위한 것이었습니다.

지금 대왕께서는 당당한 대국(大國)의 임금으로서 오랑캐가 하는 짓을
본받으려 하고 계십니다. 저 오랑캐는 예의를 모르며 상하의 구분이 없
습니다. 단지 수초(水草)를 뜯고 짐승을 사냥하면서 살아가는 자들일 뿐
입니다. 그러므로 저들은 상투를 틀어 올리고 옷을 간편하게 입는 것입
니다. 그것이 말을 타거나 활을 쏘는데 편리하기 때문입니다. 이제 만약
면류관을 벗어버리고 저들의 풍속을 따라 간다면 단지 백성들의 이목을
놀라게 할 뿐만이 아니라 중화 조종(祖宗)의 유서 깊은 법도를 하루 아침
에 내팽개치는 조처가 될 것입니다. 그것을 어찌 옳다 할 수 있겠습니
까?

저 진(秦)나라는 호랑이처럼 사나운 존재로서 그 국경이 우리나라와
아주 가까운 곳에 있습니다. 저들이 우리를 노려보면서 탐욕스럽게 침
을 흘리며 울부짖은 것이 하루 이틀이 아니었습니다. 그렇지만 감히 움
직일 수 없었던 것은 틈을 찾을 수 없었기 때문입니다. 이제 우리가 스
스로 틈을 만들고 혼란을 자초함으로써 저들로 하여금 욕심을 부리도록
부채질한다면 우리 조(趙)나라가 망하지 않는 것이 오히려 다행일 것입
니다."

무령왕(武靈王)은 그 말을 듣지 않고 끝내 호복을 입었다. 그는 드디어
대(代) 땅으로 출병하여 운중(雲中)과 구원(九原) 지방을 수중에 넣고 오랑
캐 땅을 빼앗은 뒤 다시 중산국(中山國)을 멸망시켰다. 그러자 맏아들 장
(章)이 이태(李兌)·비의(肥義)65) 등과 함께 역모를 꾸며 사구궁(沙丘宮)66)
에서 무령왕을 시해하였다. 마침내 조나라는 큰 혼란에 빠지고 말았다.

---

65) 비의(肥義) : 무령왕 때의 재상. 이태와 함께 난을 일으켰음.
66) 사구궁(沙丘宮) : 궁 이름. 은(殷)나라의 폭군 주(紂)가 주지육림 속에서 장야음(長夜
飮)을 일삼던 곳으로 조나라는 그 곳을 이궁(異宮)으로 삼았음.

원문 趙武靈王欲身胡服.

公子成諫曰, "夫國之所以爲國者, 以其有禮也. 禮莫若儀, 儀莫若文. 文者, 聲明物數之謂也. 聲以示其威, 明以備其彩, 物以著其形, 數以辨其品. 以是四者, 照臨百官, 百官則而象之, 不敢易紀律焉. 古者, 帝王垂衣裳而治天下, 皆取諸乾坤. 袞冕幅舃, 衡紞紘綖, 其方圓曲直上下之制, 雖不同而不相紊也. 日月山龍, 藻火黼黻, 或絺或繪, 彰施五色而不亂也. 德之盛者, 必備其物. 其次降殺以兩, 故天子其章十二, 公九章, 侯七章, 伯五章, 子男附庸三而一焉, 所以昭等級而知貴賤也. 然其燕私也, 不可以此而恒御之. 故居有深衣, 齊有明衣, 凉被絺綌, 寒襲重裘, 所以便其身而適其用也. 大王以堂堂大國, 欲效胡虜之所爲. 夫胡虜, 不知禮義, 無上下之分, 隨水草, 逐鳥獸, 以爲生業. 故其椎髮短衣, 所以便馳射也. 今若去冠毀冕, 往從其俗, 則非徒駭民之視聽, 中華祖宗之典, 一朝而棄之, 無乃不可乎? 夫秦, 虎狼之國, 與我界最邇, 其哮吼饞涎而伺之者, 非一日. 然不敢動者, 以無釁也. 今我作釁而自亂, 以啓彼欲, 臣知趙國之不亡幸矣."

王不聽, 卒胡服, 遂出代而從雲中九原, 略胡地, 還滅中山. 於是, 長子章與李兌肥義等謀逆, 弑王於沙丘宮. 國內大亂.

16. 광평자(匡平子)와 화재(火災)

 광평자(匡平子)[67]의 집에 화재가 일어났다. 그러자 우승(右丞)[68]이 그를 위로하려고 찾아갔다.

어떤 사람이 우승에게 말하였다.

"광평자처럼 어진 사람에게 이런 재앙이 내리다니! 천도(天道)는 참으로 알 수가 없습니다."

우승이 대답하였다.

"그렇지 않습니다. 하늘의 꾸짖음은 마땅한 것이지 재앙이 아닙니다. 이른바 '어진 사람'이란 덕이 있어 능히 가난한 사람들을 도우면서 남에게 은혜를 베푸는 자입니다. 그러므로 사람들은 그에게 원망을 품지 않고 하늘도 재앙을 내리지 않습니다.

지금 광평자는 남에게 거두어들이는 것은 후하게 하면서 남에게 베푸는 것은 야박하게 합니다. 재물이 있어도 나누어줄 줄을 모르며 곡식이 있어도 구휼할 줄을 모릅니다. 그러므로 친척들은 궁핍하게 살면서도 그의 도움을 받을 수 없으며, 동료들은 가깝게 왕래하면서도 그의 음식을 얻어먹을 수 없습니다. 그는 재물을 상자에 넣어두거나 창고에 쌓아둔 채 단지 지키기만 하고 있을 뿐입니다. 비록 재물이 있다고는 하나 사실은 없는 것과 마찬가지인 것입니다.

무릇 먼지가 쌓여 있으면 벼룩이 생기기 마련이며, 육포(肉脯)가 쌓여 있으면 벌레가 생기기 마련입니다. 그리고 사람이 재물이나 곡식을 쌓아 놓으면 화재가 일어나기 마련입니다. 이치가 본디 그런 것입니다. 주(紂)는 녹대(鹿臺)[69]에 재물을 쌓아 놓고 거교(鉅橋)[70]에 곡식을 쌓아 놓았

---

67) 광평자(匡平子) : 미상. 추측컨대 재물을 관리하던 광평성(廣評省)이라는 후대 관직의 명칭에서 광평(匡平)을 음차(音借)한 것인 듯함.

68) 우승(右丞) : 전곡(錢穀)의 출납 등을 담당하던 관원.

69) 녹대(鹿臺) : 창고 이름. 은(殷)나라 주(紂)가 그 곳에 보물을 쌓아두었다 함.

기 때문에 그 나라가 망하고 그 몸이 죽임을 당하였습니다. 광평자는
일신이 죽임을 면한 것 자체가 어쩌면 다행일 것입니다."

원문 匡平子之家失火, 右丞往弔.
　　　有與右丞而言者曰, "以匡平之賢, 而有此災, 天道難料也."
　　右丞曰, "不然. 天之所譴, 宜也, 非災也. 所謂賢者, 有德而能周之,
有澤而能施之. 故人不悱, 而天不災. 今匡平子, 取於人厚, 而用於人
薄, 有財而不知散, 有穀而不知發. 親戚窮乏者, 無所資給. 朋僚往來
者, 無所需瀝. 是筐篋藏也, 府庫畜也, 爲人所守. 雖有之, 而實無有
之也. 夫埃壒聚而蚤生之, 脯臟聚而蟲生之, 人之聚財穀而火生之,
理所宜也. 紂以鹿臺之財, 鉅橋之粟, 亡其國而喪其身. 匡平子之得
免於身, 幸矣."

17. 현성자(玄成子)와 그의 제자

옮김譯 현성자(玄成子)[71]가 마을 동쪽의 시냇가에 앉아 있었다.
　　　어떤 제자가 그에게 물었다.
　　"선생께서는 물에서 무엇을 관찰하고 계십니까? 청컨대 그렇게 골똘
하게 생각하는 까닭에 대해 알고 싶습니다."
　　현성자(玄成子)가 대답하였다.
　　"자네가 물을 바라보는 즐거움을 어떻게 알 수 있겠는가? 천하에 존
재하는 온갖 사물 가운데 물보다 더 깊은 뜻을 지닌 것은 없다. 그러므

---

70) 거교(鉅橋) : 창고 이름. 은나라 주(紂)가 그 곳에 곡식을 쌓아두었다 함.
71) 현성자(玄成子) : '현묘(玄妙)한 도를 깨달은 사람'이라는 뜻임.

로 오직 도(道)를 체득한 사람만이 그 뜻을 알 수 있는 법이다.

수많은 지류를 받아 차곡차곡 쌓아두는 것은 덕(德)과 같으며, 만물에 자양분을 주어 성장하게 하는 것은 인(仁)과 같으며, 거꾸로 올라가지 않고 길을 따라 흘러가는 것은 의(義)와 같다. 천 길 낭떠러지에서 급하게 달려가는 것은 용(勇)과 같으며, 웅덩이를 채운 뒤 물결을 일으키며 나아가는 것은 예(禮)와 같다. 그리고 땅속에서 끊임없이 솟아올라 인간의 삶을 돕는 것은 지(智)와 같으며, 넓은 바다로 들어가 구주(九州)를 감싸는 것은 큰 도(道)와 같다.

평온한 환경을 만날 경우에 파도를 일으키지 않은 채 잔잔하고 고요하게 머무는 것은 치세(治世)와 같은 것이며, 격동하는 환경을 만날 경우에 솟구쳐 오르거나 힘차게 내달려 배를 전복시키는 것은 난세(亂世)와 같은 것이다. 깊은 곳에서 솟아올라 멀리까지 흘러가는 것은 사람의 학술이 넉넉함과 같은 것이며, 얕은 곳에서 솟아나 문득 말라 버리는 것은 사람의 지혜가 부족함과 같은 것이다.

그리고 중니(仲尼)가 물가에서 탄식한 것[72]을 보면 도의 본체가 항상 움직이고 있다는 것을 알 수 있으며, 맹자(孟子)가 물결에 대해 말한 것[73]을 보면 그 물줄기에 근원이 있다는 것을 알 수 있으며, 순자(荀子)가 '임금은 배와 같고 백성은 물과 같다'[74]고 말한 것을 보면 정치의 성패가 쉽게 나타난다는 것을 알 수 있다.

옛사람이 물에서 깨달음을 얻은 것과 내가 바라보면서 즐거워하는 것은 바로 그 때문이다. 자네는 길가에 고인 물이나 졸졸 흐르는 시냇물처럼 지혜가 부족한 사람이다. 어떻게 바다와 같이 광대한 세계를 이해할 수 있겠는가? 독실하게 도를 믿은 뒤에나 저 완전한 세계에 대해

---

72) 『논어』 「자한(子罕)」편 제16장의 구절. 그 원문은 '子在川上曰, 逝者如斯夫! 不舍晝夜'임.
73) 『맹자』 「진심(盡心)」 상편 제24장의 구절. 그 원문은 '觀水有術 必觀其瀾'임.
74) 『순자』 「왕제(王制)」편의 구절. 그 원문은 '君者舟也 庶人者水也'임.

함께 이야기할 수 있을 것이다."

玄成子坐東澗上.
有弟子問曰, "夫子何觀於水? 請問注意之故."

玄成子曰, "子安知水之樂乎? 天下之物, 莫大於水. 惟有道者, 可以知之. 納衆流而容蓄之, 似德. 潤萬物而生成之, 似仁. 順循道而不逆, 似義. 瀉千仞而馳急, 似勇. 盈科坎成章而進, 似禮. 出無窮而供人之用, 似智. 作瀛海而包九丘,75) 似道之大. 安則平澹安帖, 涯涘不動, 如時之治也. 不安則奔騰動盪, 摧敗舟楫, 如時之亂也. 源深而流長, 如人之學術厚也. 源淺而輒竭, 如人之謀猷狹也. 觀仲尼川上之歎, 則知道體之不息. 觀孟子觀瀾之說, 則知其源之有本. 觀君舟民水之言, 則知成敗之易現. 此古之人所以取譬, 而吾所樂於水也. 子以湫泬線流, 安知滄海之廣? 信道篤然後, 可與語大全之域矣."

18. 동곽(東郭)선생의 무능

동곽(東郭)선생76)은 청렴한 것으로 조정에 이름이 높았다. 그 때문에 조정에서는 그에게 중모군(中牟郡)77)을 다스리게 하였다.

동곽선생은 그 고을에 머물던 3년 동안 집에서 사사로운 일로 손님을 접견하지 않았으며 뇌물도 주고받은 적이 없었다. 그의 아내는 쌀겨로

---

75) 이 구절의 '九丘'가 목판본에는 '九九'로 되어 있음.
76) 동곽(東郭)선생 : '동쪽 성곽 아래 사는 사람'이라는 뜻임.
77) 중모군(中牟郡) : 땅 이름. 지금의 하남성 탕음현(湯陰縣) 지역으로 춘추시대에는 진(晉)나라 땅이었음.

겨우 끼니를 때웠다. 그러나 고을의 아전들은 고기로 배를 채웠다. 그의 심복들은 문밖으로 나돌아다니지 않았다. 그러나 거리는 부역(賦役)하는 사람들로 항상 소란스러웠다. 곡식 창고는 나날이 비어 갔으며 관청 건물도 나날이 무너져 내렸다. 그 고을을 찾아갔던 빈객들은 제대로 대접을 받지 못해 모두 섭섭한 마음을 품은 채 돌아갔다.

어떤 사람이 부휴자(浮休子)에게 물었다.

"동곽(東郭)선생은 비할 데 없이 어진 사람입니다. 그런데 고을의 정사는 나날이 침체를 거듭하고 있습니다. 그것은 무엇 때문입니까?"

부휴자가 대답하였다.

"그것은 청렴한 것이 아니라 무능한 것입니다. 이른바 청렴한 사람은 경(敬)으로써 마음을 닦으며, 예(禮)로써 몸을 단장하며, 간략하게 함으로써 번거로움을 제거하며, 간편하게 함으로써 백성을 심복하게 합니다. 사람들에게 이익이 돌아가게 하되 자신은 이익을 챙기지 않으며, 사람들에게 은택이 돌아가게 하되 자신은 재물을 낭비하지 않습니다. 지금 동곽선생은 안으로 가정에 해를 끼치고 밖으로 백성에게 해를 끼치고 있습니다. 이는 청렴한 것이 아니라 무능한 것입니다. 어찌 무능한 사람과 함께 백성을 다스릴 수 있겠습니까?"

원문 東郭先生, 以廉介聞朝廷, 使任中牟郡. 先生在郡三年, 門不受私謁, 而苞苴不行. 然室人食糠粃, 而里胥厭芻豢. 婢僕不踰閾, 而差科擾閭巷. 囷庾日虛, 館宇日弊. 客至, 餼供不饒, 皆怏恨而去.

人有問於浮休子曰, "東郭之賢無比, 而郡政日卑, 何歟?"

曰, "此非廉也, 乃拙也. 所謂廉者, 敬以持心, 禮以飾躬, 簡以御煩, 約以服衆. 使人蒙其利, 而己不與焉, 飮其澤, 而己不費焉耳. 今東郭, 內害家而外害人. 此非廉也, 乃拙也. 拙者, 其可與之共理民乎?"

19. 강상노인(江上老人)의 어리석음

옮김譯 강상노인(江上老人)[78]은 집안이 부유하여 많은 재물을 소유하고 있었다. 그렇지만 쥐 때문에 잠시도 마음을 놓을 수 없었다. 담장을 뚫고 벽을 무너뜨리기 때문에 방에 온전한 곳이 없었으며, 상자를 물어뜯고 궤를 쏠아대기 때문에 옷가지도 성한 것이 없었다. 아침 저녁 마루로 섬돌로 어슬렁거리며 돌아다니는 놈들은 모두 쥐뿐이었다.

노인은 쥐의 피해로부터 벗어나기 위해 동쪽 이웃을 찾아가 돈을 주고 고양이를 사들였다. 그리고 정성껏 기르면서 그 잠자리에는 두꺼운 요를 깔아 주었다. 매양 시냇가로 나가 물고기를 잡아서 먹이기까지 하였다. 마침내 고양이는 담장을 타거나 창고를 뒤지면서 쥐를 잡아먹기 시작하였다. 매일 그렇게 하자 이윽고 쥐는 자취를 감추었다. 그런데 그로부터 고양이는 점점 버릇이 없어졌다. 밥상에 차려 놓은 반찬이나 시렁에 걸어 놓은 고기는 모두 고양이에게 도둑을 맞았으며, 횃대에 앉은 닭이나 우리 속의 오리 새끼도 또한 고양이에게 물려 목숨을 부지할 수 없었다.

노인은 그 피해 때문에 역시 진저리가 났다. 그러므로 서쪽 마을을 찾아가 돈을 주고 명견(名犬) 한로(韓盧)[79]를 사들였다. 그리고 정성껏 기르면서 붉은 색 노리개와 크고 작은 방울로 그 몸을 치장해 주었다. 하얀 쌀밥을 먹이면서 고기 뼈다귀를 던져주기도 하였다. 마침내 한로는 고양이들을 쫓아다니면서 남김없이 모두 물어 죽였다. 또한 대문을 지키면서 낮에는 사람들이 다가서지 못하게 하였고 밤에는 도적이 들어오지 못하게 하였다. 그런데 그로부터 한로는 사납게 으르렁거리면서 점점 미친 짓을 하기 시작하였다. 하루는 한로가 그 아들의 다리를 물어

---

78) 강상노인(江上老人) : '강변에 사는 늙은이'라는 뜻임.
79) 한로(韓盧) : 명견(名犬)의 이름. 전국시대 한(韓)나라 땅에서 났다 함.

뜯었다. 노인이 쫓아가 야단을 치자 이번에는 또 그의 얼굴을 물어뜯었다. 얼마 뒤 노인 부자는 상처의 독이 퍼져 함께 목숨을 잃고 말았다.

부휴자(浮休子)가 말하였다.

"아아! 강상노인(江上老人)은 참으로 어리석은 사람이다. 쥐의 피해로부터 벗어나려 하다가 더 큰 해를 당하였다. 위로는 자신의 목숨을 보전하지 못하였고 아래로는 자식의 목숨을 보전하지 못하였다. 슬프게도 끝내 그 집안을 망쳤던 것이다.

진(秦)나라 시황(始皇)은 여섯 나라를 멸망시킨 뒤 그 재물을 모두 손에 넣다. 그러므로 그 부유함은 극에 달하였다. 많은 빈객들을 모아 총애를 베풀면서 더러는 상경(上卿)에 봉하기까지 하였다. 시황은 마침내 빈객들이 이런저런 논설을 주장하자 누구의 말을 따라야 할지 몰라 걱정에 휩싸였다. 또한 빈객들이 국록(國祿)을 지나치게 낭비한다고 생각한 나머지 이사(李斯)[80]의 말을 듣고 그들을 모두 추방하였다. 이윽고 이사는 힘써 시황(始皇)에게 권하여 정사를 가혹하게 시행토록 하였다. 당시 이사의 위세도 극에 달하였다. 그런데 시황은 점점 이사의 위세가 싫어지기 시작하자 조고(趙高)[81]의 말을 듣고 끝내 그를 죽여 버렸다. 이사가 죽은 뒤 조고는 더욱 위세를 부렸다. 그는 태자 부소(扶蘇)[82]를 살해하였으며 또한 이세(二世) 황제[83]마저 시해하였다. 진나라 왕실은 끝내 모두 죽임을 당했던 것이다. 그로써 보건대 지금 저 노인도 역시 진나라를 망하게 한 자와 같은 부류였던 셈이다."

---

80) 이사(李斯) : 진(秦)나라 시황(始皇) 때의 승상. 시황을 도와 천하를 통일하고 군현제(郡縣制)를 창립하는 등의 공을 세웠으나 조고(趙高)의 무고로 이세(二世) 황제에게 죽임을 당하였음. (위 글에서 그가 시황에게 죽임을 당했다고 한 것은 사실과 다름.)
81) 조고(趙高) : 진(秦)나라 때의 환관. 승상에 올라 이사(李斯)를 모함하여 죽인 뒤 권력을 전횡하였음.
82) 부소(扶蘇) : 진시황의 맏아들. 시황이 죽은 뒤 조고 등이 위조한 조서(詔書)에 의해 죽임을 당하였음.
83) 이세(二世) 황제 : 진시황의 뒤를 이은 임금. 시황의 둘째 아들 호해(胡亥)를 말함.

원문 江上老人, 家富饒財, 常患鼠耗, 穴墻破壁, 室無全處, 嚙筐
穿櫝, 衣無完幅. 朝夕綏綏循堂陛行者, 無非鼠也. 老人思去
其害, 購得狸奴於東隣, 愛而畜之, 褸以重茵, 每捕溪魚而飼之. 於是,
探塘搜庫, 攫而食之, 無虛日, 鼠已告罄. 然自是, 狸奴日漸肆氣. 盤
肴皮肉, 盡被偸竊. 塒雞籠鴨之孶牝者, 亦被屠噬, 不得遂其生.

老人亦惡其害, 購得韓盧於西里, 愛而畜之, 飾以朱幘, 懸以重環,
飼以白飯, 投以肉骨. 於是, 盡驅狸奴之種, 咋而殺之. 應門, 則人不
敢近, 妨夜, 則盜不敢入. 然自是, 狺狺哮猛, 漸成狂瘐. 一日, 咬傷其
子之足. 老人往叱之, 盧又仰咬其面. 未幾, 父子俱被毒而死.

浮休子曰, "噫! 老人之愚也. 思去其害, 而害愈大, 上不能保其身,
下不能保其子, 竟喪厥家. 悲夫! 秦滅六國, 盡有其貲, 其富極矣. 聚
諸客而寵之, 或爵以上卿. 於是, 患其說之縱橫, 莫知所從. 又惡縻費
官祿, 聽李斯之言而盡逐之. 於是, 勸秦王, 務行苛政, 斯之威極矣.
王漸惡其勢, 聽趙高之言而殺之. 斯已死, 而高益熾, 殺扶蘇, 又弑二
世皇帝, 秦遂殲滅. 由是觀之, 今之老人, 亦亡秦之類也."

20. 미읍(美邑)과 악읍(惡邑)

옮김譯 선비 두 사람이 남방 고을의 태수로 나가려 하였다. 한 고을은
좋은 곳이었고 한 고을은 나쁜 곳이었다. 좋은 고을을 얻은 자
는 자신을 축하하려고 찾아오는 사람들로 문 앞이 북적거렸으므로 기쁜
빛을 감추지 못하였다. 나쁜 고을을 얻은 자는 자신을 찾아오는 사람이
없었으므로 시종 화가 난 표정을 짓고 있었다.

어떤 노인이 선비 두 사람을 조롱하였다.

"좋다는 고을의 경우 나는 사람들이 그 곳을 좋다고 하는 까닭을 모르겠고, 나쁘다는 고을의 경우 나는 사람들이 그 곳을 나쁘다고 하는 까닭을 모르겠다. 과일은 좋고 나쁜 것이 없으니 잘 익기만 하면 굳이 버릴 것이 없다. 벼슬자리도 좋고 나쁜 것이 없으니 분수를 지키기만 하면 다 지낼 만한 것이다. 옛사람은 높은 자리를 사양한 채 낮은 자리에 머물렀으며, 부유한 생활을 마다한 채 가난한 생활을 고수하였다. 그러므로 중니(仲尼)는 가축을 돌보거나 창고를 지키는 천한 벼슬자리를 지켰으며, 손숙오(孫叔敖)[84]는 스스로 침구(寢丘) 땅을 받기 원하였으며, 장량(張良)[85]은 유(留) 땅에 봉함을 받기 원하였다. 지금 그대들이 이른바 '좋다'고 하는 것은 무엇이 좋다는 것이며, 이른바 '나쁘다'고 하는 것은 무엇이 나쁘다는 것인가?"

좋은 고을을 얻은 선비가 대답하였다.

"그 지역은 바다와 가까우므로 소금과 물고기가 풍부하며, 산과 가까우므로 재목이 넉넉하며, 사람들이 많고 백성과 아전들이 호탕하므로 필요한 물자를 쉽게 얻을 수 있습니다."

나쁜 고을을 얻은 선비가 대답하였다.

"그 지역은 바다와 멀리 떨어져 있으므로 소금과 물고기를 얻을 수 없으며, 산과 떨어져 있으므로 재목을 얻을 수 없습니다. 논밭이 비록 있다고는 하나 모두 지대가 높고 지력(地力)이 떨어지는 곳이며, 사람들이 농사일에만 힘을 기울이므로 호화로운 분위기를 찾아볼 수 없습니다."

노인이 말하였다.

"그렇지 않다. 소금과 물고기 그리고 재목이 많으면 장사꾼들이 모여

---

84) 손숙오(孫叔敖) : 춘추시대 초(楚)나라 장왕(莊王) 때의 재상. 그 아들에게 일러 나라에서 땅을 줄 때 좋은 땅을 원하지 말고 침구(寢丘) 같은 나쁜 땅을 원하게 하였음.
85) 장량(張良) : 한(漢)나라 고조(高祖) 때의 책사. 고조가 공신(功臣)을 책봉할 때 그는 좋은 땅을 사양하면서 유(留) 땅에 피봉되기를 자청하였음. 그렇게 하여 유후(留侯)가 된 뒤로 신선술(神仙術)을 즐기며 편안하게 살다가 여생을 마쳤음.

들어 이익을 쫓는 자들이 늘어날 것이다. 백성과 아전들이 호탕하면 사람들이 모두 교만하여 분수에 넘는 희망을 품기 때문에 예악(禮樂)의 정치를 구현할 수 없을 것이다. 반면에 산과 바다에서 물자가 나지 않으면 사람들이 모두 농사에 힘을 기울일 것이며, 농사에 힘을 기울이면 근면하고 검소하게 생활할 것이며, 근면하고 검소하게 생활하면 자연히 교만한 마음을 품지 않을 것이다. 내가 인정(仁政)을 베풀어 저 공손한 백성을 다스린다면 고을을 다스리는데 무슨 어려움이 있겠는가?"

시간이 조금 흐른 뒤 좋은 고을을 다스리던 선비는 부정한 방법으로 재물을 모으다가 벌을 받았다. 나쁜 고을을 다스리던 선비는 마침내 높은 치적(治積)을 이루어 이름을 떨쳤다.

원문 有二士, 出守南裔. 其一邑美, 其一邑惡. 得美者, 賀客盈門, 而喜形于色. 得惡者, 人無來訪, 而慍見不已.

有老叟嘲之曰, "美者, 吾不知其爲美也, 惡者, 吾不知其爲惡也. 菓無美惡, 爛熟, 無可棄之實. 官無美惡, 安分, 皆可居之地. 古之人, 辭尊居卑, 辭富居貧. 仲尼爲乘田委吏, 孫叔敖之請寢丘, 張良之願封留, 是也. 今子之所謂美者, 何美? 所謂惡者, 何惡?"

美邑之士曰, "地近海, 鹽魚富也, 近山, 材木饒也. 人物夥, 民吏豪, 而所需易足也."

惡邑之士曰, "海遠, 無鹽魚之利, 山遠, 無材木之利. 雖有土田, 田皆墝弱, 人務稼穡, 無所芬華."

老叟曰, "不然. 鹽魚材木多, 則商賈集, 而趨末者衆. 民吏豪, 則人皆驕傲而覬非分, 不能成弦歌之治. 無山海之利, 則人皆力本. 力本, 則儉勤. 儉勤, 則自無驕傲之心. 施吾仁而蒞不驕之民, 有何難治?"

未幾, 美邑之士, 以簠簋不飾, 得罪. 惡邑之士, 竟以最著.

1. 노(魯)나라 은공(隱公)과 장애백(臧哀伯)

옮김譯 노(魯)나라 은공(隱公) 8년에 정(鄭)나라 임금 장공(莊公)은 그 대
부 완(宛)으로 하여금 노나라를 방문하게 하였다.[1] '태산(泰山)에
올리던 제사를 그만 중단하고 대신 주공(周公)에게 제사를 올리려 하니
태산에 속한 팽(祊)[2] 땅과 허전(許田)[3]을 서로 교환하자'고 요청하려는
것이었다. 은공(隱公)은 그 요청을 받아들였다.

그러자 장애백(臧哀伯)[4]이 간하였다.

---

1) 이 단락의 근거는 『춘추좌씨전』 은공(隱公) 8년의 기사에서 찾아볼 수 있음.
2) 팽(祊) : 땅 이름. 정(鄭)나라가 태산(泰山)에 제사를 지낼 때 일시적으로 머물던 곳이
   었음.
3) 허전(許田) : 허(許) 지역의 땅. 당시 노나라의 소유로서 그 곳에 주공(周公)의 별묘(別
   廟)가 있었음.
4) 장애백(臧哀伯) : 춘추시대 노나라의 대부.

"천자가 제후의 나라로 돌아다니는 것을 순수(巡狩)라 합니다. 순수라
는 말은 제후들이 지키고 있는 땅의 경내(境內)를 천자가 순행한다는 뜻
입니다. 제후가 천자의 나라로 조회하러 가는 것을 술직(述職)이라 합니
다. 술직이라는 말은 제후가 자신이 맡고 있는 일을 진술한다는 뜻입니
다. 하(夏)나라 속언에 이르기를, '우리 임금께서 유람하시지 않으면 우
리가 어찌 쉴 수 있으며, 우리 임금께서 즐기시지 않으면 우리가 어찌
도움을 받을 수 있겠는가?'⁵⁾라고 하였습니다. 한 번 유람하거나 한 번
즐기는 것이 모두 제후들의 법도가 되었던 것입니다. 봄에 경작하는 것
을 살펴보면서 그 부족한 점을 도와주었고, 가을에 수확하는 것을 살펴
보면서 그 부족한 점을 도와주었습니다. 그 모든 행위는 의리를 행하고
백성을 돕기 위한 것이었습니다.

그 해⁶⁾ 2월 동쪽 지방으로 순행하면서 대종(岱宗)⁷⁾으로 가 나뭇가지
로 희생(犧牲)과 옥백(玉帛)을 태워 하늘에 제사를 올렸으며, 명산(名山)과
대천(大川)을 바라보며 그 신에게 제사를 올렸으며, 구릉(丘陵)과 분연(墳
衍)⁸⁾의 여러 신에게도 두루 제사를 올렸습니다. 한편 제후들은 각각 사
방의 지역 단위로 모인 뒤 함께 올라가 천자를 알현하면서 다섯 종류의
옥과 세 종류의 비단과 두 종류의 산 짐승과 한 종류의 죽은 짐승을 폐
백으로 바쳤습니다. 그 때문에 제후의 나라에서는 4계절과 12달과 365
일을 바르게 정할 수 있었으며, 12율(律)과 도량형(度量衡)을 동일하게 사
용할 수 있었으며, 상하의 구분을 엄격하게 하여 명분을 바로 세울 수
있었습니다.⁹⁾

제후가 천자의 제사를 돕고 귀신을 공경하는 것은 예법(禮法) 중에서

---

5) 『맹자』「양혜왕(梁惠王)」하편의 구절. 그 원문은 '吾王不遊, 吾何以休. 吾王不豫,
  吾何以助'임.
6) 그 해 : 천자가 매 5년마다 한 번씩 제후들을 순수하는 해.
7) 대종(岱宗) : 태산(泰山)의 별칭.
8) 분연(墳衍) : 물가와 평지.
9) 이 부분의 번역에서는 『서경』「순전(舜典)」의 주석을 참고하였음.

도 중요한 것입니다. 그러므로 요(堯)·순(舜)과 하(夏)·은(殷)으로부터 우리 주(周)나라에 이르기까지 일찍이 그 예법이 철폐된 적이 없었습니다. 이른바 대종(岱宗)은 바로 오늘날의 태산(泰山)으로서 주(周)나라의 오악(五嶽)[10] 가운데 동악(東嶽)에 해당하는 산입니다. 그리고 팽(祊)은 태산 곁에 있는 땅으로서 천자가 태산에 제사를 올릴 때 돕도록 하기 위해 정(鄭)나라에게 하사하였던 고을입니다. 근래에는 주나라 왕실에 힘이 없고 제후들이 자주 다투기 때문에 천자가 태산으로 순행을 떠나지 못하고 있습니다. 그렇지만 사전(祀典)[11]에 올라 있으므로 나라 안에 그 제사에 대해 모르는 사람이 아무도 없습니다. 두 나라가 어떻게 각각 자기 나라에 가까운 지역을 차지하기 위해 사사로이 두 땅을 교환하려 한다는 말입니까?

또한 귀신은 다른 종족이 지내는 제사를 흠향하지 않는 법이고, 사람도 다른 종족에게는 제사를 지내지 않는 법입니다. 주공(周公)은 주나라 무왕(武王)의 아우였고, 정나라 환공(桓公)은 주나라 선왕(宣王)의 아우였습니다. 환공이 비록 성(姓)이 희씨(姬氏)이라고는 하지만 노나라 종족과는 거리가 먼 사람이었던 것입니다. 결코 가까운 집안이라고는 말할 수 없습니다. 허전(許田)은 주공의 별묘(別廟)가 있는 곳입니다. 그러므로 일년 사계절의 제사 때마다 술을 정결하게 담고 제수(祭需)를 깨끗하게 장만하여 정성스럽게 제를 올렸습니다. 유구한 역사를 지닌 그 제사를 하루 아침에 모두 남에게 넘겨줄 경우 만약 주공의 혼령이 있다 한다면 어찌 그 제사를 흠향하기 위해 찾아갈 리가 있겠습니까? 어찌 예법에 합당한 일이라 할 수 있겠습니까?"

은공(隱公)이 대답하였다.

---

10) 오악(五嶽) : 다섯 개의 명산(名山). 주(周)나라 때의 오악은 동방의 대종(岱宗)과 남방의 형산(衡山)과 서방의 화산(華山)과 북방의 항산(恒山)과 중앙의 숭고산(嵩高山)의 다섯 산이었음.
11) 사전(祀典) : 제사에 관한 제반 규정을 기록해 놓은 법전.

"이미 허락하였으니 다시 변경할 수 없습니다."

장애백(臧哀伯)은 밖으로 나가 사람들에게 말하였다.

"내가 보건대 우리 임금과 정나라 임금은 모두 명대로 살 수 없을 것입니다. 혹시 그 몸이 화를 면하는 경우에는 반드시 그 자손들이 난을 일으켜 나라를 망칠 것입니다. 무릇 예(禮)는 나라의 근본이고 경(敬)은 몸의 중심입니다. 그런데 두 나라 임금은 법을 가볍게 여기고 예를 지키지 않으며 제사를 소홀하게 생각하고 경을 실천하지 않습니다. 예와 경을 지키지 않으면서 어떻게 길이 나라를 보전할 수 있겠습니까?"

은공(隱公)은 재위 11년만에 종무(鍾巫)의 화(禍)[12]를 당하였다. 그리고 환공(桓公) 10년에 정(鄭)나라 장공(莊公)이 죽자[13] 여러 공자들이 다투어 왕위에 오르려 하였다. 정나라는 마침내 큰 혼란에 빠지고 말았다.

 魯隱公八年, 鄭伯使其大夫宛來聘, 請釋泰山之祀而祀周公, 以泰山之祊易許田. 公許之.

臧哀伯諫曰,[14] "天子巡於諸侯曰巡狩, 巡狩者, 巡所狩也. 諸侯朝於天子曰述職, 述職者, 述所職也. 夏諺曰, '吾王不遊, 吾何以休? 吾王不豫, 吾何以助?' 一遊一豫, 爲諸侯度. 春省耕而補不足, 秋省斂而助不給, 無非所以展義而厚民生也. 歲二月, 東巡狩, 至于岱宗, 燔柴祀天, 望秩山川, 偏于群神. 諸侯各以其方來至, 覲有五玉三帛, 贄有二生一死. 由是, 協時月正日, 同律度量衡, 嚴上下而定名分. 助祭祀而敬鬼神, 禮之大者也. 自虞夏殷, 至于我周, 其禮不替. 所謂岱宗, 卽今之泰山, 於周爲東嶽, 祊在其旁, 爲鄭從祀之邑. 近因王室不競,

---

12) 종무(鍾巫)의 화(禍) : 은공이 공자 우보(羽父)에게 시해 당한 사실을 말함. 종무(鍾巫)는 귀신의 이름임. 은공이 그 신에게 제사를 올리기 위해 사당에서 재계하던 중 죽임을 당하였으므로 그렇게 부름.

13) 『춘추좌씨전』에 의하면 정나라 장공이 죽은 것은 환공 11년의 일이었음.

14) 이 구절의 '臧'이 목판본에는 '藏'으로 되어 있음. (『춘추좌씨전』 환공(桓公) 2년의 기사에 의거하여 바로잡았음.)

而諸侯多難, 天子未得來巡. 然載在祀典, 方域無不知之, 豈可以各
從所近而私相易之乎? 且神不歆非類, 民不祀非族. 周公, 武王之弟,
鄭桓公, 宣王之弟. 雖同爲姬姓, 而於魯族遠, 其不相屬, 明矣. 許田
則周公別廟存焉. 歲時若禱, 蠲其酒醴, 潔其蘋蘩, 以薦芬芬, 其來已
久. 一朝, 盡以其祀與諸他人, 借使周公有靈, 其能往歆其祀乎? 豈禮
之合宜?"

公曰, "業已許之, 難以變矣."

哀伯出謂人曰, "以臣觀之, 君與鄭伯, 俱不得其死矣. 若免於身,
則其子孫必亂, 國幾亡矣. 夫禮, 國之興也, 敬, 身之衷也. 瀆典而廢
禮, 慢祀而虧敬, 失禮與敬, 其何能久?"

十一年, 公有鍾巫之禍. 桓公十年, 鄭伯卒, 諸公子爭立, 鄭國大亂.

2. 송(宋)나라 상공(殤公)과 공보가(孔父嘉)

옮김譯 송(宋)나라 임금 상공(殤公)은 즉위한 지 10년만에 11번의 전쟁
을 일으켰다.15) 그러므로 백성들은 그 명령을 더 이상 감내할
수 없었다.

사마(司馬)16) 공보가(孔父嘉)17)가 간하였다.

"옛날에 선왕(先王)께서는 일의 경중을 헤아려 죄인을 처단하면서 전쟁
에는 힘을 기울이지 않았습니다. 육부(六府)18)의 재물로 백성들을 길러 그

---

15) 이 단락의 근거는 『춘추좌씨전』 환공(桓公) 2년의 기사에서 찾아볼 수 있음.
16) 사마(司馬) : 군사에 관한 일을 담당하던 관직.
17) 공보가(孔父嘉) : 춘추시대 송(宋)나라 상공(殤公) 때의 충신. 공자(孔子)의 육대조(六
代祖). 그가 죽은 뒤 그 자식들이 노나라로 달아났다가 후대에 공자를 낳았음.
18) 육부(六府) : 고대 천자의 나라에 두었던 여섯 종류의 창고 곧 사토(司土)・사목(司

들로 하여금 편안하게 살면서 번성하게 하였으며, 가족이 서로 이산하거나 전쟁에 나가는 고통을 겪지 않게 하였습니다. 혹시 어떤 나라가 자신의 강성함을 믿고 악행을 일삼으면서 우리 강토를 침범하는 경우에만 선왕께서도 어쩔 수 없이 그들과 맞서 국난(國難)을 해결하였을 뿐입니다.

지난 10년 동안 임금께서 국정(國政)이라는 명목으로 논의하신 것은 단지 무기에 관한 것이 아니면 전쟁에 관한 것에 지나지 않았습니다. 창칼과 수레는 길에서 꼬리를 문 채 달리고 있으며, 사람들은 잠시도 쉬지 못한 채 불안에 떨고 있습니다. 임금께서 안으로는 공경(公卿) 가문의 도움을 받지 못하고 밖으로는 제후들의 견제와 보복을 받으면서 백성을 해치는 것으로 기쁨을 삼으며 두 눈을 부릅뜬 채 나쁜 짓을 일삼고 있습니다. 그런데 길에 떠도는 이야기를 들어보면 모두 제가 잘못한 탓이라 말하고 있습니다. 저 하늘의 해를 두고 맹세하거니와 장차 틀림없이 화란(禍亂)이 일어날 것입니다.

옛날에 태강(太康)[19]이 지나치게 놀이에 몰두하자 유궁(有窮)[20]의 임금 예(羿)가 백성들의 불평하는 여론을 타고 하수(河水)에서 반기를 든 적이 있었습니다. 지금 화씨(華氏)[21]의 일족은 지나치게 강성하여 왕실과 필적할 만하고, 태재(太宰)[22]는 오래 전부터 백방으로 틈을 노리면서 상벌(賞罰)의 권한을 농단하고 있습니다. 그 세력은 유궁 나라보다 더 크고, 그 포악함은 예(羿) 임금보다 더 심합니다. 단지 반기를 들 뜻을 품었을 뿐만 아니라 장차 임금을 시해하고 왕위를 도적질하려 하고 있습니다. 그 조짐이 이미 나타났으니 임금께서는 잘 살펴보셔야 할 것입니다."

그러나 상공(殤公)은 공보가(孔父嘉)의 말을 대수롭지 않게 받아들이고 더 이상 유념하지 않았다. 시간이 조금 흐른 뒤 화보독(華父督)[23]은 과연

木)·사수(司水)·사초(司草)·사기(司器)·사화(司貨)를 말함.

19) 태강(太康) : 하(夏)나라 초기의 임금. 놀이에 몰두하다가 예(羿)에게 왕위를 빼앗겼음.

20) 유궁(有窮) : 하(夏)나라 때 제후국의 이름.

21) 화씨(華氏) : 화보독(華父督)을 말함.

22) 태재(太宰) : 총재(冢宰). 여기서는 화보독(華父督)을 말함.

그 임금 여이(與夷)[24]를 시해하고 대부 공보가를 죽였다.

원문 宋殤公, 十年十一戰, 民不堪命.

司馬孔父嘉諫曰, "昔者, 先王議事以制,[25] 不務兵戎, 用六府而養民生, 使之安靖阜蕃, 無有離邊行役之苦. 其或怙强稔惡, 來犯疆域者,[26] 不得已而應之, 以紓國難而已. 今十年之間, 所言國政, 非兵則戰. 戈矛車轂, 相繼於逵, 棲棲皇皇, 人不得息. 內無公家之補, 外爲諸侯報仇, 殘民以逞, 睊睊作慝. 道路流言, 皆歸咎於臣. 指日誓桀, 禍亂將作. 昔太康逸豫, 有窮后羿, 因民不忍, 距于河. 今華氏之族太盛, 偪於公室, 而太宰窺伺, 百端竊弄威福, 非一日. 其勢過於有窮, 其暴甚於后羿, 非徒有距河之志, 將懷不軌, 以奸大器. 其兆已見, 公其察之."

殤公以孔父之言爲尋常, 而不知戒. 未幾, 華父督弒其君與夷, 及其大夫孔父.

3. 제(齊)나라 환공(桓公)과 장손진(臧孫辰)

 노(魯)나라 임금 장공(莊公) 28년 겨울에 큰 기근이 들었다.[27]
장손진(臧孫辰)[28]이 곡식을 빌리기 위해 제(齊)나라 환공(桓公)을

---

23) 화보독(華父督): 춘추시대 송(宋)나라 상공(殤公)・장공(莊公) 때의 권신(權臣).
24) 여이(與夷): 송나라 상공(殤公), 여이는 그의 이름임.
25) 이 구절의 '王'이 목판본에는 '生'으로 되어 있음.
26) 이 구절의 '疆'이 목판본에는 '彊'으로 되어 있음.
27) 이 단락의 근거는 『춘추좌씨전』 장공(莊公) 28년의 기사에서 찾아볼 수 있음. (참조: 『국어(國語)』「노어(魯語)」)

찾아가 다음과 같이 말하였다.

　"옛날에 우리 선조 주공(周公)은 귀국의 선조 태공망(太公望)29)과 함께 나란히 무왕(武王)을 보좌하여 저 은(殷) 왕조를 무너뜨리고 우리 주(周)나라를 세웠습니다. 그 뒤 주나라로부터 함께 제후로 봉함을 받고 동쪽으로 와서 이 지방을 다스렸습니다. 그 당시 맹서(盟誓)한 글에 이르기를, '우리 두 나라는 이제부터 대대로 혼인을 맺음으로써 두 성씨(姓氏)가 함께 복을 받을 것이다. 입술과 이가 서로 돕고 턱과 턱뼈가 서로 의지하는 것처럼, 어려운 처지에 빠지면 반드시 서로 구할 것이며, 급한 일이 있으면 반드시 서로 도울 것이다. 만일 이 맹세를 어기는 경우에는 천지 신명이 죽음을 내릴 것이다'라고 하였습니다. 그 말씀이 지금도 여전히 법전(法典)에 실려 있습니다.

　지금 저 하늘이 폐방(弊邦)30)을 돕지 않아 비와 바람이 고르지 못하였습니다. 봄에는 가뭄이 들고 여름에는 홍수가 났기 때문에 들판에 나가도 푸른 풀을 찾아볼 수 없습니다. 집집마다 곳간이 텅 비어 있으므로 백성들은 배가 고파 울부짖고 있습니다. 무슨 수로 저들을 구제할 수 있겠습니까? 주공(周公) 이하 7세(七世) 사당에 계절마다 올리는 제사의 경우에는 제수(祭需)를 장만할 길이 없으므로 제사를 올릴 수 없습니다. 이웃 나라와 동맹을 맺거나 사신들이 오가는 경우에도 창고의 양식이 다 떨어졌으므로 사람들을 접대할 수 없습니다. 우리나라가 대국 제나라의 도움을 바라는 것은 마치 타들어 가는 뭇 곡식이 시원한 단비를 고대하는 것과 다름이 없습니다. 이제 만약 귀국이 주공과 태공의 옛날 우호 관계를 잊지 않으며, 우리 폐방(弊邦)을 누추하게 여기지 않고 곡식을 빌려줌으로써 폐방이 어려움 가운데에서 벗어나게 해 주신다면, 이

---

28) 장손진(臧孫辰) : 춘추시대 노(魯)나라의 대부.
29) 태공망(太公望) : 여상(呂尙), 태공망은 그의 별호임. 주(周)나라 문왕과 무왕을 도운 공으로 제(齊)나라 땅을 봉토로 받아 그 시조가 되었음.
30) 폐방(弊邦) : 자기 나라에 대한 겸칭.

는 비단 신(臣)과 우리 임금의 소원을 들어주는 것이 될 뿐만 아니라 실로 온 나라 백성들에게 은혜를 베푸는 것이 될 것입니다.”

그 말을 듣고 제나라는 노나라로 곡식을 실어 보냈다.

원문

莊公二十八年, 冬飢.

臧孫辰告糴于齊曰,[31] “昔我先祖周公與其太公, 夾輔武王, 革商之命, 造我周家, 同受茅土, 來菹東邦. 其載盟之書曰, ‘惟我兩國, 自今伊始, 世世婚媾, 合姓邀福, 脣齒相資, 輔車相依, 有難必救, 有急必濟. 苟渝此盟, 明神殛之.’ 其言猶在著于令甲. 今天不恤我弊邦, 雨暘愆候, 春乾夏溢, 野無靑草. 嗷嗷萬姓, 室如懸罄, 其何以周之? 周公以下七世之廟, 歲時祭祀, 粢盛不備, 無以供之. 同盟隣好, 行李之往來, 餼廩將闕, 無以饗之. 弊邦之仰大國, 如百穀之望膏雨. 今若不忘周公太公之舊好, 不鄙我弊邦, 賙恤我乏, 以濟艱難, 則非獨臣與寡君之願也, 實一國人民之賜也.”

於是, 齊輸粟於魯.

4. 진(晉)나라 혜공(惠公)과 복언(卜偃)

 노나라 희공(僖公) 14년[32] 가을 8월 신묘일(辛卯日)에 진(晉)나라의 사록(沙麓)[33]이 무너졌다.[34]

---

31) 이 구절의 ‘臧’이 목판본에는 ‘藏’으로 되어 있음.
32) 진(晉)나라의 경우는 혜공(惠公) 5년이었음.
33) 사록(沙麓) : 산 이름. 지금의 하북성 대명현(大名縣) 동쪽에 있는 산으로 춘추시대에는 진(晉)나라 땅이었음.
34) 이 단락의 근거는 『춘추좌씨전』 희공(僖公) 14년의 기사에서 찾아볼 수 있음.

그러자 진(晉)나라 복언(卜偃)[35]이 말하였다.

"천지의 기(氣)가 그 질서를 잃지 않으면 음양(陰陽)이 조화를 이루고 풍우(風雨)가 알맞게 찾아들며 산이 무너지지 않고 강이 범람하지 않습니다. 만약 천지의 기가 그 질서를 잃으면 양(陽)의 기운이 막혀 발산할 수 없고 음(陰)의 기운이 성하여 응집할 수 없습니다. 그러면 마침내 지진이나 산사태 같은 재변이 일어나는 것입니다. 무릇 나라는 반드시 산과 강에 의지해야 합니다. 그런데 산은 흙이 모인 것입니다. 흙이 모여 형체를 이룬 것이므로 지덕(地德)을 편안하게 하고 방기(邦基)를 편안하게 하면서 만물을 길러 민생을 이롭게 합니다. 산이 베푸는 은덕은 참으로 큰 것입니다.

옛날에 유왕(幽王)[36]이 안으로 요녀 포사(褒姒)에게 빠지고 밖으로 많은 소인배에게 홀린 적이 있었습니다. 이윽고 그가 태자 의구(宜臼)를 폐하고 서자 백복(伯服)을 세우자 조정에서 불화가 끊임없이 일어나 사람들은 서로를 비난하고 원망하였습니다. 그로 말미암아 여러 음덕(陰德)[37]이 지나치게 성하였으므로 마침내 산이 무너지고 물이 범람하였습니다. 『시경(詩經)』에 이르기를, '모든 강물이 끓어오르고 높은 산이 무너지니, 높은 언덕은 골짜기로 변하고 깊은 골짜기는 구릉으로 변하였네. 슬프다! 요즈음 사람들은 어찌하여 미리 조심하지 않는가?'[38]라고 하였습니다. 유왕은 그 노래를 듣고도 뉘우치며 경계할 줄 모르더니 마침내 견융(犬戎)[39]의 화(禍)를 당하고 말았습니다. 주나라가 동쪽으로 수도를 옮

---

35) 복언(卜偃) : 춘추시대 진나라 혜공(惠公) 때의 사람. 특히 점복(占卜)에 능하였음.
36) 유왕(幽王) : 서주(西周) 시대의 마지막 임금. 요녀(妖女) 포사(褒姒)에게 빠져 태자 의구(宜臼)를 폐하고 포사의 아들 백복(伯服)을 세우는 등 폭정을 일삼다가 견융(犬戎)에게 죽임을 당하였음. 유왕이 죽은 뒤 제후들이 의구를 왕으로 삼고 동쪽 낙양(洛陽)으로 천도하였음. 그 이후 시대를 동주(東周)라 함.
37) 음덕(陰德) : 땅의 덕. 전하여 여자의 덕을 뜻함.
38) 『시경』 「소아(小雅)」 「시월지교(十月之交)」편의 구절. 그 원문은 '百川沸騰, 山冢崒崩. 高岸爲谷, 深谷爲陵. 哀今之人, 胡憯莫懲?'임. 이 시는 주(周)나라의 대부가 유왕(幽王)의 폭정을 풍자한 작품임.

긴 뒤 평왕(平王)이 가까스로 남은 백성을 수습하였으나 열국(列國)의 제후들에게 눌려 더 이상 힘을 떨칠 수 없었습니다.

저 사록(沙麓)은 우리 진나라의 진산(鎭山)으로서 백성들이 우러러보는 대상입니다. 그런데 근래 지진으로 인해 갑자기 무너져 내렸습니다. 산이 무너지는 형상은 윗사람이 아래로 추락함을 상징하는 것입니다. 토지의 신령이 자신의 처소에 편안하게 머물 수 없어 장차 재앙을 일으키려 하면서 그 조짐을 미리 드러낸 것입니다.

지금 여희(驪姬)[40]가 안에서 난을 선동하자 이오(二五)[41]와 여러 불순한 무리들이 밖에서 난을 일으킨 뒤 착한 태자를 참소하여 살해하고 어린 서자(庶子)[42]를 태자로 세웠습니다. 그리고 임금 헌공(獻公)이 죽은 뒤 얼마 지나지 않아 어린 두 임금[43]도 차례로 저들에게 죽임을 당했습니다. 또한 공자(公子) 이오(夷吾)[44]가 비록 국내로 돌아오기는 하였지만 백성의 삶을 돌보지 않고 여전히 옛날 정사를 답습하고 있습니다. 제가 헤아리건대 진나라 왕실이 장차 겪을 재앙은 주나라가 과거에 겪었던 재앙보다 결코 적지 않을 것입니다. 앞으로 한 해가 채 지나가기 전에 큰 재앙이 일어나 우리나라가 거의 망하게 될 것입니다."

원문

僖公十四年, 秋八月辛卯, 沙麓崩.

晉卜偃曰, "夫天地之氣, 不失其序, 則陰陽順而風雨時, 山不阤而川不濫. 若過其序, 陽錮而不能出, 陰盛而不能輯, 於是, 有地震山崩之異. 夫國必依山川, 山, 土之聚也. 聚土而成形, 所以安地德

---

39) 견융(犬戎) : 서방 이민족의 이름.
40) 여희(驪姬) : 춘추시대 진(晉)나라 헌공(獻公)의 계비. 태자 신생(申生)을 참소하여 자살하게 하였음.
41) 이오(二五) : 여희(驪姬)의 사주를 받던 양오(梁五)와 동관폐오(東關嬖五)를 말함.
42) 서자(庶子) : 여희의 소생 해제(奚齊)를 말함.
43) 두 임금 : 여희 소생의 해제(奚齊)와 도자(悼子)를 말함.
44) 이오(夷吾) : 헌공(獻公)의 아들. 그의 시호가 바로 혜공(惠公)임.

而鎭邦基, 産生萬物, 以利民用, 所賴甚大也. 昔幽王內惑褒姒, 外媚
衆小, 廢太子而立伯服, 朝廷不和, 轉相非怨. 由是, 群陰太盛, 山崩
水溢. 詩曰, '百川沸騰, 山冢崒崩,[45] 高岸爲谷, 深谷爲陵. 哀今之人,
胡憯莫懲?' 幽王不知戒, 卒遭犬戎之禍. 周室東遷, 平王僅保餘民,
夷於列國而不能振. 夫沙麓, 晉國之鎭, 而民之望也. 近因地變, 遽爾
崩頹. 崩者, 上墜之形. 后祇不寧厥居, 禍患將臻, 其象已著.[46] 今驪
姬煽處于內, 二五群不逞之徒, 變亂于外, 讒殺太子, 援立庶幼. 君沒
未幾, 二幼相繼遭殺. 公子雖返國, 而不恤民事, 猶襲舊政. 以臣料之,
晉室之禍, 當不減於周. 不出期年, 將有大咎, 幾亡國矣."

5. 초나라 장왕(莊王)과 신숙시(申叔時)

옮김譯 노(魯)나라 선공(宣公) 11년 겨울 10월에 초(楚)나라 사람들이 하징
서(夏徵舒)[47]를 죽였다.[48] 정해일(丁亥日)에는 초나라 임금 장왕(莊
王)이 친히 진(陳)나라로 가서 공녕(孔寧)[49]과 의행보(儀行父)를 돌려주었다.
그러자 신숙시(申叔時)[50]가 간하였다.

"『주역(周易)』에 이르지 않았습니까? '나라를 세우고 가문을 이어가려
면 소인을 쓰지 말라'[51]고 무릇 소인은 국정(國政)을 문란하게 하고 헌장

---

45) 이 구절의 '崒'이 목판본에는 '卒'로 되어 있음.
46) 이 구절의 '著'가 목판본에는 '箸'로 되어 있음.
47) 하징서(夏徵舒) : 춘추시대 진(陳)나라의 대부. 임금 영공(靈公)을 시해하고 스스로 왕
    위에 올랐다가 뒤에 초나라 장왕(莊王)에게 죽임을 당하였음.
48) 이 단락의 근거는 『춘추좌씨전』 선공(宣公) 11년의 기사에서 찾아볼 수 있음.
49) 공녕(孔寧) : 춘추시대 진(陳)나라의 대부. 하징서(夏徵舒) · 의행보(儀行父)와 함께 영
    공을 죽인 뒤 초나라로 달아났다가 뒤에 장왕의 도움으로 귀국하였음.
50) 신숙시(申叔時) : 초(楚)나라 장왕(莊王) 때의 대부.

(憲章)을 무너뜨리며 정직한 사람을 미워하고 오직 이익만을 생각합니다. 따라서 작게는 그 몸을 망하게 하고 크게는 그 나라를 망하게 합니다.

옛날에 치우(蚩尤)[52]가 그 대부와 함께 난을 일으켜 백성에게 고통을 끼치자 황제(黃帝)가 그를 죽였습니다. 하(夏)나라 걸(桀)이 무도하여 정사를 포악하게 할 때 간신(干莘)[53]이 걸을 도와 학정(虐政)을 일삼았습니다. 그러자 탕(湯)임금이 남소(南巢)[54]로 걸(桀)을 추방하고 마침내 간신(干莘)을 죽였습니다. 은(殷)나라 주(紂)가 항상 술에 취해 음란하고 잔학한 짓을 일삼자 무왕(武王)이 주(紂)를 죽이고 그 나라를 없앤 뒤 비렴(飛廉)과 악래(惡來)[55]를 끝까지 쫓아가 마침내 그들을 죽였습니다. 그들이 임금을 학정에 빠뜨리고 혼암하게 만들었기 때문입니다. 크게 흉악한 자는 구형(九刑)[56]과 구벌(九伐)[57]에서 용서받을 수 없는 것입니다.

지금 진(陳)나라의 두 대부[58]는 의리를 저버린 채 악인들과 함께 흉악한 짓을 일삼았습니다. 또한 임금과 허물없이 지내며 여색을 가까이 하였습니다. 집안으로 들어가서는 짐승처럼 부자(父子)가 함께 계집질을 하였으며, 밖으로 나가서는 여인의 속곳을 입고 조정에서 함께 놀아났으며,[59] 날마다 주림(株林)[60] 고을로 나아가 차마 형언할 수 없는 음행을 저질렀습니다. 설야(洩冶)[61]는 진나라의 충신으로서 그가 한 말은 매우

---

51) 『주역』「사(師)」괘의 구절. 그 원문은 '開國承家 小人勿用'임.
52) 치우(蚩尤) : 황제(黃帝) 때의 제후.
53) 간신(干莘) : 하(夏)나라 걸(桀)의 신하. 특히 아첨을 일삼았다 함.
54) 남소(南巢) : 땅 이름. 지금의 안휘성 소현(巢縣)의 동북 지역임.
55) 악래(惡來) : 은나라 주(紂)의 신하. 비렴(飛廉)과 함께 주(紂)에게 아첨을 일삼았다 함.
56) 구형(九刑) : 주(周)나라 때 시행하던 9종의 형벌. 곧 묵형(墨刑)·의형(劓刑)·대벽(大辟) 따위.
57) 구벌(九伐) : 죄악을 징계하는 9종의 토벌(討伐).
58) 두 대부 : 공녕(孔寧)과 의행보(儀行父)를 말함.
59) 진(陳)나라 영공(靈公)이 공녕(孔寧) 의행보(儀行父)와 함께 하희(夏姬)를 간통한 사실을 말함. 하희는 대부 하징서(夏徵舒)의 어미였음.
60) 주림(株林) : 땅 이름. 당시 하씨(夏氏)의 일족이 소유하고 있었음.
61) 설야(洩冶) : 춘추시대 진(陳)나라 영공(靈公) 때의 대부.

옳은 소리였습니다. 그런데 저들이 임금에게 권하여 그를 죽이게 만들더니 결국에는 그 임금마저 죽음에 이르게 하였습니다. 마침내 하씨(夏氏)62)와 진(陳)나라의 사직이 모두 폐허로 변하게 되었으며, 호공(胡公)63)과 대희(大姬)의 넋도 하루 아침에 제사를 받을 수 없게 되었습니다.

지금 임금께서 소서씨(少西氏)64)의 죄를 처단하고 진(陳)나라 왕실을 다시 부흥시켜 주신다면, 제후들은 임금의 아름다운 풍채를 우러러보면서 '지난날 제환공(齊桓公)과 진문공(晉文公)이 망한 나라를 다시 부흥시켜 주고 끊어진 후사(後嗣)를 다시 이어 준 공덕을 오늘날 진나라 임금에게서 다시 보았다'고 칭송할 것입니다.

대역(大逆)의 괴수요 난적(亂賊)의 도당인 저들이 처벌을 피해 우리나라로 들어왔습니다. 그 때문에 진나라 사람들은 가슴을 치면서 이를 갈고 있습니다. 그들의 소원은 저들의 살을 씹어 먹고 가죽을 벗겨 자리로 삼는 것입니다. 임금께서는 마땅히 저들의 죄악을 바로잡아 그 몸뚱이를 수레로 찢어 죽인 뒤 그 시신으로 젓갈을 담아 동맹국들에게 보여주셔야 할 것입니다. 하지만 임금께서는 지금 단지 저들의 목숨을 살려 주셨을 뿐만 아니라 또한 도리어 일신의 영화를 누리게 하셨습니다. 친히 나서서 거마(車馬)와 양식까지 주면서 진나라로 돌려보내셨던 것입니다. 그렇게 하고서야 임금께서 어떻게 제후들을 호령할 수 있겠습니까? 어떻게 흉악한 짓을 일삼는 난신(亂臣) 적자(賊子)들을 처단할 수 있겠습니까? 도리어 임금의 덕망과 절의를 실추시키는 결과가 되지 않겠습니까?"

그러나 장왕(莊王)은 그의 말을 듣지 않았다.

---

62) 하씨(夏氏) : 하징서(夏徵舒) 가문을 말함.
63) 호공(胡公) : 진(陳)나라의 시조. 본디 순(舜)임금의 후예로서 주나라 무왕(武王)의 장녀 대희(大姬)를 아내로 맞아 진의 임금으로 봉함을 받았음.
64) 소서씨(少西氏) : 하징서(夏徵舒)의 별칭.

宣公十一年, 冬十月, 楚人殺夏徵舒. 丁亥, 楚子入陳, 納孔寧儀行父于陳.

申叔時諫曰, "易不云乎? '開國承家, 小人勿用.' 夫小人者, 變亂國政, 耗敗憲章, 惡直醜正, 惟利是視. 小以亡其身, 大則亡其國. 昔蚩尤與其大夫作亂, 侵困百姓, 黃帝滅之. 夏桀爲虐政淫荒, 而干莘助桀爲虐,[65] 成湯放桀于南巢, 遂殺干莘. 商受淫虐酗酒, 武王誅紂滅商, 驅飛廉惡來而戮之. 以其陷君於虐, 從君於昏, 爲大凶惡, 九刑九伐, 所不赦者也. 今陳之二大夫, 掩義崇姦, 好行凶德, 與君比周, 昵近女色. 入則聚麀一室, 出則袁於衵服,[66] 相戲於朝, 日就株林, 淫邪罔極. 洩冶國之良也, 而其言甚正, 勸君殺之, 卒致君死. 夏氏陳社, 竝爲丘墟, 胡公大姬之神, 一朝不食其祀. 今王討少西氏之罪, 復陳之國, 諸侯想望風采, 以爲齊桓晉文興滅繼絶之功, 不獨專美於前矣. 而大惡之魁, 亂賊之黨, 逭罪來奔. 陳人腐心切齒, 皆欲食其肉, 而寢其皮也. 固當正其罪惡, 轘裂形軀, 分醢于同盟之國. 今乃非徒得保首領, 而且反榮其身, 資給車馬廚廩, 親納于陳. 然則其何以覇諸侯? 其何以懲亂臣賊子之爲惡者? 王之德義, 無乃虧乎?"

王不聽.

---

65) 이 구절의 '干'이 목판본에는 '千'으로 되어 있음.
66) 이 구절의 '衵'이 목판본에는 '袒'로 되어 있음. (『춘추좌씨전』 선공(宣公) 9년의 기사에 의거하여 바로잡았음.)

6. 송(宋)나라 공손낙예(公孫樂豫)와 고애(高哀)

송(宋)나라 임금 소공(昭公)이 무도하였다.[67]

송나라 고애(高哀)[68]가 소(蕭) 지방에서 수도(首都)로 공손낙예(公孫樂豫)[69]를 만나러 갔다.

"우리 왕실은 장차 망할 것입니다! 나라의 정사(政事)가 날로 잘못되어 가고 있으며, 임금의 행락은 그칠 줄을 모르고 있습니다. 양부인(襄夫人)은 양왕(襄王)[70]의 누이이니 지금 임금에게는 친할머니 뻘이 됩니다. 그런데도 임금께서는 그녀에게 무례한 행위를 일삼고 있습니다. 왕족(王族)은 왕실의 가지나 잎과 같은 존재입니다. 그런데도 임금께서는 함부로 도끼를 휘둘러 가지와 잎을 잘라냄으로써 줄기로 하여금 보호를 받을 수 없게 하였습니다. 사마(司馬)[71]와 사성(司城)[72]은 이 나라의 충신들입니다. 하지만 한 사람은 부절(符節)을 손에 든 채로 죽었으며, 한 사람은 부절을 관아의 하인에게 맡긴 뒤 이웃 나라로 달아났습니다. 그렇게 어진 인물들이 다 떠나갔으므로 이제 나라 안은 텅 비고 말았습니다. 어떻게 나라가 망하지 않을 수 있겠습니까? 임금이 죽고 나라가 망하는 판에 나는 아직 죽을 곳을 찾지 못하였습니다."

낙예(樂豫)가 대답하였다.

"신하의 도리는 임금에게 허물이 있을 때에는 힘을 다하여 간언을 올

---

67) 이 단락의 근거는 『춘추좌씨전』 문공(文公) 14년의 기사에서 찾아볼 수 있음.

68) 고애(高哀) : 송(宋)나라 소공(昭公) 때의 경(卿). 송나라의 부용국(附庸國)인 소(蕭) 땅을 지켰음.

69) 공손낙예(公孫樂豫) : '임금의 후손 낙예(樂豫)'라는 뜻임. 낙예는 송(宋)나라 대공(戴公)의 현손(玄孫)으로서 소공(昭公) 때 사마(司馬) 벼슬을 지냈음.

70) 양왕(襄王) : 양공(襄公). 그의 아들이 성공(成公)이며, 성공의 아들이 소공(昭公)임.

71) 사마(司馬) : 사마 벼슬을 지낸 공자(公子) 자앙(子卬)을 말함. 『춘추좌씨전』 문공 7년의 기사를 참조할 수 있음.

72) 사성(司城) : 사성 벼슬을 지낸 탕의제(蕩意諸)를 말함.

려야 합니다. 그래도 뜻을 이루지 못하였을 때에는 계속하여 간언을 올리다가 죽음을 맞아야 합니다."

고애(高哀)가 다시 물었다.

"나는 임금을 가까이 모시는 신하가 아닙니다. 단지 변방을 지키는 사람에 불과할 뿐입니다. 내가 무슨 명분으로 간언을 올릴 수 있겠습니까? 무슨 명분으로 죽음을 택할 수 있겠습니까?"

"그렇다면 이 나라를 떠나십시오!"

그러자 고애는 눈물을 닦으며 하직하고 나가 마침내 이웃 나라로 망명하였다. 『춘추(春秋)』 경문(經文)에 '송나라 자애(子哀)73)가 망명하였다'74)고 쓴 것은 그의 행위를 귀하게 여겼기 때문이다.

군자(君子)75)가 말하였다.

"사직(社稷)은 무거운 것이고 임금의 자리는 가벼운 것이다. 임금이 임금답지 못하여 마땅히 지켜야 할 도리를 잃으면 일개 필부(匹夫)로 전락하게 마련이다. 임금이 백성을 학대하면서 원수 노릇을 하면 백성들은 모두 임금과 함께 망하기를 바란다. 그런 때를 만나면 간언을 올려도 뜻을 이룰 수 없고 목숨을 바쳐도 이로울 것이 없다. 고애(高哀)는 벼슬 길로 나가거나 물러서는 법을 환하게 알고 있었으며 앞날에 일어날 상황을 초연하게 내다보고 있었다. 그는 더러운 임금이 주는 녹을 먹지 않았다. 또한 난을 피해 도움을 받을 수 있는 이웃 나라로 달아남으로써 사직(社稷)76)을 보전하려 하였다. 『주역(周易)』에 이르기를, '조짐을 보고 미리 일어나 하루가 가기를 기다리지 않는다'77)고 하였다. 『시경(詩經)』에서도 이르기를, '도에 따라 힘을 길러 때로 물러났다가 이에 큰 갑

---

73) 자애(子哀) : 고애(高哀). 자애는 그의 자임. 그의 성명을 쓰지 않고 자를 쓴 것은 그의
    처신을 귀하게 여겼기 때문임.
74) 『춘추』 문공(文公) 14년 경문의 구절. 그 원문은 '宋子哀來奔'임.
75) 군자(君子) : 저자인 성현(成俔) 자신을 말함.
76) 사직(社稷) : 부용국 쇼(蕭)의 사직을 말함.
77) 『주역』 「계사(繫辭)」의 구절. 그 원문은 '見幾而作 不俟終日'임.

옷을 입으셨다'[78]고 하였다. 저 사람은 참으로 군자였구나! 저 사람은
참으로 덕을 숭상하였구나!"

원문

宋昭公無道.
宋高哀自蕭往見公孫樂豫曰, "公室其將亡乎! 國之政事日
非, 而君之行樂不已. 襄夫人, 襄王之姊也, 於君爲嫡祖母, 而事之不
以禮. 公族, 公室之枝葉也, 縱尋斧焉, 翦伐, 而使本根無所得庇. 司
馬司城, 國之良也, 而或握節而死, 或效節於府人而出. 仁賢盡去, 而
國內空虛, 不亡何待? 君亡國潰, 余未知死所矣."

樂豫曰, "人臣之義, 君有過, 則盡力爭之. 不得, 則以死繼之."

高哀曰, "我非親暱之臣, 而爲封疆之人. 我焉得諫之? 而焉得死
之?"

曰, "然則行乎!"

於是, 抆淚拜辭而出, 遂來奔. 書曰, 宋子哀來奔, 貴之也.

君子曰, "社稷爲重, 而君爲輕. 君不君, 而失其所以爲君之道, 則
爲匹夫, 虐民作讐, 而皆欲與之偕亡. 當是時, 諫之不得, 而死之無益.
高哀能灼知進退,[79] 超然遠覽, 不食汚君之祿, 挺身避亂, 來援與國,
欲使社稷無隕. 易曰, '見幾而作, 不俟終日.' 詩云, '遵養時晦, 寔用
大介.' 君子哉! 若人. 尙德哉! 若人."

---

78) 『시경』「주송(周頌)」「작(酌)」편의 구절. 그 원문은 '遵養時晦 寔用大介'임. 이 시는
주(周)나라의 무왕(武王)이 세운 무공(武功)을 칭송한 작품임.
79) 이 구절의 '高'가 목판본에는 '故'로 되어 있음.

7. 오(吳)나라 수몽(壽夢)과 신공무신(申公巫臣)

옮김譯 초(楚)나라 사람들이 송(宋)나라를 포위하고 싸운 전쟁 뒤에 자중(子重)80)은 그 임금 장왕(莊王)81)에게 요청하여 신(申)·여(呂) 두 고을을 상전(賞田)82)으로 받으려 하였다.83) 그런데 신공무신(申公巫臣)84)이 '불가하다'며 반대하고 나섰다. 장왕은 마침내 그 땅을 주지 않았다. 자중은 그 때문에 무신(巫臣)을 원망하였다.

자반(子反)85)이 하희(夏姬)86)를 취하려 하였다. 그러자 무신(巫臣)은 그를 저지하였을 뿐만 아니라 나중에는 그녀를 데리고 진(晉)나라로 달아났다. 자반도 역시 그 때문에 무신을 원망하였다. 그 뒤 공왕(共王)이 즉위하자 자중과 자반은 무신의 일족을 모두 죽이고 그 재물을 나누어 가졌다.

그러자 무신(巫臣)이 진(晉)나라에서 자중·자반 두 사람에게 글을 보냈다.

"너희 두 사람은 사특한 생각을 가지고 임금을 섬기면서 무고한 사람들을 수도 없이 살육하였다. 내가 반드시 너희들로 하여금 왕명을 받들고 뛰어다니다가 지쳐서 길에서 죽게 만들 것이다."

진나라에 머물고 있던 무신은 그 임금에게 청하여 오(吳)나라로 사신을 가려 하였다. 그러자 진나라 임금은 그렇게 하도록 허락하였다.

마침내 무신은 오(吳)나라를 찾아가 그 임금 수몽(壽夢)에게 유세를 펼쳤다.

---

80) 자중(子重) : 영제(嬰齊), 자중은 그의 자임. 춘추시대 초(楚)나라의 공자(公子)였음.
81) 장왕(莊王) : 춘추시대 초(楚)나라의 임금.
82) 상전(賞田) : 어떤 공적에 대한 보답으로 주는 토지.
83) 이 단락의 근거는 『춘추좌씨전』 성공(成公) 7년의 기사에서 찾아볼 수 있음.
84) 신공무신(申公巫臣) : '신현(申縣) 고을을 다스리는 수령 무신(巫臣)'이라는 뜻임.
85) 자반(子反) : 측(側), 자반은 그의 자임. 춘추시대 초나라의 공자였음.
86) 하희(夏姬) : 하징서(夏徵舒)의 어미로 음란한 여인이었음.

"오나라 태백(泰伯)87)은 주(周)나라 태왕(太王)의 아들이니 문왕(文王)의 입장에서 보면 숙부가 됩니다. 진나라 당숙(唐叔)88)은 주나라 무왕(武王)의 아들이니 성왕(成王)의 입장에서 보면 아우가 됩니다. 요컨대 두 임금은 모두 주(周)나라의 자손이었습니다. 같은 종족(宗族)들끼리는 가깝게 지내야 하는 법입니다. 오(吳)·진(晉) 두 나라는 본디 지친(至親)의 도리를 져버리지 않기 위해 주나라의 울타리로서의 역할을 다해야 할 것입니다. 그런데 산천이 멀리 떨어져 있어 한 명의 사신도 서로 왕래하게 하지 못하였습니다. 그것을 어찌 옳다 할 수 있겠습니까?

진(晉)나라는 북방의 여러 나라들 중에서 그 국토가 가장 넓습니다. 임금은 참으로 현명하며 대신(大臣)들은 서로 화목합니다. 북방의 제후들은 무려 수십 명이 넘지만 그 가운데 절반 이상은 희씨(姬氏)89) 성을 가진 사람들입니다. 그들은 모두 바쁘게 뛰어다니며 진나라의 명을 받들고 있습니다. 일이 있으면 찾아가 알현하고 싸움이 벌어지면 서로 돕습니다. 따라서 진나라는 비록 패자(霸者)라 불리고 있지만 그 힘은 실질적으로 천자(天子)보다도 더 막강합니다.

귀국(貴國) 오나라는 먼 변방에 홀로 떨어져 있습니다. 그로 인해 풍속이 누추하기 때문에 머리를 자르고 문신(文身)을 새겼으며 의관(衣冠)을 헌신짝처럼 벗어 던졌습니다. 태백(泰伯)의 후예로서 중화의 예법을 내팽개친 채 오랑캐처럼 살고 있었던 것입니다. 귀국은 동맹국이 없을 뿐만 아니라 가까운 이웃 나라도 찾아볼 수 없습니다. 나는 임금을 보면서 그 점을 부끄럽게 생각합니다.

초(楚)나라의 시조 웅역(熊繹)90)은 단지 하나의 오랑캐 종자일 뿐이었

---

87) 태백(泰伯) : 오(吳)나라의 시조. 주(周)나라 태왕(太王)의 맏아들이었음. 태왕은 태백(泰伯)·중옹(仲雍)·계력(季歷)의 세 아들을 두고 있었는데, 셋째 계력이 성스러운 아들 창(昌)을 두었으므로 그에게 왕위를 물려주려 하였음. 이에 태백은 아우 계력을 위해 형만(荊蠻) 지방으로 달아났다가 오(吳)나라의 시조가 되었음.
88) 당숙(唐叔) : 진(晉)나라의 시조. 주(周)나라 무왕(武王)의 아들이었음.
89) 희씨(姬氏) : 주(周)나라 왕실의 성이 희씨였음.

습니다. 그런데 그 자손이 크게 번성하여 강수(江水)와 한수(漢水) 유역을
침범하고 그 남방의 땅을 차지하였습니다. 또한 한수와 연한 여러 나라
를 차례로 평정한 뒤 방성(方城)[91]을 관문으로 삼고 한수를 성지(城池)로
삼았습니다. 그리하여 초나라는 천하의 좋은 산물들을 모두 수중에 넣
었습니다. 이윽고 그들은 그 부유함을 믿고 존호(尊號)를 함부로 써서 스
스로 '왕(王)'이라 일컬었습니다. 중국의 천자와 더불어 힘을 겨루고 진
(晉)나라와 맞서 적대를 일삼았으며, 교만하고 방자하게 군사를 일으켜
제후들과 더불어 멋대로 싸움을 벌였습니다. 만족할 줄 모르고 끝없이
탐욕을 부렸으니 저들의 뜻이 본디 작지 않았기 때문입니다. 지금 초나
라 사람들은 한창 북방에 힘을 쏟고 있어 남방을 도모할 겨를이 없습니
다. 하지만 저들이 장차 남방을 도모한다면 오나라가 먼저 그 피해를
입게 될 것입니다. 임금께서는 그 점을 알고 계셨습니까?

지금 귀국은 임금께서 현명하시고 토지가 넓으며 백성들이 많습니다.
저들에게 만약 예법을 가르친다면 사람들은 모두 훌륭한 인재가 될 수
있을 것입니다. 저들에게 만약 전술을 가르친다면 사람들은 모두 강한
군사가 될 수 있을 것입니다. 임금께서 법도에 맞게 저들을 가르침으로
써 사람들이 훌륭하게 되고 군사들이 강하게 된다면 10년이 채 지나가
기 전에 대사를 도모하실 수 있을 것입니다. 그렇다면 무엇을 걱정하고
무엇을 두려워하겠습니까?"

오나라 임금이 말하였다.

"과인이 비록 불민하지만 이 나라를 맡긴 채 가르침을 받도록 하겠습
니다. 그런데 변방에 사는 사람이라서 용병(用兵)하는 방법을 잘 모릅니
다. 호미 자루나 창 자루 따위로는 사모(蛇矛)[92]나 서갑(犀甲)[93]을 감당할

---

90) 웅역(熊繹) : 초(楚)나라의 시조. 미씨(羋氏) 성을 가진 사람으로 주나라 성왕(成王)을
　　섬겨 제후가 되었음.
91) 방성(方城) : 산 이름. 지금의 호북성(湖北省) 죽산현(竹山縣) 동남에 있음.
92) 사모(蛇矛) : 창의 일종. 뱀의 모양을 본떠 만들었음.
93) 서갑(犀甲) : 물소 가죽으로 만든 갑옷.

수 없을 것입니다. 원컨대 나에게 가르침을 베풀어주시기 바랍니다."

그러자 무신은 다시 전차(戰車) 30량(輛)을 이끌고 오나라로 갔다. 그는 그 가운데서 15량을 남겨 놓은 채 오나라 사람들에게 진(陣)을 치거나 활을 쏘거나 말을 부리는 방법 등을 가르친 뒤 그들로 하여금 초나라에 반기를 들게 하였다. 또한 자신의 아들 호용(狐庸)에게 명하여 오나라에 머물며 외교를 담당하게 하였다.94)

마침내 오나라는 비로소 초나라를 하찮게 여기면서 그 속국(屬國)인 소(巢)나라와 서(徐)나라를 공략하였다. 자중은 그 때 왕명을 받고 두 나라로 달려갔다. 제후들이 마릉(馬陵)95)에서 회동하였을 때에는 오나라가 초나라의 주래(州來) 고을로 쳐들어갔다. 자반은 그 때 정나라에 가 있다가 왕명을 받고 초나라로 달려갔다. 자중과 자반은 마침내 왕명을 받고 일곱 번이나 달려갈 수밖에 없었다. 오나라는 오랑캐 가운데 초나라에 속해 있던 나라들을 모두 빼앗았다. 그러므로 오나라는 비로소 강대국이 되어 중하(中夏)의 여러 나라들과 서로 사신을 주고받다가 마침내 초나라를 치고 그 수도 영(郢)96)으로 밀고 들어갔다.

그런 일들은 모두 신공무신(申公巫臣)의 꾀 덕분이었다.

원문 楚圍宋之役, 子重請取於申呂, 以爲賞田. 申公巫臣曰, '不可.' 王乃止. 子重是以怨巫臣. 子反欲取夏姬, 巫臣止之, 遂取而行. 子反亦怨之. 及共王卽位, 子重子反殺巫臣之族, 而分其室.

巫臣自晉遺二子書曰, "爾以讒慝事君, 而多殺不辜. 余必使爾罷於奔命以死."

---

94) 이 부분의 번역에서는 『춘추좌씨전』 성공(成公) 7년의 전문과 그 주석을 참고하였음.
95) 마릉(馬陵) : 땅 이름. 춘추시대 위(衛)나라 땅으로 노(魯)나라 성공(成公) 7년 8월에 제후들이 그 곳에 모여 동맹을 맺었음.
96) 영(郢) : 땅 이름. 지금의 호북성 강릉현(江陵縣)의 북쪽 지역으로 춘추시대에는 그 곳에 초나라의 수도가 있었음.

巫臣請使於吳, 晉侯許之.

巫臣遂說吳子壽夢曰, "泰伯, 太王之子, 而於文王爲叔. 唐叔, 武王之子, 而於成王爲弟, 皆周之胤也. 而宗族爲近, 固當不廢懿親, 以藩屛周. 而山川夐阻, 不能通一介之使而往來, 無乃不可乎? 晉在北土, 爲國最大, 寡君方明, 六卿和睦.[97] 北方諸侯無慮數十, 而姬姓過半, 皆奔走服役於晉. 有事來朝, 有急相救, 雖名爲霸, 而其實過於天王也. 貴國邈在荒徼, 任其僻陋, 斷髮文身, 蔑棄衣冠, 慢隳禮法. 以泰伯之裔, 爲夷狄之行. 旣乏與國, 又無隣援, 竊爲君羞之. 楚熊繹, 特一夷種耳. 其子孫蕃大, 馮陵江漢, 奄有南土, 漢濱諸國, 以次削平, 方城爲關, 漢水爲池. 天下之良材美物, 皆爲己萃, 憑藉殷富, 僭號稱王, 與中國抗衡, 匹晉爲敵, 興兵驕恣, 擅爭諸侯, 貪惏無厭, 其志固不小也. 而時方事北, 未暇圖南, 圖南, 則吳先受弊, 君知之乎? 以君之明, 土地之廣, 人民衆庶之夥, 若敎之禮, 則人皆賢才. 訓之兵, 則人皆勁卒. 敎訓有法, 人良卒勁, 不過十年, 可以有用. 然則何憂何懼乎?"

吳子曰, "寡人雖不穀, 請委國而聽之. 然僻邦之人, 未知用兵之術, 鋤耰棘矜, 難以當蛇矛犀甲. 願吾子敎之."

於是, 巫臣以兩之一卒適吳, 舍偏兩之一焉, 敎吳戰陣與其射御, 使之叛楚. 實其子狐庸焉, 使爲行人於吳. 吳始隷楚, 伐巢, 伐徐, 子重奔命. 馬陵之會,[98] 吳入州來, 子反自鄭奔命. 子重子反, 於是七奔命. 蠻夷屬於楚者, 吳盡取之. 是以始大, 通於上國, 竟伐楚入郢, 皆申公巫臣之謀也.

---

97) 이 구절의 '六'이 목판본에는 '八'로 되어 있음. (『사기』 「진세가(晉世家)」에 의거하여 바로잡았음.)
98) 이 구절의 '馬'가 목판본에는 '鄢'으로 되어 있음. (『춘추좌씨전』 성공(成公) 7년의 기사에 의거하여 바로잡았음.)

8. 진(晉)나라 백종(伯宗)과 그의 아내

 진(晉)나라의 대부 백종(伯宗)99)은 성품이 강직하고 과감하여 임금에게 바른말하기를 좋아하였다.100)

그러므로 매일 아침 그의 아내가 말하였다.

"도적은 집 주인을 싫어하는 법이고, 백성은 제 상전을 미워하는 법입니다. 당신은 바른말하기를 너무 좋아하니 반드시 화를 만날 것입니다. 당신은 저 길가에 서 있는 나무를 보지 못하셨습니까? 굽은 나무들은 쓸모가 없기 때문에 모두 온전하게 남아 있습니다. 그러나 곧은 나무들은 반드시 먼저 베임을 당하고 맙니다. 베임을 당해도 단지 가지나 잎만 잘리고 마는 것이 아닙니다. 결국 뿌리가 뽑히고 줄기가 잘려 통째로 넘어가고야 마는 것입니다. 나무가 곧은 것은 실로 나무의 죄입니다. 그렇지만 그 가지나 잎이야 무슨 죄가 있겠습니까? 훌륭한 사람의 처자가 되려고 하는 것은 그 그늘에 몸을 의지하면서 편안하게 살고 싶은 욕망 때문입니다. 그런데 찍힘을 당하고 베임을 당해 그 집안을 온전하게 보전하지 못한다면 어찌 참혹하다 아니할 수 있겠습니까?

관룡봉(關龍逄)은 걸(桀)에게 죽임을 당했으며, 왕자 비간(比干)은 주(紂)에게 죽임을 당했습니다. 그들은 모두 바른말하기를 좋아했기 때문에 심장을 도려내는 형벌을 받았던 것입니다. 근래에는 국무자(國武子)101)가 혼란한 나라에 벼슬하면서 거리낌없이 말하기를 좋아하다가 끝내 화를 불렀습니다. 그러므로 제나라에서 죽임을 당했던 것입니다. 당신도 조심을 하셔야 할 것입니다."

백종이 말하였다.

---

99) 백종(伯宗) : 춘추시대 진(晉)나라의 대부.
100) 이 단락의 근거는 『춘추좌씨전』 성공(成公) 15년의 기사에서 찾아볼 수 있음.
101) 국무자(國武子) : 국좌(國佐). 춘추시대 제나라 영공(靈公) 때의 경(卿)이었음.

"부인이 무엇을 알겠습니까?"

백종(伯宗)은 끝내 아내의 말을 듣지 않았다. 그러자 세 극씨(郤氏)[102]가 그의 훌륭함을 해롭게 여긴 나머지 임금에게 참소하여 죽이게 하였다. 그의 아들 백주리(伯州犂)[103]는 초(楚)나라로 달아났다.

晉伯宗性剛果, 好直言於國.

每朝, 其妻謂之曰, "盜憎主人, 民惡其上. 子好直言, 必及於難. 子不見路旁之木乎? 其曲者, 皆以不材保全, 而直者, 必先受伐. 伐則非徒翦拂枝葉柯條, 卒至屈斷根株, 傾覆然後乃已. 木之直, 信木之罪也. 其枝葉柯條, 又何罪也? 所以爲善人者之妻子, 欲依蔭庇身, 而芟焉斬焉, 不能保厥家, 無乃慘乎? 龍逢之於桀, 王子比干之於紂, 皆以直諫剞心剖竅. 近者, 國武子立於汪亂之國, 而好盡言, 以招人過, 所以見殺於齊. 子其戒哉."

宗伯曰, "婦人何知?"

竟不聽. 於是, 三郤欲害其賢, 譖而殺之. 其子伯州犂奔楚.

9. 노(魯)나라 맹헌자(孟獻子)와 상술(向戌)

양공(襄公) 15년 봄에 송(宋)나라의 대부 상술(向戌)[104]이 노(魯)나라를 예방하였다. 그가 맹헌자(孟獻子)[105]에게 말하였다.[106]

---

102) 세 극씨(郤氏) : 극기(郤錡)·극주(郤犨)·극지(郤至)를 말함.
103) 백주리(伯州犂) : 백종(伯宗)의 아들. 초나라로 망명하였다가 그 곳에서 태재(太宰) 벼슬을 하였음.
104) 상술(向戌) : 춘추시대 송나라의 대부.
105) 맹헌자(孟獻子) : 춘추시대 노(魯)나라의 대부.

"그대는 좋은 평을 듣는 사람입니다만 집을 너무 화려하게 꾸몄습니다. 이는 사람들의 기대를 저버리는 행위입니다. 한 나라의 임금이 집을 화려하게 꾸미면 그 나라가 위태롭게 되고, 대부가 집을 화려하게 꾸미면 그 가문이 몰락하게 되고, 선비가 집을 화려하게 꾸미면 그 몸이 위태롭게 됩니다. 다른 이유가 있는 것이 아닙니다. 그 집이 사람들의 이목(耳目)을 놀라게 하고 자신의 덕을 손상하게 하기 때문입니다.

방훈(放勳)[107]은 띠로 지붕을 엮고 흙으로 계단을 쌓았기 때문에 겸양의 덕으로 온 천하를 감쌀 수 있었습니다. 우(禹)임금은 소박한 집에 거처하며 누추한 의복을 입었기 때문에 조상의 혼령에게 효성을 다할 수 있었습니다. 한 나라의 임금도 오히려 저토록 검소하게 살았습니다. 하물며 밑에서 임금을 받드는 신하의 경우야 말하여 무엇하겠습니까?

공의휴(公儀休)[108]는 백성들과 더불어 이익을 다투지 않으려고 텃밭의 아욱을 뽑아버리고 베 짜던 부인을 쫓아냈습니다. 계문자(季文子)[109]는 첩에게 비단옷을 입히지 않았으며, 말에게 곡식을 먹이지 않았으며, 그 자신도 매우 검소하게 생활하였습니다. 그러므로 국사(國史)에 그 사실을 기록하여 지금까지도 미담으로 삼고 있는 것입니다.

그대는 대대로 나라의 녹(祿)을 먹는 가문의 일원으로서 거경(鉅卿)의 지위에 올랐습니다. 따라서 사방에서 그대의 위엄과 덕망을 흠모하지 않는 자가 없습니다. 그대는 응당 더욱 몸을 낮추고 검소하게 생활하면서 일신의 봉양을 박하게 하되 다른 사람을 넉넉하게 해주어야 할 것입니다. 나라 살림을 살찌게 하되 자신의 이익을 돌보지 말아야 할 것이며, 다른 사람의 선행을 표창하되 악행을 억눌러야 할 것입니다. 임금의 재물을 넉넉하게 하며, 백성의 곡식을 넉넉하게 하며, 나라의 저축을 넉

---

106) 이 단락의 근거는 『춘추좌씨전』 양공(襄公) 15년의 기사에서 찾아볼 수 있음.
107) 방훈(放勳) : 요(堯)임금의 별칭.
108) 공의휴(公儀休) : 전국시대 노(魯)나라 목공(穆公) 때의 관리.
109) 계문자(季文子) : 춘추시대 노(魯)나라의 대부.

넉하게 하는 것이 그대 본연의 임무일 것입니다.

지금 조그만 노나라에서 사가(私家)의 규모가 왕실보다도 더 화려합니다. 왕실은 날로 침체를 거듭하는데 사가의 사치는 도를 넘어섰습니다. 신하가 사치스럽다 보면 참람한 생각을 하게 되고, 참람한 생각을 하다 보면 임금을 핍박하게 되고, 임금을 핍박하다 보면 역심(逆心)을 품게 됩니다. 그런 자는 결코 좋은 신하가 아닙니다."

그러자 맹헌자(孟獻子)가 대답하였다.

"내가 진(晉)나라로 가 있을 때 우리 형님이 이 집을 지었습니다. 허무는 것이 너무 힘든 일이라서 아직까지 철거하지 못했습니다. 지금 훌륭한 가르침을 받았으니 삼가 맹세하거니와 잘못을 바로잡도록 하겠습니다."

원문 襄公十五年春, 宋向戌來聘, 見孟獻子曰, "子有令聞, 而美其室, 非所望也. 國君而美其室, 則其國危. 大夫而美其室, 則其家索. 士而美其室, 則其身殆. 此無他, 聳人視聽, 而病己之德也. 放勳茅茨土階, 而恭讓之德, 光被四表. 大禹菲宮室, 惡衣服, 而致孝乎鬼神. 爲人君上者, 尙如此, 況其臣之在下者乎? 公儀休拔葵去織, 而不與民爭利. 季文子妾不衣帛, 馬不食粟, 而自奉甚薄. 國史書之, 至于今, 以爲美談. 子以世祿之家, 爲國鉅卿, 其威名德譽, 四隣無不慕之. 子當謙而愈抑, 儉以自遵, 約己而厚人, 肥公而菲私, 章善而替否, 使君有餘財, 民有餘食, 國有餘畜, 固其任也. 今以魯國之小, 而私家之制, 過於公室. 公室日卑, 私家太侈. 侈則生僭, 僭則生逼, 逼則惡心生焉, 非人臣之美者也."

獻子曰, "我在晉, 吾兄爲之. 毀之重勞, 故未及撤也. 今聞明訓, 謹誓心改圖焉."

10. 정(鄭)나라 소공(昭公)과 제중(祭仲)

옮김譯 정(鄭)나라 임금 소공(昭公)[110]이 북쪽 오랑캐를 정벌하였다.[111] 그 때 제(齊)나라 임금이 자신의 딸을 소공에게 시집보내려 하였다.[112] 하지만 소공은 그 혼인을 마다하였다.[113]

그러자 제중(祭仲)[114]이 말하였다.

"군이 사양하려 하지 마십시오. 제나라 여인을 반드시 맞이해야만 합니다. 무릇 조그만 우리 정(鄭)나라는 진(晉)·초(楚) 두 큰 나라들 사이에 끼어 있습니다. 그러므로 진나라를 따르면 초나라가 침범하였으며 초나라를 따르면 진나라가 침범하였습니다. 그렇게 저들로부터 침범을 당하지 않은 해가 한 번도 없었으므로 우리나라는 가까스로 머리와 꼬리를 보전하고 있을 따름입니다. 이름은 비록 나라라 하지만 실은 전쟁터와 다를 것이 없습니다.

더욱이 부왕(父王)[115]께서 비빈(妃嬪)들 가운데 사랑하는 여인을 많이 두셨으므로 태자[116]께서는 큰 후원자를 찾으실 수 없습니다. 지금 세 공자[117]가 남몰래 왕위를 노리고 있습니다. 태자께서 어떻게 왕위에 오르실 수 있겠습니까? 또한 비록 왕위에 오른다 하더라도 장차 편안하게 지내실 수 있겠습니까?

태자께서는 저 물 속에서 부침하는 물고기를 보지 못하셨습니까? 강

---

110) 소공(昭公) : 춘추시대 정(鄭)나라의 임금.
111) 이 단락의 근거는 『춘추좌씨전』 환공(桓公) 6년과 11년의 기사에서 찾아볼 수 있음.
112) 당시 제나라의 임금은 희공(僖公)이고 그 딸은 문강(文姜)이었음.
113) 노(魯)나라 환공(桓公) 6년의 일이었음.
114) 제중(祭仲) : 춘추시대 정(鄭)나라 사람.
115) 부왕(父王) : 소공의 아버지 장공(莊公)을 말함. 장공에게는 사랑하는 많은 여자와 그 아들들이 있었음.
116) 태자 : 소공을 말함. 당시 소공은 정(鄭)나라의 태자였음.
117) 세 공자 : 장공의 아들이며 소공의 서제(庶弟)인 자돌(子突)·자미(子亹)·자의(子儀)를 말함.

폭이 넓고 수심이 깊으면 그 곳의 물고기는 크게 자랄 것입니다. 하지만 사람들은 그 물고기를 잡을 수 없습니다. 물고기가 의탁하고 있는 물이 깊기 때문입니다. 강폭이 좁고 수심이 얕으면 물고기가 헤엄을 치고 싶어도 꼬리를 담글 수 없을 것이며 장난을 치고 싶어도 지느러미를 움직일 수 없을 것입니다. 그러므로 사람들은 그 물고기를 잡을 수 있습니다. 물고기가 의탁하고 있는 물이 얕기 때문입니다. 지금 태자의 처지가 저 물고기와 무엇이 다르겠습니까?"

소공이 대답하였다.

"그대의 말씀이 옳습니다. 그렇지만 제나라는 큰 나라입니다. 그 나라 여인은 나의 배필로 적당하지 않습니다."

다시 제중이 말하였다.

"작은 나라로서 큰 나라를 섬기면 능히 그 몸을 보전할 수 있습니다. 그 몸도 하나 보전하지 못하면서 어떻게 선정(善政)을 베풀 수 있겠습니까? 태자께서 겸양으로 명예를 얻으려 한다면 이는 '헛된 이름을 사모하다가 실제로 화를 당하는 격'이 될 것입니다. 나는 태자를 보면서 그 점을 염려하고 있습니다."

그러나 소공(昭公)은 제중(祭仲)의 말을 따르지 않았다. 장공(莊公)이 죽은 뒤 소공은 여공(厲公)118)과 더불어 왕위를 다투다가 마침내 고거미(高渠彌)119)에게 시해를 당하였다.

[원문] 鄭昭公之伐北戎也, 齊人將妻之. 昭公辭.
祭仲曰, "毋固辭, 必取之. 夫以鄭國之褊小, 介於晉楚兩大國之間. 從晉, 則楚伐之, 從楚, 則晉伐之. 無歲不被兵, 僅保首尾而

---

118) 여공(厲公) : 소공의 서제(庶弟). 그는 소공을 몰아내고 왕위에 올랐다가 4년 뒤에 다시 소공에게 왕위를 빼앗겼음.
119) 고거미(高渠彌) : 춘추시대 정나라의 대부. 소공(昭公)을 시해하고 그의 아우 자미(子亹)를 왕으로 옹립하였음.

不失, 雖名爲國, 其實戰場也. 而况君多內寵, 子無大援. 而三公子皆
窺奸大位, 太子豈得立乎? 縱然得立, 其將安乎? 子不見夫浮陽之魚
乎? 水廣而波深, 則其身蕃碩, 人不得而害之, 以其所托者大也. 水狹
而波小, 遊不得沒尻, 戱不得揚鬐, 則人得而搰之, 以其所托者淺也.
今子之事, 何以異於此?"

昭公曰, "子之言是矣. 然齊大, 非吾耦也."

祭仲曰, "以小事大, 則能保其身. 身不能保, 善安得行? 子欲以讓
成名, 慕虛名而受實禍. 吾爲子危之."

弗從. 莊公卒, 昭公與厲公爭立, 卒爲高渠彌所弑.

11. 초(楚)나라 영왕(靈王)과 석보(析父)

옮김譯 초(楚)나라 임금 영왕(靈王)은 왕위에 오른 뒤 날이 갈수록 점점
더 교만해졌다.[120] 그는 마침내 군사를 크게 일으켜 북방을 정
벌함으로써 자신의 욕망을 실현하려 하였다. 그는 탕후(蕩侯)[121]와 반자
(潘子)[122] 등으로 하여금 군사를 거느리고 나가 서(徐)나라를 포위함으로
써 오(吳)나라 임금을 두려움에 떨게 하였다.

영왕 자신은 건계(乾谿) 지방에 머물면서, 가죽으로 만든 관(冠)을 쓰고,
진(秦)나라가 보낸 갖옷을 입고, 비취 깃으로 옷을 장식하고, 표범 가죽
으로 만든 신발을 신고, 채찍을 손에 든 채 좌우를 돌아보며 거드름을
피웠다.

---

120) 이 단락의 근거는 『춘추좌씨전』 소공(昭公) 12년의 기사에서 찾아볼 수 있음.
121) 탕후(蕩侯) : 춘추시대 초(楚)나라의 대부.
122) 반자(潘子) : 춘추시대 초(楚)나라의 대부.

"내가 이렇게 위용을 갖추고 천하를 활보하는데 누가 감히 앞을 가로막을 수 있겠는가?"

그러자 태복(太僕) 석보(析父)[123]가 간하였다.

"임금의 이번 거병(擧兵)은 무슨 명분이 있습니까?"

영왕이 대답하였다.

"내가 들으니, '대정(大鼎)[124]은 천하에서 가장 귀한 보물이기 때문에 그것을 얻는 자는 나라를 얻고 그것을 잃는 자는 일신을 망친다'고 합니다. 지금 주(周)나라 임금이 가지고 있으므로 내가 가서 그 대정을 빼앗으려고 합니다. 옛날 우리 선조[125]의 백부(伯父)이신 곤오(昆吾)께서는 과거 허(許) 땅에서 살고 있었습니다. 그런데 지금 정나라가 그 땅에 욕심을 부리며 나에게 내줄 생각을 하지 않습니다. 내가 가서 그 땅을 다시 빼앗으려고 합니다. 제(齊)·진(晉) 두 나라는 교대로 방백(方伯)[126] 노릇을 하면서 천자를 밟아 뭉갠 채 제후들을 호령하고 있습니다. 지금 나는 비록 강수(江水)·한수(漢水) 일대의 넓은 땅을 소유하였다고는 하나 단지 남방에 웅거하고 있을 따름이므로 넓은 중하(中夏)에서 뜻을 펼칠 수가 없습니다. 그러므로 나도 역시 그 곳으로 나아가 패업을 이루려고 합니다."

석보가 말하였다.

"누가 임금을 위해 그런 계책을 세웠습니까? 임금께서 만일 그 계책을 따르신다면 대사(大事)를 그르치게 될 것입니다. 천하를 다스리는 사람이 귀하게 여겨야 할 것은 인(仁)입니다. 대정(大鼎)은 사실 쓸모가 없

---

123) 석보(析父) : 춘추시대 초나라 영왕 때의 충신. 임금의 수레와 말에 관한 일을 담당하는 관원인 태복(太僕)의 벼슬을 살았음.

124) 대정(大鼎) : 일명 구정(九鼎). 큰 솥 모양의 물건으로서 황제의 권위를 상징하였음. 하(夏)나라 우(禹)임금 때 구주(九州)에서 공출한 쇠로 만들었다 함. 하(夏)·은(殷)·주(周) 삼대(三代) 때 왕실에서 상전(相傳)하던 보물이었음.

125) 선조 : 초나라의 시조 계련(季連)을 말함. 그의 맏형이 곤오(昆吾)였음.

126) 방백(方伯) : 한 지방의 제후들 가운데 우두머리.

는 물건입니다. 임금께서 만일 백성에게 인정(仁政)을 베풀어 나라의 근
본을 공고하게 하신다면 비록 한 개의 대정이 없다 하더라도 나라를 다
스리는데 무슨 해가 되겠습니까? 임금께서 만일 지나치게 욕심을 부려
나라의 기강을 무너지게 하신다면 비록 백 개의 대정이 있다 하더라도
나라를 다스리는데 무슨 도움이 되겠습니까?

또한 정나라가 소유하고 있는 허(許) 땅은 우리나라 국경에서 멀리 떨
어진 곳에 있습니다. 따라서 그 땅을 싸워서 빼앗는다 해도 이로울 것
이 없을 것입니다. 오히려 그 땅을 지키려면 어려움만 겪게 될 것입니
다. 그대로 방치해둔다 해서 해로울 것이 있겠습니까?

우리 초나라는 국토가 사방 수천 리에 달하며 강한 군사가 10만 명을
넘습니다. 방성(方城)과 한수(漢水)로 강토를 굳게 지킬 수 있으며, 운몽(雲
夢)127)의 사냥터에서 짐승을 마음대로 잡을 수 있으며, 1백 척에 달하는
높은 누대와 3천 명에 이르는 많은 무녀(舞女)로 마음껏 행락을 즐길 수
있습니다. 어찌 북방과 패권을 다툰 연후에야 임금의 마음이 흡족할 리
있겠습니까?

신령한 용도 물을 떠나면 개미에게 제압을 당하기 마련이고, 용맹한
호랑이도 산을 벗어나면 사람의 창칼에 해를 입기 마련입니다. 지금 임
금께서는 백방으로 안전한 초나라를 버려 둔 채 훈련조차 받지 못한 군
사들을 거느리고 머나먼 이역으로 나아가 뜻을 펴려 하고 계십니다. 무
릇 군사를 부리는 일은 모래를 손으로 움켜쥐는 것과 다름이 없습니다.
저들은 모아 놓아도 단단해지지 않으며 그대로 두면 쉽게 흩어져 버립
니다. 하물며 임금에게는 원망하는 사람이 많은 반면에 기질(棄疾)128)에
게는 추종하는 자들이 많습니다. 어찌 왕위를 몰래 훔치려는 자가 없을
리 있겠습니까? 우윤(右尹) 자혁(子革)129)의 오락가락하는 말을 믿어서는

---

127) 운몽(雲夢) : 땅 이름. 춘추시대 초나라 땅으로 그 곳에 임금의 사냥터가 있었음.
128) 기질(棄疾) : 춘추시대 초나라의 왕자. 영왕(靈王)을 죽이고 왕위에 올랐으니 그가 곧
　　　평왕(平王)임.

안될 것입니다."

하지만 영왕(靈王)은 그 말을 따르지 않다가 마침내 화를 당했다. 초나라 사람들은 기질(棄疾)을 받들어 임금으로 삼았다.

원문 楚靈王得國以來日益驕溢, 將大擧北伐, 以肆其欲. 使蕩侯潘子等, 帥師圍徐, 以懼吳王.

次于乾谿, 皮冠, 秦復陶, 翠被, 豹舄, 執鞭以示左右曰, "以我之威, 橫行天下, 誰有沮遏之者?"

僕析父諫曰,[130] "王之此擧, 何名?"

王曰, "我聞, 大鼎, 天下之寶, 得之者得國, 失之者亡身. 今周王有之, 我欲往求其鼎. 昔我先祖伯父昆吾, 舊許是宅. 今鄭人貪賴其田而不我與, 我欲往求其田. 齊晉相繼爲方伯, 躡天子, 以令諸侯. 今我雖有江漢之大, 而只據南土, 未得肆志於中國. 故我亦往求其覇."

析父曰, "誰爲王構此謀者? 王聽其謀, 大事去矣. 王者之所貴, 仁也, 鼎實無用. 王若施仁政於民, 以鞏邦本, 則雖無一鼎, 何害於治? 王若淫肆縱欲, 斁敗國綱, 則雖有百鼎, 何補於治? 且鄭人之田, 不與我接界, 爭之無利, 而守之爲難. 棄置之, 何傷? 楚地方數千里, 勝兵十萬, 方城漢水, 足以爲固. 雲夢藪澤, 足以蒐獵. 崇臺百尺, 舞女三千, 足以自樂. 豈必爭長於北方, 然後始快其欲哉? 神龍失水, 爲螻蟻所制, 猛虎離山, 爲兵罟所害. 今王棄萬全之楚, 而率不鍊之兵, 欲聘志於遐逖之域. 夫兵如搏沙, 聚之不固, 而放之易散. 況人之怨王者多, 附棄疾者衆, 得無有窺奸大位者乎? 右尹子革, 反覆之言, 不可信."

王不聽, 卒陷於禍. 國人奉棄疾爲王.

---

129) 자혁(子革) : 정단(鄭丹), 자혁은 그의 자임. 초나라 영왕 때 우윤(右尹) 벼슬을 살았음.
130) 이 구절의 '析'이 목판본에는 '柝'으로 되어 있음.

12. 오(吳)나라 부차(夫差)와 오자서(伍子胥)

 오(吳)나라 임금 부차(夫差)는 날이 갈수록 더욱 음란하고 방자해졌다.131)

그러자 오자서(伍子胥)132)가 글을 써서 부차에게 간하였다.

"제가 들으니, '나라가 흥하는 데에는 다섯 가지 원인이 있으며 망하는 데에도 역시 다섯 가지 원인이 있다'고 합니다. 현명함을 좋아하는 경우에는 흥하며, 학문을 좋아하는 경우에는 흥하며, 덕(德)을 좋아하는 경우에는 흥하며, 인(仁)을 좋아하는 경우에는 흥하며, 의(義)를 좋아하는 경우에는 흥합니다. 사냥에 몰두하는 경우에는 망하며, 유람에 몰두하는 경우에는 망하며, 음악에 몰두하는 경우에는 망하며, 음주에 몰두하는 경우에는 망하며, 여색에 몰두하는 경우에는 망합니다. 어떤 사람에게 이상의 다섯 가지 좋아하는 것이 있는데 그 좋아하는 것을 자기 자신이 알고 있다면 그는 부귀 영화를 누리며 하는 일마다 이롭지 않은 것이 없을 것입니다. 어떤 사람에게 이상의 다섯 가지 몰두하는 것이 있는데 마냥 즐기며 그칠 줄을 모른다면 그는 세력을 잃고 위험에 처하다가 머지 않아 망할 수밖에 없을 것입니다.

옛날에 우리 선조 태백(泰伯)133)은 어진 아우 계력(季歷)을 피해 남쪽의 오랑캐 땅으로 달려와 머리를 깎고 문신을 새겼습니다. 이 지방의 야만적인 풍속을 좋아하였기 때문이 아니라 스스로 깊이 종적을 감추기 위한 방편이었습니다. 그로부터 우리 선조들은 머나먼 남쪽 변방에 거주하

---

131) 이 단락의 근거는 『춘추좌씨전』 애공(哀公) 11년의 기사에서 찾아볼 수 있음. (참조 : 『사기』「오자서열전(伍子胥列傳)」)
132) 오자서(伍子胥) : 오원(伍員), 자서는 그의 자임. 춘추시대 초(楚)나라 사람으로 그의 부형이 초나라 평왕(平王)에게 죽임을 당하자 오(吳)나라로 도망가 합려(闔廬)를 섬기다가 끝내 초나라를 정벌하였음.
133) 태백(泰伯) : 오(吳)나라의 시조. 주(周)나라 태왕(太王)의 맏아들이었음.

면서 이미 오래 전부터 문명인들의 모임에는 나아간 적이 없었습니다. 그 후 계찰(季札)134)이 중국으로 들어가 중화의 예악(禮樂)을 살펴보고 풍속의 미추(美醜)를 깨달은 뒤에 귀국하여 예악으로 정사를 베풀었습니다. 그러자 우리나라도 대략이나마 법률과 제도를 갖추게 되었습니다.

선왕(先王)135)께서는 나라의 누추한 실정을 개탄한 나머지 국정을 개혁하여 문화를 발전시켜 보려고 저에게 정사를 맡긴 채 함께 국사를 살피셨습니다. 이윽고 우리 군사들이 당당하게 위용을 갖추자 남방의 제후들 가운데 큰 나라는 두려움에 몸을 떨었고 작은 나라는 우리의 도움을 갈망하였습니다. 우리가 날로 국토를 넓혀 나가자 비록 초(楚)나라 같은 강대국도 그 수도 영(郢)마저 지키지 못한 채 사방으로 도망 다니기에 여념이 없었습니다. 월(越)나라 구천(句踐)은 재주가 남보다 뛰어남에도 불구하고 자립하지 못하고 회계(會稽)136) 산중(山中)에서 겨우 목숨을 부지한 채 구차하게 살아갔습니다. 제(齊)·진(晉)·정(鄭)·위(衛) 같은 나라들도 모두 우리나라를 두려워하면서 남쪽을 향해 무릎을 꿇었습니다. 선왕께서는 세 번 출정하여 황지(黃池)137)에서 패권을 다투셨습니다. 그러나 불행하게도 대업을 완수하지 못한 채 문득 여러 신하들을 버리고 승하하면서 대왕(大王)138)에게 크고 어려운 사업을 부탁하셨습니다. 지금은 대왕께서 선왕의 뒤를 이어 새롭게 출발해야 할 때입니다.

그런데 대왕께서는 이미 오래 전에 보위에 오르셨으나 아직까지 이렇다 할 치적을 쌓아 놓지 못하셨습니다. 도리어 사방으로 돌아다니며 마음껏 놀이를 즐겼고 때도 가리지 않고 짐승을 사냥하러 나갔습니다.

---

134) 계찰(季札) : 춘추시대 오(吳)나라 임금 수몽(壽夢)의 아들. 왕위를 사양한 어진 인물이었음.
135) 선왕(先王) : 합려(闔廬)를 말함.
136) 회계(會稽) : 땅 이름. 춘추시대 월(越)나라 땅으로 구천(句踐)이 그 곳에서 부차(夫差)에게 패하였음.
137) 황지(黃池) : 땅 이름. 지금의 하남성 봉구현(封丘縣) 서남 지역임.
138) 대왕(大王) : 부차(夫差)를 말함.

머무는 땅에는 누대와 연못을 만들었으며 잠자는 곳에는 비빈(妃嬪)과 잉첩(媵妾)을 두었습니다. 온갖 종류의 악기와 술독을 벌려 놓은 채 밤낮과 조석을 가리지 않고 임금과 신하들이 함께 모여 시끄럽게 놀면서 지칠 줄도 모르고 술을 마셨습니다. 비록 하(夏)나라 걸(桀)이 밤새 마셨다던 장야음(長夜飲)도 이 정도에 이르지는 않았을 것입니다. 화초는 아침에 꽃잎을 벌렸다가 저녁에 다물고, 풀은 아침에 잎사귀를 펼쳤다가 저녁에 오므립니다. 초목도 오히려 열고 닫는 때가 있는 것입니다. 그런데 대왕의 행락은 잠시도 쉬는 적이 없습니다. 저는 대왕을 보면서 애통한 심정을 금할 길이 없습니다.

월나라 구천(句踐)은 긴 목에 까마귀 부리처럼 뾰족한 입을 가지고 있으며[139] 강인하고 과감한 성격을 지니고 있습니다. 그가 겉으로는 공손한 척하며 몸을 낮추고 있으나 마음속은 원한과 반심(叛心)으로 가득 차 있습니다. 회계(會稽)에서 당한 치욕을 어느 날인들 잊을 리 있겠습니까? 그는 이미 오래 전부터 와신상담(臥薪嘗膽)[140]하고 있습니다. 그 뜻이 작지 않기 때문입니다. 어찌 끝까지 순박하고 근실하게 살아갈 리가 있겠습니까? 몇 해가 채 지나가기 전에 우리 오나라는 월나라의 소유로 전락하고 말 것입니다. 저는 폐허가 된 고소대(姑蘇臺)[141] 위에서 사슴이 뛰노는 광경을 바라보게 될 것이며, 태백(泰伯)과 중옹(仲雍)[142]의 사당에 제사가 끊어지는 광경을 목도하게 될 것입니다."

오나라 임금은 크게 노하여 오자서(伍子胥)를 죽인 뒤 그의 시신을 말

---

139) 그런 모습을 지닌 사람은 성품이 탐욕스럽다 함.
140) 와신상담(臥薪嘗膽) : '섶에 누워 쓸개를 핥는다'는 말로 원수를 갚기 위해 고심함을 뜻함.
141) 고소대(姑蘇臺) : 누대 이름. 오나라 임금 부차가 월나라 구천을 무찌른 뒤 서시(西施)를 위해 쌓았음.
142) 중옹(仲雍) : 주나라 태왕(太王)의 둘째 아들. 형 태백(太伯)과 함께 아우 계력(季歷)에게 왕위를 잇도록 하기 위해 형만(荊蠻) 지방으로 망명하자, 그 지방 사람들이 태백을 세워 오(吳)나라 임금으로 삼았으나, 태백이 죽은 뒤 아들이 없었으므로 중옹이 왕위를 계승하였음.

가죽으로 만든 술 부대 속에 넣어 강물에 띄우게 하였다.

원문

吳王夫差, 淫縱日甚.

伍子胥作書諫曰, "臣聞, 國之所以興者有五, 亡者亦有五. 好賢者興, 好學者興, 好德者興, 好仁者興, 好義者興也. 嗜獵者亡, 嗜遊者亡, 嗜音者亡, 嗜酒者亡, 嗜色者亡也. 人有五好, 而知其所好, 則安富尊榮, 吉無不利. 人有五嗜, 而嗜之不已, 則危厲朘削, 亡無日矣. 昔我先祖泰伯, 避季歷之賢, 逃竄荊蠻, 剃髮文身, 非樂其俗, 所以深自晦匿也. 自是, 邈處南隅, 不與衣裳之會者, 其來已遠. 自季札得入上國,[143] 觀中華之禮樂, 知風俗之美惡, 施之於政, 而法度粗備. 先王慨國之僻陋, 思欲澡濯而光潤之, 授政於臣, 與之共國. 以兵革之威, 南方諸侯, 大畏小懷. 疆域日闢, 雖以楚之强, 不能保郢, 償敗竄亡之不暇. 句踐以雄材, 不能自擧, 僅棲會稽而偸活. 齊晉鄭衛, 亦皆恐懼, 南向屈膝. 三駕而爭長於黃池, 不幸先王, 奄棄群臣, 不終其業, 投畀艱大于大王. 此大王繼蹤發軔之秋也. 今大王踐阼已久, 未有可紀之政, 巡遊無度, 畋獵無時. 所止之地, 有臺榭陂池, 所宿之處, 有妃嬪媵御. 繁絃急管,[144] 樽罍羅列, 夜以繼日, 晨以連夕, 君臣謔謔, 沈酗無厭, 雖夏桀長夜之飮, 不至於此也. 花房朝開而夕斂, 草葉朝舒而夕捲. 草樹猶有開合之時, 而大王之樂, 無休息之期. 臣竊爲大王痛之. 句踐長頸烏喙, 彊忍果敢, 外示遜順, 內懷猜貳, 會稽之恥, 何日忘之? 臥薪嘗膽, 今已久矣. 此其志不小, 豈長爲淳謹之人? 不數年, 吳其爲越乎! 臣見麋鹿遊於姑蘇之上. 泰伯仲雍之廟, 終不得祀矣."

吳王大怒, 殺子胥, 以鴟革裹尸, 漂之于江.

---

143) 이 구절의 '札'이 목판본에는 '扎'로 되어 있음.
144) 이 구절의 '急'이 목판본에는 '脆'로 되어 있음.

13. 위(魏)나라 오기(吳起)와 방성야인(方城野人)

옮김譯 위(魏)나라 사람 오기(吳起)[145]가 초(楚)나라로 달아나 병법(兵法)으로 그 임금 도왕(悼王)에게 벼슬을 구하였다.[146] 도왕은 그를 좋아하여 국정을 위임한 채 그의 말에 귀를 기울였다. 그가 말하는 대로 따르면서 거역하는 적이 없었다.

오기는 왕실이 미약한 반면 공족(公族)이 강성한 현실을 염려하였다. 그는 마침내 공족 가운데 소원한 자들을 관직에서 축출함으로써 그들이 받던 녹(祿)을 절약하려 하였다.

그러자 방성야인(方城野人)[147]이 오기의 집을 찾아가 문지기에게 고하였다.

"삼가 상국(相國)에게 드릴 말씀이 있습니다."

오기가 그 말을 듣고 말하였다.

"공의 말씀이 나라에 관한 것이라면 조정에서 공적으로 말씀토록 하십시오 공의 말씀이 개인에 관한 것이라면 나는 사적인 인사는 받지 않겠습니다."

방성야인이 다시 말하였다.

"상국에게 청하려는 일은 나 자신을 위한 것이 아닙니다. 상국을 염려하여 계책을 말씀드리려고 하는 것입니다. 그런데 상국께서는 높은 지위를 이용하여 이 사람을 물리치려 하고 있습니다. 그것을 어찌 옳다할 수 있겠습니까?"

오기는 할 수 없이 밖으로 나가 대청에 앉았다. 그러자 방성야인은 계단으로 올라가 절도 하지 않고 길게 읍만 올린 뒤에 입을 열었다.

---

145) 오기(吳起) : 전국시대 위(衛)나라 사람. 손무(孫武)의 뒤를 이어 전술(戰術) · 전략(戰略)을 학문적으로 탐구하여 일가를 이루었음. 저서에 『오자(吳子)』 1권이 있음.
146) 이 단락의 근거는 『사기』 「오기열전(吳起列傳)」에서 찾아볼 수 있음.
147) 방성야인(方城野人) : '방성산에 은거하는 야인'이라는 뜻임.

"밖에 소문이 자자합니다. '상공께서 공족 가운데 소원한 자들을 몰아내려 하신다'는 것입니다. 그 소문이 사실입니까?"

"그렇습니다."

"감히 묻겠습니다만 그들을 왜 몰아내려 하십니까?"

오기가 대답하였다.

"이 나라에는 미씨(芈氏)[148] 성을 가진 사람들이 한둘이 아닙니다. 그 중에서도 소(昭)·굴(屈)·경(景) 세 씨족(氏族)[149]의 가문이 더욱 강성합니다. 그 폐단이 과거부터 쌓여 왔기 때문에 저들은 음란하고 참람한 짓을 일삼으면서 상하의 위계 질서를 문란하게 만들었습니다. 이를 두고 '발목이 허벅지보다 더 굵고 머리가 도리어 발 밑에 있다'고 하는 것입니다. 나는 노(魯)나라의 삼가(三家)[150]나 진(晉)나라의 육경(六卿)[151] 같은 가문들이 오늘날 다시 일어나지 않을까 두려워하고 있습니다. 왕실이 어떻게 힘을 기를 수 있겠습니까? 하물며 조그만 이 나라가 육국(六國)이 패권을 다투는 시대를 만났습니다. 사신들의 수레는 사방에서 모여들고, 식객(食客)의 수는 무려 수천 명에 달하며, 전사(戰士)의 수 또한 그 배가 넘습니다. 하지만 나라의 창고가 텅텅 비어 있어 그 수요를 감당할 길이 없습니다. 그런데 임금의 먼 일가로서 임금의 친척이라 스스로 말하면서 부질없이 국록(國祿)만 축내는 자들이 나라 안에 반이 넘는 실정입니다. 지금 만일 저들을 조사하여 골라내지 않는다면 장차 그 비용을 감당할 수 없을 것이며 결국 나라마저 나라답지 못하게 될 것입니다."

방성야인이 말하였다.

---

148) 미씨(芈氏): 초나라 왕실의 성이 미씨(芈氏)였음.
149) 세 씨족(氏族): 초나라의 국성(國姓)인 미씨(芈氏)로부터 이들 세 씨족이 다시 파생되었음.
150) 삼가(三家): 춘추시대 노(魯)나라의 세 공족(公族). 곧 맹손씨(孟孫氏)·숙손씨(叔孫氏)·계손씨(季孫氏)의 세 가문을 말함.
151) 육경(六卿): 춘추시대 진(晉)나라의 여섯 공족(公族). 곧 지(智)·범(范)·중행(中行)·한(韓)·위(魏)·조(趙)의 여섯 가문을 말함.

"그렇지 않습니다. 무릇 임금의 일족은 나무로 비유하자면 그 가지나 잎과 같은 것입니다. 가지나 잎에 병이 들면 줄기를 보호할 수 없습니다. 따라서 그 나무는 반드시 말라죽게 마련입니다.

지난날 육웅(鬻熊)[152]이 우리나라를 개국한 이래 수백 년 동안 주(周)나라와 더불어 복록을 누릴 수 있었던 것은 종족들의 도움 덕분이었습니다. 그런데 지금 공연히 저 사람들을 몰아낸다면 저들의 원망은 날로 깊어갈 것입니다. 많은 사람들이 노여워하는 일은 하지 말아야 합니다. 만일 어느 날 아침 임금께서 갑자기 승하하셔서 조정에 서지 못하는 날이 온다면 초나라에서 상공을 죽이려고 달려드는 자들이 어찌 한둘에 그칠 리 있겠습니까?

옛날에 어떤 무부(武夫)가 운몽산(雲夢山) 기슭에 살면서 날마다 호랑이 사냥을 일삼고 있었습니다. 그러자 호랑이는 감히 그 근처에서 살지 못하고 멀리 달아나 몸을 숨겼습니다. 하지만 그 뒤에 무부가 죽자 호랑이는 마침내 떼를 지어 그 집으로 몰려가 앞다투어 그 자식들을 잡아먹었습니다. 그 씨를 말렸던 것입니다. 지금 상공께서 조정에 설 수 있는 것은 모두 임금의 위엄 때문입니다. 만일 임금의 위엄이 모두 사라진다면 상공을 씹어먹으려고 하는 자들이 나타나지 않을 리 있겠습니까?"

얼마 뒤에 도왕이 죽었다. 그러자 초나라의 종족들이 다 함께 모여 오기를 살해하였다.

吳起自魏奔楚, 以術干悼王. 王悅之, 委國而聽, 惟其所言, 而無所逆. 起患王室微而公族盛. 於是, 欲廢其疎遠者而減其祿.

方城野人詣起之門, 而告之曰, "竊有獻言於相國."

起曰, "所言公, 則公言於朝. 所言私, 余不受私謁."

---

152) 육웅(鬻熊): 초나라의 조상. 그의 현손이 초나라의 시조 웅역(熊繹)임.

野人曰, "所求於相國者, 非爲身謀, 欲爲相國計. 相國以驕貴折人, 無乃不可乎?"

起出坐堂.

野人歷階而升, 長揖不拜曰, "外間喧言, 子欲廢公族疎遠者, 信乎?"

曰, "然."

曰, "敢問欲廢之義."

曰, "國之羋姓非一, 而昭屈景之族尤盛. 因其積累之久, 驕淫邪僭, 等威紊亂. 是謂肢大於股, 首顧居下. 余恐魯三家晉六卿, 復起於今日, 王室其能張乎? 況以區區下邦, 當六國爭衡之時, 使輪旁午, 食客無慮數千人, 戰士倍之. 王之府庫空虛, 不能支供. 而微姓遠族, 稱王之親, 虛食祿者半國中. 今不覈而辨之, 則將無以堪, 而國非其國矣."

野人曰, "不然. 夫王之有族, 猶樹之有枝葉. 枝葉瘁, 則無所庇本根, 而樹必枯矣. 自鬻熊開國以來, 數百載間, 與周匹休者, 皆宗族扶持之力也. 今無故廢之, 人怨日深, 衆怒難犯. 若一朝, 王晏駕而不立於朝, 楚國之所以收君者, 豈其少哉? 昔有武夫, 居雲夢之傍, 日以射虎爲業, 虎逃遁而不敢近. 其後, 武夫死, 群虎入其家, 爭食其子而殲之. 今子之所以立者, 皆王之威也. 若王威散盡, 則豈無食子之肉者乎?"

未幾, 悼王卒. 楚之宗族, 聚謀殺起.

14. 조(趙)나라 모수(毛遂)와 어떤 사람

옮김
譯   조(趙)나라 사람 모수(毛遂)153)가 평원군(平原君)154)의 문하에 머물고 있었다.155) 그러나 10년 동안이나 그 능력을 인정받지 못하였다.

평원군의 총애를 받던 신하 한 사람이 모수에게 말하였다.

"그대는 이름을 떨치지 못하는 이유를 알고 있습니까? 내가 그 이유를 분명하게 설명해 드리겠습니다. 그것은 바로 그대가 방법을 제대로 선택하지 못했기 때문입니다. 지금 방안에서 등잔불을 켠다면 그 불빛이 사방의 벽을 환하게 비추지만 등잔 밑은 어둡기 마련입니다. 종각(鍾閣)에서 종을 친다면 그 소리가 사방으로 멀리 퍼져 나가지만 종 밑은 조용하기 마련입니다. 낮은 곳에는 빛이나 소리가 미칠 수 없기 때문입니다. 그대가 평원군의 문하에 머무르면서 인정을 받지 못하는 것도 역시 그와 같은 이치입니다. 그대는 장차 용모를 아름답게 꾸미고 아부를 하는 것이 좋을 것입니다."

"나는 얼굴이 못생겨서 그렇게 할 수 없습니다."

"그렇다면 옷을 곱게 입고 능력을 발휘하는 것이 좋을 것입니다."

"나는 집이 가난하여 그렇게 할 수 없습니다."

"그렇다면 말을 공교롭게 하여 환심을 사는 것이 좋을 것입니다."

"나는 구변이 없어 그렇게 할 수 없습니다."

그 사람이 다시 말하였다.

---

153) 모수(毛遂) : 전국시대 조(趙)나라의 책사(策士). 공자(公子) 평원군(平原君)과 함께 초(楚)나라로 가서 초(楚)가 조(趙)와 함께 합종(合從)하게 하는 공을 이루었음.
154) 평원군(平原君) : 전국시대 조(趙)나라의 공자. 무령왕(武靈王)의 아들로서 식객(食客)을 많이 두고 혜문왕(惠文王)과 효성왕(孝成王)을 도와 여러 차례 나라를 위기에서 구하였음. 제나라의 맹상군(孟嘗君), 초나라의 춘신군(春信君), 위나라의 신릉군(信陵君)과 함께 사공자(四公子)로 일컬어짐.
155) 이 단락의 근거는 『사기』 「평원군열전(平原君列傳)」에서 찾아볼 수 있음.

"그렇다면 일을 부지런히 하면서 이리저리 뛰어다니는 것이 좋을 것입니다."

모수가 대답하였다.

"나는 몸이 둔해 그렇게 할 수 없습니다. 사람의 운명은 하늘에 달린 것입니다. 천명을 어찌 마음대로 할 수 있겠습니까? 천명을 마음대로 할 수 있다면, 용모가 아름다운 자는 벼슬하지 못하는 경우가 없을 것이며, 재물이 많은 자는 명예를 얻지 못하는 경우가 없을 것입니다. 말을 잘하는 자는 뜻을 펴지 못하는 경우가 없을 것이며, 행동이 민첩한 자는 높은 자리에 오르지 못하는 경우가 없을 것입니다. 그런데 나는 저 용모나 재산이나 구변이나 민첩성 따위를 타고나지 못했습니다. 장차 천명을 기다려 보도록 하겠습니다."

얼마 뒤에 평원군은 남쪽 초나라로 가 조약을 맺고 돌아왔다. 모수는 그 때의 공으로 마침내 상객(上客)[156]이 되었다.

원문 毛遂在趙平原君門下, 十年而不見察.

君之幸臣, 有謂毛遂者曰, "子知所以不振之由乎? 我明告子. 子不能盡其道焉耳. 今有張燈於室, 明照四壁, 而其底不明. 鳴鍾於閣, 聲徹四遐, 而其底不聞. 以其蔽於卑下, 而不能及焉. 子之居門下而不見察, 亦猶是也. 子當美其容飾而進媚之, 可也." 曰, "貌寢不能."

曰,[157] "子當鮮其衣裳而進試之, 可也." 曰, "家貧不能."

曰,[158] "子當巧辯言語而進悅之, 可也." 曰, "口吃不能."

曰,[159] "子當勤執服役而進趨之, 可也."

---

156) 상객(上客): 상등의 식객(食客).
157) 목판본에는 '曰'이 누락되어 있음.
158) 목판본에는 '曰'이 누락되어 있음.
159) 목판본에는 '曰'이 누락되어 있음.

曰, "身鈍不能. 有命在天, 天可求乎? 天而可求, 則凡有美者無不
庸, 富者無不顯, 辯者無不伸, 敏者無不達. 夫美富辯敏, 非我所有,
吾將俟命於天."

未幾, 平原君南使於楚, 定約而還. 毛遂爲上客.

15. 초(楚)나라 장왕(莊王)과 번희(樊姬)

옮김譯   초(楚)나라 임금 장왕(莊王)이 사냥을 나갔다가 돌아와 큰 잔치
를 벌렸다.[160] 그런데 부인 번희(樊姬)[161]가 사냥터에서 잡아온
짐승의 고기를 먹지 않았다.

장왕이 번희에게 물었다.

"과인은 지금 여러 신하들과 함께 즐거움을 나누고 있습니다. 그런데
부인께서는 무엇 때문에 고기를 잡숫지 않는 것입니까?"

번희가 울면서 대답하였다.

"첩에게 세 가지 근심이 있기 때문에 울고 있습니다."

"세 가지 근심이라니 그것이 무엇입니까?"

"지금 여름철을 만나 만물이 한창 성장하는 중입니다. 그런데 수태한
짐승의 배를 갈라 어린 새끼를 죽이면서 임금께서는 그 죽음을 조금도
측은하게 생각하지 않고 계십니다. 그것이 첩의 첫 번째 근심입니다. 지
금은 농사일로 한창 바쁠 때입니다. 그런데 호미를 든 백성들로 하여금
짐승을 몰게 하면서 임금께서는 저들의 생업을 조금도 염려하지 않고

---

160) 이 단락의 근거는 『사기』 「초세가(楚世家)」에서 찾아볼 수 있음. (참조 : 『열녀전(列女
傳)』 「현명전(賢明傳)」의 「초장번희(楚莊樊姬)」)
161) 번희(樊姬) : 춘추시대 초(楚)나라 장왕(莊王)의 부인으로 현명한 여인이었음.

계십니다. 그것이 첩의 두 번째 근심입니다. 천금 같은 몸으로 무성한 숲을 뚫고 다니면서 임금께서는 조금도 옥체(玉體)를 걱정하지 않고 계십니다. 그것이 첩의 세 번째 근심입니다. 이러한 것은 모두 일신을 위한 근심이 아니라 나라를 위한 근심입니다."

"부인의 말씀이 좋기는 좋습니다. 그렇지만 대전(大田)[162]의 예를 어찌 폐할 수 있겠습니까?"

"옛사람이 까닭 없이 사냥에 나섰던 것은 아닙니다. 제사에 쓸 고기가 없으면 사냥 길에 나섰으며, 빈객을 대접할 고기가 없으면 사냥 길에 나섰으며, 임금의 푸줏간에 고기가 없으면 사냥 길에 나섰습니다. 이 세 가지 경우가 아니면 임금은 사냥에 나서지 않았습니다.

무릇 밤낮을 가리지 않고 놀이에 몰두하는 것을 음(淫)이라 하며, 오락에 빠져 벗어나지 못하는 것을 황(荒)이라 합니다. 말을 타고 달리며 멈추지 않는 것을 광(狂)이라 하며, 배를 타고 놀면서 돌아갈 줄 모르는 것을 방(放)이라 합니다. 이 네 가지 가운데 하나라도 해당되는 것이 있으면 그 나라는 반드시 패망하기 마련입니다. 하물며 때도 없이 사냥에 나섬으로써 백성들의 원망을 사는 경우야 말하여 무엇하겠습니까?

지금 임금의 축사(畜舍)에는 소와 양이 무럭무럭 자라고 있습니다. 궁중의 동산에는 매와 오리가 떼지어 놀고 있으며, 연못 속에는 물고기가 풍성하게 자라고 있으며, 희생으로 쓸 짐승들도 모자라는 것이 없습니다. 어찌하여 친히 험한 산 속을 뚫고 다니면서 힘드는 줄도 모르십니까?"

장왕이 다시 물었다.

"그렇다면 무엇 때문에 옛사람은 계절이 바뀔 때마다 매번 사냥터로 나가 군사들을 조련시켰던 것입니까?"

번희가 대답하였다.

"옛사람도 춘수(春蒐)·추선(秋獮)[163] 등의 사냥을 네 계절마다 각각 시

---

162) 대전(大田) : 천자나 제후가 친히 사냥하면서 군사들을 조련시키는 것.
163) 추선(秋獮) : 가을철에 실시하는 사냥. 봄철에 실시하는 사냥은 춘수(春蒐)라 함.

행하였습니다. 하지만 유사(有司)에게 명하여 필요한 짐승을 잡게 하였을 뿐입니다. 군사를 선발하거나 무예를 연마하게 하는 일은 모두 농사철이 아닌 때를 이용하였습니다. 지금 임금께서 하시는 것처럼 불요불급한 일로 군사를 동원하여 짐승을 마구 잡아들이는 짓은 하지 않았던 것입니다. 태강(太康)은 사냥을 나갔다가 백일(百日) 동안이나 궁중으로 돌아가지 않았고, 걸(桀)은 때를 가리지 않고 사냥터를 전전하였습니다. 그러므로 저들은 나라를 망하게 하였습니다. 탕왕(湯王)은 그물을 열어 짐승을 풀어 주었고, 문왕(文王)은 감히 사냥을 즐기려 하지 않았습니다. 그러므로 저들은 나라를 흥하게 하였습니다. 지금 임금께서는 천하의 패권을 잡으려 하시면서 탕왕과 문왕의 미덕을 본받지 아니하고 태강과 걸의 소행을 답습하고 있습니다. 그 때문에 첩이 슬퍼하는 것입니다."

장왕은 마침내 과거를 돌이켜 보며 스스로 반성하였다. 그리고 그는 잘못된 정사를 새롭게 바꾸면서 중하(中夏)의 여러 나라들과 패권을 다투었다. 이는 모두 번희(樊姬)의 간언 덕분이었다.

 楚莊王獵還, 將大饗. 樊姬不食鳥獸之肉.

王問曰, "寡人與群臣同樂. 夫人之不食, 何故?"

姬泣而對曰, "妾有三憂, 是以泣也."

王曰, "何謂三憂?"

姬曰, "當今夏月, 萬物長成, 而刳胎殺夭, 曾無慈惻, 是妾一憂. 農務方興, 而使荷鋤之民, 使之驅獸, 曾不收恤, 是妾二憂. 以千金之軀, 仰穿蒙翳, 曾不顧慮, 是妾三憂. 是皆爲國憂, 而非私憂也."

王曰, "夫人之言, 美則美矣. 大田之禮, 其可廢乎?"

姬曰, "古人非徒爲也. 無乾豆之薦則獵, 無賓客之供則獵, 無君庖之盈則獵. 非此三者, 君不擧焉. 夫留連自樂謂之淫, 耽樂無厭謂之荒, 馳騁不止謂之狂, 遊蕩忘返謂之放. 有一于此, 其國必敗. 而況不時之獵, 尤博民怨? 今王之囿圉, 牛羊繁畜, 內苑鷹鷲有餘, 池中魚鱉不乏, 犧牲供頓, 無有所闕. 何苦親冒險阻, 而不知倦乎?”

王曰, “然則四時講獵之義, 何歟?”

姬曰, “蒐獮狩獵, 皆講於四時, 付之有司, 使備所需而已. 至如簡兵講武, 皆於農隙, 非若王之興不急之務, 而欲盡物取之也. 太康十旬不返, 桀恒于游畋, 所以亡也. 成湯祝網開禽, 文王不敢盤于游畋, 所以興也. 今王求霸於天下, 而不法湯文, 欲踵太康桀之所爲, 此妾所以傷也.”

莊王於是反躬自責, 改紀其政, 抗衡中國, 皆樊夫人之力也.

16. 초(楚)나라 장왕(莊王)과 번희(樊姬)

 초(楚)나라 임금 장왕(莊王)이 심영윤(沈令尹)[164]을 좋아하여 그를 몹시 총애하였다.[165]

그러자 번희(樊姬)가 임금에게 간하였다.

“영윤(令尹)에게 무슨 미덕이 있기에 임금께서 그를 그렇게 좋아하십니까?”

“그 사람은 아름답고 착한 선비랍니다. 10년 동안이나 나를 도왔으나 일찍이 게으른 빛을 보인 적이 없었습니다. 그러므로 그를 좋아하는 것입니다.”

---

164) 심영윤(沈令尹) : 이 사람이 누구인가에 대해서는 고래로 제설이 분분함. 양백준(楊伯峻)의 『춘추좌전주(春秋左傳注)』선공(宣公) 12년 전문의 주석을 참조할 수 있음.

165) 이 단락의 근거는 『한시외전(韓詩外傳)』 권2의 「초장왕(楚莊王)」조에서 찾아볼 수 있음. (참조 : 『열녀전(列女傳)』 「현명전(賢明傳)」의 「초장번희(楚莊樊姬)」)

"영윤이 비록 아름답다고는 하나 위의(威儀)를 찾아볼 수 없습니다. 취할 것이 무엇이 있겠습니까?"

"감히 묻겠습니다만 위의가 무엇입니까?"

"사람이 군자(君子)가 되는 소이가 바로 위의(威儀)입니다. 멀리서 바라보면 근엄하며, ·가까이 접근하면 따뜻하며, 말하는 소리를 들으면 숙연하며, 가까이 바라보면 순수한 것을 위(威)라 합니다. 자리에서 일어설 때에는 경쇠가 굽은 것처럼 겸손하며, 읍을 할 때에는 북을 껴안은 것처럼 공손하며, 길을 걸어갈 때에는 아이를 업은 것처럼 근실하며, 자리에 앉을 때에는 시동이 제상(祭床)에 앉은 것처럼 조용하며, 그 밖의 모든 동작을 법도에 맞게 하는 것을 의(儀)라 합니다. 『시경(詩經)』에 이르기를, '위의를 공손하게 해야 백성들의 모범이 될 수 있다'166)고 하였습니다. 그런데 영윤에게서는 그러한 위의를 찾아볼 수 없습니다. 그가 어떻게 백성을 다스릴 수 있겠습니까? 그는 나라를 다스릴 만한 인물이 아닙니다. 말을 공교롭게 하고 비위나 잘 맞추는 사람에 불과할 뿐입니다."

임금이 다시 물었다.

"그렇다면 나를 도와 백성을 다스릴 만한 사람이 누구입니까?"

번희(樊姬)가 대답하였다.

"손숙오(孫叔敖)167)가 좋을 것입니다. 그 사람은 겉으로 보기에는 허술한 듯하나 속으로 실속이 있으며, 겉으로 보기에는 재주가 없는 듯하나 속으로 지혜가 있습니다. 겉으로 보기에는 거친 듯하나 속으로 문채가 있으며, 겉으로 보기에는 말을 잘하지 못하는 듯하나 속으로 논리가 정연합니다. 그런 사람에게 백성을 다스리게 한다면 백성들은 반드시 큰 은덕을 입게 될 것입니다."

그러자 장왕은 심영윤(沈令尹)을 물러나게 하고 손숙오(孫叔敖)를 재상

---

166) 『시경』 「대아(大雅)」 「억(抑)」편의 구절. 그 원문은 '敬愼威儀 惟民之則'임. 이 시는 위(衛)나라 무공(武公)이 사람들에게 위의(威儀)를 갖추도록 훈계한 작품임.
167) 손숙오(孫叔敖) : 춘추시대 초(楚)나라 장왕(莊王) 때의 재상.

에 임명하였다. 마침내 초나라는 큰 치적을 이룩하였다.

 楚莊王悅沈令尹而寵之.
夫人諫曰, "令尹有何德, 而王悅之歟?"

王曰, "其爲人美好善士也. 輔我十年, 而無惰色, 是以悅之."

夫人曰, "令尹雖美好, 而無威儀, 何足取乎?"

王曰, "敢問威儀."

夫人曰, "人之所以爲君子者, 望之儼然, 卽之溫然, 聞之肅然, 見之粹然者, 威也. 立則磬折, 拱則抱鼓, 行則負劍, 坐則如尸, 周旋中規, 折旋中矩者, 儀也. 詩曰, '敬愼威儀, 惟民之則.' 令尹無此威儀, 其何以蒞民? 是巧言媚色之人, 非國之器也."

王曰, "然則孰能相我而蒞民?"

夫人曰, "其孫叔敖乎! 其爲人, 外若虛而內實備, 外若拙而內實慧, 外若素而內實文, 外若訥而內實辯. 以此而臨民, 民必受賜矣."

王於是退沈令尹, 而相孫叔敖. 楚國大治.

1. 제(齊)나라 환공(桓公)과 포숙(鮑叔)

옮김譯 제(齊)나라 임금 환공(桓公)[1]은 본국으로 돌아가 왕위에 오른 뒤에도 여전히 관중(管仲)[2]을 원망하였다.[3] 그는 노(魯)나라에 부탁하여 관중을 죽이려 하였다.

그러자 포숙(鮑叔)[4]이 간하였다.

---

1) 환공(桓公) : 양공(襄公)의 아우로 이름은 소백(小白)임. 이복형 규(糾)와 왕위를 다투다 포숙(鮑叔)과 소홀(召忽) 등의 도움을 받고 왕위에 올라 마침내 패업(霸業)을 이루었음.
2) 관중(管仲) : 춘추시대 제(齊)나라 환공(桓公) 때의 재상. 이름은 이오(夷吾)이며, 중(仲)은 그의 자임. 양공(襄公)의 아우 규(糾)를 섬겨 왕으로 삼으려 하였으나 실패하였음. 그 뒤에 벗 포숙(鮑叔)의 추천으로 다시 환공을 섬겨 제나라가 마침내 패업을 이루게 하였음.
3) 이 단락의 근거는 『춘추좌씨전』 장공(莊公) 11년의 기사에서 찾아볼 수 있음.
4) 포숙(鮑叔) : 춘추시대 제나라 환공 때의 대부. 양공(襄公)의 아우 소백(小白)을 보좌하여 왕위에 오르게 한 뒤 자신의 벗 관중(管仲)을 재상으로 천거하였음.

"임금께서는 무엇 때문에 이오(夷吾)를 원망하십니까?"

환공이 대답하였다.

"지난번 그가 쏜 화살이 내 허리띠 장식을 맞춘 적이 있었습니다. 그 허리띠 장식이 땅에 떨어졌을 때 과인은 짐짓 죽은 척하며 가만히 있다가 가까스로 목숨을 건졌습니다. 그 때 만일 화살이 과인의 심장을 맞추었더라면 살촉은 물론 깃털까지 몸 속으로 뚫고 들어갔을 것입니다. 그렇다면 과인이 오늘 이렇게 살아 있을 수 있겠습니까? 그 보다 더 원망스러운 일이 어디 있겠습니까?"

포숙이 다시 말하였다.

"제가 들으니, '연못은 더러운 물도 품안으로 받아들이며, 산림은 나쁜 나무도 마다하지 않는다. 아름다운 옥에도 티가 없을 수 없으며, 훌륭한 임금에게도 치욕(恥辱)이 없을 수 없다'고 합니다. 세상 이치가 본디 그런 것입니다.[5] 지금 임금께서는 난리를 무릅쓰고 국내로 돌아오셨으나 아직 국가 흥망(興亡)의 추이를 예측할 수 없습니다. 응당 마음을 너그럽게 쓰면서 스스로 자신을 꾸짖되 남을 탓하지 말고 어진 인물을 등용하여 함께 국정을 다스려야 할 것입니다. 그런데 임금께서는 지난 잘못을 잊지 않은 채 기필코 원수를 갚으려 하십니다. 어떻게 하려고 사람들에게 속 좁은 모습을 보여주는 것입니까? 또한 이오에게 무슨 죄가 있겠습니까? 신하라면 모두 제 주인을 위해 힘쓰기 마련입니다. 그 당시 이오는 규(糾)[6]가 있다는 것만 알았을 뿐입니다. 어찌 우리 임금께서 계시다는 것을 알았을 리가 있겠습니까? 임금께서는 왜 그렇게 도량이 좁으십니까? 만일 이웃 나라의 선비들이 그 소문을 듣는다면 어느 누가 우리 제나라를 찾아 나서겠습니까?"

환공이 대답하였다.

"제나라가 비록 작다고는 하나 어찌 과인을 보필할 사람이 없겠습니

---

5) 『춘추좌씨전』 선공(宣公) 15년 전문의 구절.
6) 규(糾) : 환공의 이복형. 환공과 더불어 제나라의 왕위를 다투다 실패하였음.

까? 논밭을 개간하여 농사에 힘쓰면서 곡식을 가꾸는 일이라면 습붕(隰
朋)이 있으며, 물고기 잡고 소금을 생산하여 그 소득으로 가난한 백성을
구제하는 일이라면 고혜(高傒)가 있으며, 임금이 얼굴을 붉히더라도 간언
을 반복하여 임금으로 하여금 허물을 범하지 않게 하는 일이라면 동곽
아(東郭牙)가 있으며, 옥사(獄事)를 공정하게 다스려 백성들로 하여금 아
예 소송을 일으키는 일이 없도록 하는 일이라면 현녕(弦寧)7)이 있습니다.
나아가 위험한 문제를 편안하게 해결하고 어지러운 시대를 가지런하게
다스림으로써 나라를 굳건한 반석 위에 올려놓고 민생을 편안한 방석
위에 올려놓는 일이라면 또한 그대가 감당할 수 있습니다. 과인은 이
다섯 사람과 함께 정사를 살피고 있습니다. 어찌 저 죄인(罪人)을 다시
등용할 필요가 있겠습니까?"

포숙이 대답하였다.

"그렇지 않습니다. 임금께서 단지 제나라만을 다스리려 하시는 경우
에는 그 다섯 사람만으로도 부족함이 없을 것입니다. 그렇지만 만일 천
하에 패업을 이루려 하시는 경우에는 이오(夷吾)가 아니면 아무도 그 일
을 해낼 수 없을 것입니다. 물을 가지고 비유하자면 저희들은 졸졸 흐
르는 시냇물과 같아 단지 하나의 재주만을 가지고 있을 뿐입니다. 그렇
지만 이오는 넓은 강이나 바다와 같아 그 깊이를 헤아릴 수 없습니다."

그러자 환공은 노나라로 사람을 보내 다음과 같은 말을 전하게 하였다.

"관중은 나의 원수입니다. 청컨대 내가 그를 불러들여 시원하게 복수
토록 하겠습니다."8)

이윽고 노나라가 관중(管仲)을 함거(檻車)에 실어 제나라로 돌려보냈다.
환공은 포숙으로 하여금 그를 맞이하게 하였다. 관중이 당부(堂阜)9) 고

---

7) 현녕(弦寧) : 습붕(隰朋)·고혜(高傒) 등과 더불어 제나라 환공(桓公) 때의 관리였음.
8) 노나라로부터 관중을 돌려 받기 위해 거짓말을 한 것임.
9) 당부(堂阜) : 땅 이름. 지금의 산동성 몽음현(蒙陰縣) 북서 지역으로 춘추시대에는 제
   나라 땅이었음.

을에 도착하자 환공은 그의 몸을 풀어준 뒤 상경(上卿)으로 삼아 국정을 전담하게 하였다. 그 뒤 제나라는 제후들을 규합하여 천하를 바로잡았다. 그것은 모두 관중의 노력 덕분이었다.

 齊桓公旣入齊, 怨管仲, 欲請於魯而殺之.
鮑叔諫曰, "君何怨夷吾?"

公曰, "曩者, 射吾帶鉤而中之, 帶鉤墜地, 寡人佯死得免. 若中乎心, 當沒金飮羽, 安有今日? 其怨孰大於是?"

鮑叔曰, "臣聞, 川澤納汚, 山藪藏疾, 瑾瑜匿瑕, 國君含垢, 天之道也. 君今冒亂入國, 國之隆替未定, 當寬裕宅心, 責己而不責人. 惟賢者而用之, 以共國政. 思念舊惡, 而必欲報之, 何示人以不廣也? 且夷吾有何罪? 臣各爲其主, 當時知有糾而已, 豈知有君? 君何不量之甚? 若使隣國之士聞之, 孰有向齊者乎?"

公曰, "齊國雖小, 豈無輔寡人者? 闢田野, 而務農殖穀, 則有隰朋. 興魚鹽之利, 以贍貧窮, 則有高傒. 犯顔諫諍, 置君於無過之地, 則有東郭牙. 決獄正平, 使民無訟, 則有弦寧. 至於以危爲安, 以亂爲治, 措國家於盤石, 奠民生於枕席, 亦惟吾子當之. 寡人有此五人, 與之共政, 何用是縲絏之人乎?"

鮑叔曰, "不然. 君欲治齊, 五人猶足也. 如欲成霸功於天下, 非夷吾不可. 譬之於水, 臣等如澗溪之微, 只有一派. 夷吾如江海之大, 不可測也."

於是, 桓公送人于魯曰, "管仲, 我之仇讐, 請受而甘心."

魯檻管仲而獻之. 公使鮑叔迎之, 及堂阜而脫桎梏, 以爲上卿, 任之國政. 其後, 九合諸侯, 一匡天下, 皆管仲之力也.

2. 위(衛)나라 의공(懿公)과 홍인(弘寅)

 위(衛)나라 임금 의공(懿公)은 학을 좋아하였다.[10] 그가 기르던 학이 도성에 가득하였으며 개중에는 수레를 타거나 녹을 받는 놈도 있었다.

그러자 대부 홍인(弘寅)[11]이 간하였다.

"학에게 무슨 덕이 있기에 임금께서 그토록 좋아하시는 것입니까?"

의공이 대답하였다.

"학은 신선의 부류입니다. 여타의 다른 새들과는 비교할 수 없습니다. 나는 그 깃털이 깨끗함을 사랑하며, 그 풍채가 빼어남을 사랑하며, 그 소리가 맑음을 사랑합니다."

홍인이 말하였다.

"옛날에 서려(西旅)[12]가 무왕(武王)에게 오(獒)[13]라는 사냥개를 바친 적이 있었습니다. 그러자 태보(太保)[14]가 간하기를, '무익한 짓을 하여 유익한 것을 해치지 말고, 진귀한 새나 기이한 짐승을 집에서 기르지 말라'[15]고 하였습니다. 이른바 '무익한 짓'은 동물을 사랑하는 것이고, '유익한 것'은 인민(人民)을 다스리는 것입니다.

그런데 임금께서는 지금 학을 사랑하여 심지어 공경(公卿)의 높은 벼슬자리까지 하사하셨습니다. 아울러 학을 위하여 장고(掌固)[16]로 하여금

---

10) 이 단락의 근거는 『춘추좌씨전』 민공(閔公) 2년의 기사에서 찾아볼 수 있음. (참조: 『여씨춘추(呂氏春秋)』 「충렴(忠廉)」)
11) 홍인(弘寅) : 춘추시대 위(衛)나라 의공(懿公) 때의 충신.
12) 서려(西旅) : 서방 오랑캐의 나라 이름.
13) 오(獒) : 개의 일종. 키가 큰 개로서 능히 사람의 마음을 헤아릴 줄 알았다 함.
14) 태보(太保) : 벼슬 이름. 주(周)나라 때의 삼공(三公) 가운데 하나였음. 여기서는 소공(召公)을 말함.
15) 『서경』 「여오(旅獒)」편의 구절. 그 원문은 '不作無益, 害有益, 珍禽奇獸, 不畜于家'임.
16) 장고(掌固) : 성곽이나 연못 등의 수선을 담당하던 관원.

성곽을 보수하게 하였으며, 향사(鄕師)17)로 하여금 흙을 치우게 하였으며, 옹씨(雍氏)18)로 하여금 못을 파게 하였습니다. 장차(掌次)19)로 하여금 자리를 깔게 하였으며, 늠인(廩人)20)으로 하여금 곡식을 공급하게 하였으며, 윤인(輪人)21)으로 하여금 수레를 바치게 하였습니다. 그리고 어부(馭夫)22)로 하여금 말을 몰게 하였으며, 후인(候人)23)으로 하여금 길을 벽제하게 하였으며, 호분(虎賁)24)으로 하여금 병기를 들고 학을 호위하게 하였습니다. 임금의 총애가 극에 달하였던 것입니다.

무릇 벼슬자리는 어진 사람을 대접하기 위해 주는 것이며, 녹봉은 그 노고에 보답하기 위해 주는 것입니다. 벼슬과 녹봉을 주는 것이 도리에 어긋나지 않아야 사람들은 자신의 힘을 다하는 법입니다. 그런데 지금 임금께서는 어진 사람을 대접하는 수단으로 새를 대접하고 있습니다. 이는 선왕(先王)·선후(先侯) 때의 법이 아닙니다."

의공이 대답하였다.

"인황씨(人皇氏)25)는 새 이름으로 관직의 명칭을 삼았으며, 유웅씨(有熊氏)26)는 용 이름으로 군대의 명칭을 삼았습니다. 옛사람들은 흔히 관직의 명칭에 새 등의 이름을 붙였던 것입니다. 내가 학에게 벼슬을 준 것이 어째서 부당하다는 것입니까?"

홍인이 다시 말하였다.

"그런 말씀이 아닙니다. 저 용 이름의 군대나 새 이름의 관직의 경우

---

17) 향사(鄕師) : 지방의 교육을 담당하던 관원.
18) 옹씨(雍氏) : 제방이나 연못의 관리를 담당하던 관원.
19) 장차(掌次) : 임금의 제사나 조근(朝覲) 등에 관한 일을 담당하던 관원.
20) 늠인(廩人) : 창고의 관리를 담당하던 관원.
21) 윤인(輪人) : 수레의 제작을 담당하던 관원.
22) 어부(馭夫) : 임금의 수레에 관한 일을 담당하던 관원.
23) 후인(候人) : 빈객의 영송(迎送)을 담당하던 관원.
24) 호분(虎賁) : 임금의 호위를 담당하던 관원.
25) 인황씨(人皇氏) : 태고(太古) 시대의 임금. 9개의 머리와 뱀 형상의 몸을 지녔다 함.
26) 유웅씨(有熊氏) : 상고 시대의 임금 황제(黃帝)의 별칭.

그 명칭에는 비록 새 이름을 붙여 놓았지만 그 자리에는 사람을 임명하였습니다. 그러므로 관직을 구별할 수 있었고 국사를 다스릴 수 있었습니다. 그런데 지금 임금께서는 관직에 새를 임명하셨습니다. 새가 어찌 국정을 알 리 있겠습니까? 그러므로 선비들은 모두 뜻을 잃고 앞을 다투어 초야로 물러갔습니다. 정사는 나날이 피폐해지고 있으며 백성은 나날이 곤궁해지고 있습니다. 창고마다 텅 비어 있어 사람들은 사방에서 틈을 보아 범죄를 저지르려 하고 있습니다. 저는 환난이 곧 닥치지 않을까 두려워하고 있습니다."

의공은 그 말을 듣지 않고 홍인으로 하여금 노나라를 방문하게 하였다. 그런데 잠시 뒤 오랑캐가 침입하였다. 의공은 군사를 일으켜 그들을 치려 하였다.

그렇지만 백성들이 한결같이 말하는 것이었다.

"임금께서 귀하게 여기신 것은 학입니다. 학으로 하여금 나가 싸우게 하십시오."

이윽고 사람들이 모두 흩어져 달아났다. 의공은 자신을 따르던 궁졸 200명만을 겨우 거느리고 형택(滎澤)[27]에서 오랑캐와 싸움을 벌였다. 그때 어떤 마부가 의공에게 임금의 기(旂)를 치우라고 청하였다. 그러나 의공은 또 그 말마저 듣지 않다가 결국 크게 패배하였다. 오랑캐는 의공을 죽이고 그 살을 모두 먹어치운 뒤 오직 간만을 남겨 놓았다.

홍인은 노나라에서 돌아와 그 간 앞에 엎드려 복명하면서 하늘을 원망하며 크게 울부짖었다. 이윽고 그는 자결을 결심하고 자신의 배를 갈라 창자를 꺼낸 뒤 그 자리에 의공의 간을 집어넣었다.

제후들이 그 말을 듣고 말하였다.

"위나라 임금은 비록 무도하였지만 그 신하는 저와 같이 훌륭하였다. 그 나라를 이어가게 하지 않을 수 없다."

---

27) 형택(滎澤) : 땅 이름. 황하(黃河)의 북쪽에 있었음.

마침내 초구(楚丘)[28]에 성을 쌓고 위나라를 다시 복구하게 하였다.

군자(君子)가 말하였다.

"도를 어기고 덕을 무너뜨림으로써 스스로 멸망하게 한 자가 있었다. 의공(懿公)이 바로 그 사람이다. 임금이 위험에 처하자 간언을 멈추지 않다가 스스로 죽음으로써 인을 이룬 자가 있었다. 홍인(弘寅)이 바로 그 사람이다."

衛懿公好鶴, 養鶴滿城. 鶴有升軒受祿者.

大夫弘寅諫曰, "鶴有何德, 而君獨好之如此?"

公曰, "鶴者, 仙類, 非他凡禽之比. 我愛羽毛皎潔也, 風標俊逸也, 聲音嘹亮也."

寅曰, "昔西旅貢獒, 太保諫曰, '不作無益, 害有益, 珍禽奇獸, 不畜于家.' 所謂無益者, 玩好也, 有益者, 人民政事也. 君今愛鶴, 爵至公卿, 使掌固修城, 鄉師除土, 雍氏鑿池, 掌次設薦, 廩人供粟, 輪人進車, 馭夫驅驂, 候人辟除, 虎賁設兵防衛, 其寵榮極矣. 夫爵以待其賢, 祿以酬其勞, 爵祿不悖, 則人盡其力. 今以待賢之器, 待其禽鳥, 非先王先侯之典也."

公曰, "人皇氏以鳥名官, 有熊氏以龍名師. 古人之官, 多以禽鳥名之. 余之官鶴, 豈謂匪宜?"

寅曰, "不然. 夫龍師鳥官, 名雖禽鳥, 而以人任之, 故官辨而事治. 今以鳥任官, 鳥豈知蒞政乎? 士皆解體, 爭遜于野. 政事日非, 人民日困. 倉庾空虛, 四隣伺隙而謀犯. 臣恐患亂之在朝夕也."

公不聽, 使寅通聘於魯. 未幾, 翟入, 衛公欲興師伐之.

臣民皆曰, "君之所貴者, 鶴也, 可使鶴戰."

---

28) 초구(楚丘) : 땅 이름. 지금의 하남성 활현(滑縣) 지역으로 춘추시대에는 위(衛)나라 땅이었음.

人皆逃散, 惟宮卒二百隨之, 戰于熒澤. 有車御, 請去其旗. 公又不聽, 是以大敗. 翟人盡食公肉, 獨舍其肝. 贔至, 報使於肝, 呼天大哭, 遂自刎, 刳出腹, 納公之肝而死.

諸侯聞之曰, "衛雖無道, 有臣若此, 不可不存."

於是, 城楚丘, 遂復衛焉.

君子曰, "反道敗德, 自底滅亡, 懿公有焉. 君危不忘諫, 殺身以成仁, 弘贔有焉."

3. 양(梁)나라 임금과 어떤 대부

 양(梁)나라 임금29)이 성(城) 쌓기를 좋아하였다.30)

그러자 어떤 대부가 간하였다.

"무릇 성을 쌓는 공사의 경우, 창룡(蒼龍)31)이 새벽에 나타나면 농작물의 추수를 마쳐야 하며, 심성(心星)32)이 새벽에 나타나면 공사의 자재를 준비해야 하며, 정성(定星)33)이 초저녁에 나타나면 흙을 다져야 하며, 동지(冬至) 무렵에는 하던 일을 마쳐야 합니다.34) 그 때가 지나면 농사로 바쁜 철을 만나므로 사치를 부리기 위해 백성을 동원할 수 없기 때문입

29) 임금 : 그의 성은 영(嬴)이었으나 이름과 시호는 미상임. 진(秦)나라 목공(穆公)에게 멸망하였음.
30) 이 단락의 근거는 『춘추좌씨전』 희공(僖公) 19년의 기사에서 찾아볼 수 있음.
31) 창룡(蒼龍) : 동방 칠수(七宿)의 총칭. 그 가운데 각(角)·항(亢) 2개의 별자리는 음력 9월이 되면 새벽에 동쪽 하늘에서 찾아볼 수 있음.
32) 심성(心星) : 동방 칠수(七宿) 가운데 5번째 별자리. 각(角)·항(亢) 2개의 별자리에 이어 새벽의 동쪽 하늘에서 찾아볼 수 있음.
33) 정성(定星) : 북방 칠수(七宿) 가운데 하나. 옛사람들은 이 별자리가 초저녁에 나타날 때 토목공사를 벌였음.
34) 이 부분의 번역에서는 『춘추좌씨전』 장공(莊公) 29년의 주석을 참고하였음.

니다.

옛날의 어진 임금은 궁궐을 지음에 법도가 있었고 백성을 부림에 규정이 있었습니다. 집은 먹고 자는 곳에 지나지 않았으며, 정원은 산보하는 곳에 지나지 않았으며, 누대는 기상의 변화를 관찰하는 곳에 지나지 않았으며, 성곽은 도적을 방어하는 곳에 지나지 않았습니다. 백성들의 힘을 빼앗지 않았기 때문에 나라의 근본은 더욱 견고하였습니다. 반면에 어질지 못한 임금은 사치하고 교만하여 토목공사를 힘써 일으켜 궁전과 누대를 옥으로 장식함으로써 미관을 아름답게 꾸몄습니다. 하지만 마음대로 한 지 얼마 지나지 않아 곧바로 나라를 잃고 말았습니다.

지금 조그만 우리 양나라는 진(秦) · 진(晉) 두 큰 나라들 사이에 끼어 있습니다. 저 강대국의 군사들이 모여드는 곳에 위치해 있기 때문에 그 형세는 마치 전쟁터나 다름이 없습니다. 그런데 지금 임금께서는 주변의 정세를 주도면밀하게 살피지 않은 채 함부로 백성들을 부림으로써 쉴 틈이 없게 만들고 있습니다. 나라의 창고가 비록 크기는 하지만 물자가 없어 채울 수 없으며, 각처의 성곽이 비록 많기는 하지만 군사가 없어 지킬 수 없습니다. 비록 요새(要塞)라 하는 것도 사실은 그 속이 텅 비어 있습니다. 그 때문에 바둑알처럼 변방에 널려 있는 저 요새들도 결국에는 적의 수중으로 들어갈 것입니다. 나라에 이로울 것이 없는 반면에 백성들에게 해만 끼칠 뿐입니다.

근래에는 신리(新里)[35]의 역사를 겨우 끝내자마자 문득 그 성(城)을 진(秦)나라에게 빼앗겼습니다. 그런데도 임금께서는 반성하시지 않고 성 쌓는 일을 계속하고 있습니다. 그러므로 고통을 견딜 수 없는 백성들은 그 원한이 골수에 사무친 나머지 서로 이르기를, '도적들이 곧 나타날 것이다'라고 하거나, '진나라가 곧 쳐들어올 것이다'라고 합니다. 유언비어가 여기저기서 시끄럽게 들끓자 백성들이 사방으로 달아나려 하고 있

---

35) 신리(新里) : 신성(新城). 지금의 섬서성 징성현(澄城縣)의 동북 지역임.

지만 저들을 말릴 방도가 마땅하지 않습니다. 만일 백성들이 모두 달아
나고 없다면 장차 누가 이 나라를 지키겠습니까?"

　그러나 양(梁)나라 임금은 그 말을 듣지 않았다. 그 뒤 진(秦)나라가 마
침내 양나라를 집어삼켰다.

원문　梁伯好土功.

　有大夫諫曰, "凡土功, 龍見而畢務,[36) 火見而致用, 水昏正
而栽, 日至而畢. 過此, 則時當農務, 不可擧嬴而勞衆也. 古昔賢君,
宮室有制, 役民有程. 屋宇不過容寢食, 庭除不過布步武, 臺觀不過
望氛祲, 城郭不過防寇盜. 不瘁民力, 故邦本益固. 不賢之君, 淫奢驕
暴, 務崇土木, 瓊宮瑤臺, 以爲觀美. 縱慾未幾, 而亡不旋踵. 今以梁
國之小, 間於秦晉大國兵戈輻輳之地, 其勢如戰場. 今不周慮却顧,
輕用民力, 使不得休息. 宮廩雖大, 而無可物之物. 城郭雖多, 而無可
守之卒. 雖云保障, 中實空曠, 碁布於境, 終委賊手. 無益於國, 而有
害於民. 近者, 新里之役纔完, 而遽爲秦有. 君猶不悛, 繕修不已. 民
不堪苦, 怨入骨髓, 相與言曰, '某寇將至, 秦將入寇.' 訛語騰喧, 民將
潰散, 難以止之. 無民, 將誰與守?"

　梁君不能用. 其後, 秦遂取梁.

---

36) 이 구절의 '畢'이 목판본에는 '肇'로 되어 있음. (『춘추좌씨전』 장공(莊公) 29년의 기
　사에 의거하여 바로잡았음.)

4. 조(趙)나라 유목왕(幽繆王)과 사마상(司馬尙)

옮김譯 　진(秦)나라가 장군 왕전(王翦)[37]을 보내 조(趙)나라를 공격하게
하였다.[38] 그러자 조나라는 이목(李牧)[39]과 사마상(司馬尙)으로
하여금 진의 침입을 막게 하였다. 진나라는 다시 조나라 유목왕(幽繆王)
의 총신 곽개(郭開)에게 많은 금을 주고 군신(君臣) 사이를 이간질하게 하
였다. 두 사람이 반란을 도모한다는 것이었다. 마침내 조나라 유목왕은
조총(趙蔥)과 안취(顔聚) 두 장수로 하여금 이목(李牧)과 사마상(司馬尙)의
역할을 대신하게 한 뒤 이목을 죽이고 사마상을 물러나게 하였다.

　그러자 사마상이 조나라 유목왕(幽繆王)에게 편지를 보냈다.

　"임금께서는 궁실의 제도를 보지 못하셨습니까? 서까래가 부러지면
집은 비록 완전하지 못하지만 위험한 상황에 직면하지는 않습니다. 두
공(柱栱)이 기울어지면 집은 비록 위험에 처하지만 무너지는 상황에 직
면하지는 않습니다. 하지만 만약 대들보가 부러지면 집은 반드시 무너
지고 마는 법입니다.

　이목(李牧)의 탁월한 재주와 뛰어난 지략은 당대에 견줄 사람이 없습
니다. 국가는 그를 대들보처럼 의지하고 있으며, 백성들은 그를 부모처
럼 우러르고 있으며, 사방의 나라들은 그를 귀신처럼 두려워하고 있습
니다. 이목이 아침에 죽으면 조나라는 저녁에 멸망할 것이고, 이목이 저
녁에 죽으면 조나라는 이튿날 아침에 멸망할 것입니다. 나라의 안위(安
危)와 치란(治亂)이 경각에 달려 있습니다. 그런데 임금께서는 참소하는
자의 말을 믿고 스스로 장성(長城)을 무너뜨리셨습니다. 그것을 어찌 옳
다 할 수 있겠습니까?

---

37) 왕전(王翦) : 전국시대 말기의 진(秦)나라 시황(始皇) 때의 명장.
38) 이 단락의 근거는 『사기』 「염파인상여열전(廉頗藺相如列傳)」에서 찾아볼 수 있음.
　　(참고 : 『사기』 「조세가(趙世家)」)
39) 이목(李牧) : 전국시대 조(趙)나라 유목왕(幽繆王) 때의 명장.

옛날에 걸(桀)은 관룡봉(關龍逄)을 죽였으며, 주(紂)는 비간(比干)을 죽였으며, 주(周)나라는 장홍(萇弘)을 죽였습니다. 하지만 모두 충직한 사람이었던 저들이 참화(慘禍)를 당했기 때문에 그 나라도 역시 저들과 함께 무너지고 말았습니다. 지금 이목의 공적은 저 세 사람보다 많고 그의 권위는 저 세 사람보다 무겁습니다. 밤낮으로 뛰어다니면서도 힘드는 줄 모르는 것은 일신을 위한 것이 아니라 모두 나라를 위한 것입니다. 그의 충성스러움과 용맹함을 모르는 사람이 누가 있겠습니까? 그럼에도 불구하고 문득 어느 날 아침 영문도 모르는 채 사람들 앞에서 참혹하게 죽임을 당했습니다. 진나라 사람들이 그 소식을 들으면 반드시 술잔을 치켜들고 다 함께 즐거워할 것입니다.

전에 연(燕)나라 소왕(昭王)이 악의(樂毅)[40]를 등용하여 대장으로 삼자 악의는 제(齊)나라의 성 70여 개를 함락시켰습니다. 그 뒤 연나라 혜왕(惠王)은 이간하는 자의 말을 듣고 기겁(騎劫)[41]으로 하여금 악의의 역할을 대신하게 하였습니다. 그러자 악의는 연나라를 버리고 조(趙)나라로 들어가 끝내 조나라를 튼튼하게 만들고 연나라를 허약하게 만들었습니다. 기겁은 싸움에 패해 죽임을 당했으며 연나라는 전에 함락시켰던 70여 개의 성을 모두 다시 제나라에게 빼앗겼던 것입니다. 저 연나라가 제나라에게 성을 빼앗긴 것은 자신들이 범한 작은 실수 때문이었습니다. 하지만 연나라가 전부터 소유하고 있던 땅을 잃은 것은 아니었습니다.

지금 저 호랑이 같은 진(秦)나라는 조나라를 바라보며 침을 흘리고 있습니다. 단 하루도 고기 생각을 잊은 적이 없습니다. 그렇지만 감히 우리나라를 집어삼키지 못하는 것은 오직 우리 두 사람이 있기 때문입니다. 만약 우리 두 사람이 떠난다면 조나라가 어떻게 호랑이의 아가리로부터 벗어날 수 있겠습니까? 곽개(郭開)는 중심 없이 오락가락하는 소인이고, 조총(趙蔥)과 안취(顔聚) 역시 모두 용렬한 자들입니다. 그럼에도 불

---

40) 악의(樂毅) : 전국시대 연(燕)나라 소왕(昭王)·혜왕(惠王) 때의 명장.
41) 기겁(騎劫) : 전국시대 연나라 혜왕 때의 장수.

구하고 임금께서 저들을 쓰고 계시니 조나라는 장차 위험에 직면하게
될 것입니다."

이윽고 사마상(司馬尙)은 온 집안을 거느리고 야반에 도주하였다. 그
뒤 석 달만에 진나라는 조나라 군사를 크게 무찌르고 그 임금 조천(趙
遷)[42]을 사로잡은 뒤 마침내 나라를 멸망시켰다.

원문 秦使王翦攻趙. 趙使李牧司馬尙禦之. 秦多與趙王嬖臣郭開
金, 爲反間, 言二人欲反. 趙王使趙蔥顔聚代之, 因殺李牧,
廢司馬尙.

尙投書於趙王曰, "王不見宮室之制乎? 楣桷折, 室雖缺, 而不至於
危. 柱栱傾, 室雖危, 而不至於覆. 若梁棟摧, 則室必顚仆. 李牧雄才
偉略, 當世無比, 國家倚之如棟梁, 黎庶仰之如父母, 四隣畏之如鬼
神. 牧朝亡, 則趙夕亡. 牧夕死, 則趙朝滅. 安危理亂, 在呼吸之間. 而
王信讒人之說, 自毀長城, 可乎? 昔桀殺龍逢, 紂殺比干, 周殺萇弘,
皆以忠直受禍, 而國亦與之隨隳. 今牧功多於三人, 勢重於三人. 夙
夜孶孶忘倦者, 非爲身謀, 皆爲國家. 其忠勇, 孰不知之? 一朝無罪,
遽蒙顯戮, 秦人聞之, 必擧杯相慶矣. 曩者, 燕用樂毅爲將, 下齊七十
餘城. 燕王聽間人之言, 以騎劫代之. 樂毅去燕而適趙, 卒使趙重而
燕輕. 騎劫敗死, 而七十餘城, 盡復爲齊. 夫燕之失齊, 功雖虧於一簣,
而不喪己之所有. 今秦方垂涎於趙, 而未嘗一日忘肉. 然不敢呑噬者,
徒以吾兩人存也. 吾兩人去, 則趙其能免於秦喙乎? 郭開反覆小人,
趙蔥顔聚亦皆庸材, 而王任用之, 趙蓋岌岌矣."

於是, 尙闔室夜遯. 其後三月, 秦大破趙軍, 虜王遷, 遂滅趙.

---

5. 조(趙)나라 숙후(肅侯)와 대무오(大戊午)

조(趙)나라의 임금 숙후(肅侯)가 대릉(大陵)43) 고을로 놀러 나갔다가 해가 넘어가도 돌아갈 줄을 몰랐다.44) 그가 다시 녹문(鹿門)45)으로 나가려 하였다.

그러자 대무오(大戊午)46)가 말의 고삐를 붙잡고 간하였다.

"임금의 자리가 귀한 소이는 허리띠를 느슨하게 매고 면류관을 단정하게 쓴 채 깊은 궁궐 속에 앉아 있어도 스스로 즐거움을 누릴 수 있기 때문입니다. 넓은 집과 부드러운 이불은 족히 몸을 봉양할 수 있으며, 금은과 보석은 족히 눈을 봉양할 수 있으며, 맛있는 음식과 좋은 술은 족히 입을 봉양할 수 있습니다. 각종 악기와 노래 소리는 족히 귀를 봉양할 수 있으며, 난초와 사향의 향기는 족히 코를 봉양할 수 있습니다. 하필 어가(御駕)47)를 몰고 가파른 언덕을 달려야만 기쁨을 맛볼 수 있겠습니까?

하물며 지금은 새로 봄을 맞아 양지 바른 논밭을 갈기 시작할 때입니다. 농기구를 손에 든 사람들이 들판을 온통 구름처럼 뒤덮고 있습니다. 바쁘게 움직이는 저 모습은 마치 무엇에 쫓기고 있는 것 같습니다. 하루 동안 일을 하지 않으면 백일 동안 먹을 수 없기 때문입니다.

그런데 임금께서 사냥을 즐기시기 때문에, 어가를 호위하는 자가 백명에 달하며, 창칼을 들고 뒤따르는 자가 천 명에 달하며, 말에게 꼴을 공급하거나 짐수레를 끄는 자는 거의 만여 명에 달합니다. 청장년은 모

---

43) 대릉(大陵) : 땅 이름. 지금의 산서성(山西省) 문수현(文水縣) 동북 지역으로 춘추시대에는 조(趙)나라 땅이었음.
44) 이 단락의 근거는『사기』「조세가(趙世家)」에서 찾아볼 수 있음.
45) 녹문(鹿門) : 땅 이름. 지금의 산서성(山西省) 우현(盂縣) 서북 지역으로 춘추시대에는 조나라 땅이었음.
46) 대무오(大戊午) : 전국시대 조(趙)나라 숙후(肅侯) 때의 사람.
47) 어가(御駕) : 천자가 타는 수레로서 여섯 마리의 말이 끌었음.

두 부역을 나가야 하고 노약자는 함께 길을 닦아야 합니다. 저 힘없는 백성들은 연거푸 한숨을 쉬면서도 하소연할 곳을 찾을 수 없습니다. 그것이 어찌 작은 일이겠습니까? 임금께서는 그것을 모르고 계셨습니까?"

마침내 숙후(肅侯)는 수레에서 내려 사과한 뒤 곧바로 도성으로 돌아갔다.

원문 趙肅侯游大陵, 終日忘返, 又將出鹿門.

大戊午扣馬諫曰,[48] "人君之所以爲貴, 垂紳端冕, 深居法宮, 自有樂地. 廣廈細氈足以養體, 金玉珠翠足以養目, 珍膳肴酊足以養口, 絃管歌詠足以養耳, 椒蘭栴麝足以養鼻. 何必馭六輩, 馳峻坂, 然後爲快哉? 況今新春, 傚載南畝, 執耒耟者, 霧瀷四郊, 遑遑汲汲, 如有不逮. 一日不作, 百日不食. 以君之故, 衛車者百人, 荷兵隨者千人, 供芻蕘, 驅輜物者, 幾至萬人. 强壯爭執事役, 老弱掃治道塗, 細民嗷嗷, 無所告訴. 此豈小故, 君不知之乎?"

於是, 肅侯下車致謝, 卽還城.

6. 진(陳)나라 선공(宣公)과 어떤 대부

 송(宋)나라의 재상 남궁만(南宮萬)[49]이 몽택(蒙澤)[50]에서 그 임금 민공(閔公)을 시해하였다.[51] 그는 밖으로 나가다가 태재(太宰)[52]

---

48) 이 구절의 '戊'가 목판본에는 '伐'로 되어 있음.
49) 남궁만(南宮萬): 춘추시대 송(宋)나라 민공(閔公) 때의 경(卿). 남궁장만(南宮長萬)이라고도 불렸음.
50) 몽택(蒙澤): 땅 이름. 지금의 하남성(河南省) 상구현(商丘縣) 북쪽 지역으로 춘추시대에는 송(宋)나라 땅이었음.

화독(華督)과 대부(大夫) 구목(仇牧)을 만나자 그들도 역시 살해하였다. 그
러자 소숙대심(蕭叔大心)⁵³⁾이 대공(戴公)・무공(武公)・선공(宣公)・목공(穆
公)・장공(莊公)⁵⁴⁾ 등 선대(先代) 임금의 후손들과 함께 조(曹)나라 군사를
거느리고 남궁만을 무찔렀다. 그리고 공자 어열(御說)⁵⁵⁾을 세워 임금으
로 삼았다.

남궁만은 마침내 진(陳)나라로 달아나면서 수레에 제 어미를 태우고
서둘러 하루만에 그 나라로 갔다. 송나라 사람들이 진나라에 뇌물을 주
면서 남궁만의 송환을 요청하였다. 하지만 진나라 사람들은 그를 돌려
주려 하지 않았다.

그러자 어떤 대부가 진(陳)나라 임금 선공(宣公)에게 간하였다.

"제가 들으니, '군부(君父)의 원수와는 한 하늘 밑에서 살 수 없다'고
합니다. 천하 사람들은 모두 그런 자를 미워하는 법입니다. 진(陳)과 송
(宋) 두 나라가 국토는 비록 서로 다르지만 같은 하늘 밑에서 살고 있습
니다. 어찌 악인을 비호하여 전날의 우호 관계를 저버릴 수 있겠습니까?
남궁만이라는 위인은 몸놀림이 민첩하고 힘이 세며 활을 잘 쏩니다. 그
는 제 임금을 시해한 뒤 다시 대신 두 명을 더 죽였습니다. 마치 가축을
도살하는 것처럼 조금도 꺼리는 기색이 없었습니다. 송나라에서 미움을
받는 자가 우리나라에서 편안하게 산다는 것은 결코 있을 수 없는 일입
니다.

옛날의 황제 유웅씨(有熊氏)에게는 혼돈(渾敦)이라고 하는 못된 자식이
있었으며, 소호씨(少暤氏)에게는 궁기(窮奇)라고 하는 못된 자식이 있었습

---

51) 이 단락의 근거는 『춘추좌씨전』 장공(莊公) 12년의 기사에서 찾아볼 수 있음. (참고
　: 『사기』「송세가(宋世家)」)
52) 태재(太宰) : 총재(冢宰).
53) 소숙대심(蕭叔大心) : 춘추시대 송(宋)나라 사람. '소(蕭) 땅의 숙씨(叔氏) 대심(大心)'
　이라는 뜻임.
54) 장공(莊公) : 대공(戴公) 등과 장공(莊公)은 모두 송나라의 선대(先代) 임금이었음.
55) 어열(御說) : 송나라 민공(閔公)의 아우. 그가 바로 환공(桓公)임.

니다. 전욱씨(顓頊氏)에게는 도올(檮杌)이라고 하는 못된 자식이 있었으며, 진운씨(縉雲氏)⁵⁶⁾에게는 도철(饕餮)이라고 하는 못된 자식이 있었습니다. 그 족속들이 대대로 흉악한 짓을 하면서 순(舜)임금 때까지 살고 있었습니다. 그런데 순이 그들을 제거하였습니다. 그러므로 온 천하 사람들이 합심하여 순을 천자로 추대하였던 것입니다.

옛날에 하(夏)나라가 쇠약할 때 유궁(有窮)⁵⁷⁾의 임금 예(羿)가 하나라 백성들이 불만을 품은 틈을 타 나라를 가로챘습니다. 그리고 예는 한착(寒浞)을 신임하여 그와 함께 사악한 짓을 일삼았습니다. 그런데 예의 권세가 너무 커지자 한착은 그를 미워한 나머지 자신의 무리를 이끌고 가서 예를 죽였습니다. 그리고 한착은 예의 아내를 빼앗아 그 몸에서 요(澆)와 희(豷)를 낳았습니다. 또한 교만하고 포악한 짓을 마음대로 하면서 백성들에게 해를 끼쳤습니다. 그 뒤 예의 신하였던 미(靡)가 소강(少康)⁵⁸⁾을 돕고 있다가 마침내 그 때까지 살아남아 있던 하나라의 병사들을 끌어모은 뒤 그들과 함께 한착과 요(澆)를 죽였습니다. 이는 모두 임금께서 본받아야 할 전대의 귀감입니다.

저 남궁만의 경우 그 흉악함은 사흉(四凶)⁵⁹⁾보다 더 심하고 그 죄악은 예(羿)나 한착(寒浞)보다 더 큽니다. 지금 조그만 소국(小國)인 우리 진나라가 큰 죄인을 그대로 받아들였습니다. 집안에 사나운 호랑이를 기르면서 '나는 물지 않을 것'이라고 믿는 격입니다. 그것을 어찌 옳다 할 수 있겠습니까? 하물며 위(衛)나라 사람들은 이미 맹획(猛獲)⁶⁰⁾을 송나라로 돌려보내지 않았습니까? 우리 진나라가 송나라에서 보낸 선물까지 물리

---

56) 진운씨(縉雲氏) : 유웅씨(有熊氏)·소호씨(少皡氏)·전욱씨(顓頊氏)와 더불어 모두 상고시대의 황제였음.

57) 유궁(有窮) : 나라 이름. 그 임금 예(羿)는 활을 잘 쏘았으며 하(夏)나라의 왕위를 찬탈하였다가 결국 죽임을 당하였음.

58) 소강(少康) : 하(夏)나라 중기의 임금.

59) 사흉(四凶) : 혼돈(渾敦)·궁기(窮奇)·도올(檮杌)·도철(饕餮)의 네 악인을 말함.

60) 맹획(猛獲) : 춘추시대 송나라 사람. 남궁만(南宮萬)의 일당으로 그와 함께 민공을 시해한 뒤 위(衛)나라로 달아났다가 송나라로 다시 압송되어 죽임을 당하였음.

치며 저 자를 비호해서는 안될 것입니다."

진(陳)나라 사람들은 이윽고 여인을 시켜 남궁만(南宮萬)에게 술을 먹이게 한 뒤 물소 가죽으로 만든 포대 속에 그를 집어넣었다. 그가 송나라에 도착하자 손발이 모두 포대 밖으로 나와 있었다.[61] 송나라 사람들은 그를 죽인 뒤 시신으로 젓갈을 담았다.

원문 宋萬弑閔公于蒙澤, 遇太宰督及仇牧而殺之. 蕭叔大心與戴武宣穆莊之族, 以曹師伐之, 立公子御說爲君. 宋萬遂奔陳, 以乘車輦其母, 一日而至. 宋人以賂請萬, 陳人欲勿與.

有大夫諫於君曰, "臣聞, 君父之讐, 不共戴天. 夫天下之惡, 一也. 陳與宋, 國雖異疆境, 同戴一天. 其可庇惡人, 而棄前好乎? 萬之爲人, 驍强善射, 旣弑其君, 又殺二大臣, 如屠牧豬, 曾無忌憚. 惡於宋而安於我, 萬無是理. 昔有熊氏有不才子曰渾敦, 少皞氏有不才子曰窮奇, 顓頊氏有不才子曰檮杌,[62] 縉雲氏有不才子曰饕餮. 此族, 世濟其凶, 以至于舜, 舜能去之, 故天下同心戴舜. 有夏之衰, 有窮后羿, 因夏民以代夏政, 信用寒浞, 相與詐慝. 及羿權盛, 寒浞惡之, 率衆殺羿. 因奪羿室, 生澆及豷,[63] 恣其驕暴, 而不德于民. 其後, 羿臣靡相少康, 遂收燼兵, 竟滅澆浞. 此皆前代可鑑之蹟也. 今萬, 其惡過於四凶, 其罪浮於羿浞. 今陳, 以區區小國, 容受罪惡, 養狼虎於室中, 而謂己之不噬, 可乎? 況衛人旣送猛獲, 陳不可却賂而庇之也."

陳人於是使婦人飮之酒, 以犀革裹之. 及宋, 手足皆見. 宋人醢之.

---

61) '남궁만이 센 힘으로 몸부림을 쳤으므로 가죽 포대가 다 뚫어졌다'는 뜻임.
62) 이 구절의 '檮杌'이 목판본에는 '檮抓'로 되어 있음.
63) 이 구절의 '豷'가 목판본에는 '燧'로 되어 있음. (『춘추좌씨전』 양공(襄公) 4년의 기사에 의거하여 바로잡았음.)

7. 송(宋)나라 양공(襄公)과 숙흥(叔興)

옮김譯 노(魯)나라 희공(僖公) 16년 봄에 송(宋)나라 땅에 5개의 운석(隕石)이 떨어졌으며, 그 수도(首都)의 하늘에서는 6마리의 물새가 날다가 거센 바람에 떠밀려 거꾸로 날아갔다.[64] 그 때 주(周)나라의 내사(內史)[65] 숙흥(叔興)이 송나라를 방문하였다.

그러자 송나라 임금 양공(襄公)이 물었다.

"저것은 무슨 조짐입니까?"

숙흥이 대답하였다.

"임금은 하늘을 대리하여 지상의 만물을 다스리는 사람입니다. 그러므로 하늘은 반드시 임금이 하는 일을 감독하면서 그 잘잘못에 따라 선행을 칭찬하거나 악덕을 꾸짖습니다. 치세(治世)를 만나면 먼저 좋은 조짐을 내려보냄으로써 그 임금을 찬미하고, 난세(亂世)를 만나면 먼저 재해를 내려보냄으로써 그 임금을 경계시킵니다. 그렇게 하는 까닭은 하늘이 임금을 사랑하기 때문에 변란을 당하지 않게 하려는 것입니다.

별은 양기(陽氣)의 정수(精粹)입니다. 햇빛을 받아 빛을 발하며 하늘에 늘어서 있는 것입니다. 그런데 지금 그 양기의 정수인 별이 딱딱한 돌로 변하여 하늘 위에서 땅으로 떨어졌습니다. 이는 임금이 옥좌에서 떨어지는 형상이니 결코 좋은 조짐이 아닙니다. 또한 물새는 나는 짐승입니다. 그 날개는 크고 튼튼하여 아무 방해도 받지 않고 하늘 높이 날아갈 수 있습니다. 그런데 지금 거센 바람의 힘에 부딪쳐 앞으로 나아가려 해도 나아가지 못한 채 계속하여 거꾸로 밀려갔습니다. 이는 임금이 혼암하여 남의 말을 듣지 않다가 장차 아래 사람들이 꾸미는 역모를 만날 형상입니다. 임금께서는 조심하셔야 할 것입니다."

---

64) 이 단락의 근거는 『춘추좌씨전』 희공(僖公) 16년의 기사에서 찾아볼 수 있음.
65) 내사(內史) : 나라의 법전(法典)을 담당하던 관원.

양공이 다시 물었다.

"재앙을 바꾸어 복으로 만들고 싶습니다. 그 방법이 무엇입니까?"

숙흥이 대답하였다.

"오직 덕행만이 재앙을 물리칠 수 있습니다. 임금께서 만일 덕을 닦고 몸을 단속하면서 잘못된 정사를 새롭게 바꾸신다면 비록 하늘이 재앙을 내렸다 하더라도 그 재앙은 장차 저절로 물러갈 것입니다. 그렇게 하지 않으면 장차 다가오는 재앙을 막을 도리가 없을 것입니다."

그러나 양공(襄公)은 숙흥(叔興)의 말을 따르지 않았다. 몇 해 뒤에 양공은 초(楚)나라와 패권을 다투다 초나라 사람들에게 포로로 사로잡혔다. 그는 마침내 홍수(泓水)[66]에서 부상을 당했다가 그 후유증으로 목숨을 잃었다.

魯僖公十有六年春, 隕石于宋五, 六鷁退飛, 過宋都. 是時, 周內史叔興聘于宋.

宋襄公問曰, "是何祥也?"

叔興對曰, "人君代天理物, 君之所爲, 天必知之, 隨其善惡, 而自有休咎. 治世, 先降慶祥, 所以美之也. 將亂, 先出災異, 所以戒之也. 所以然者, 天心仁愛人君, 欲弭其變也. 星者, 陽氣之精, 稟日爲光, 昭列在上. 今以陽精, 化成頑質, 從上墜下, 象君崩墜之形, 非佳兆也. 且鷁者, 飛物也. 其翮長健, 從天高飛, 無所違逆. 今爲風力所驅, 欲進而不得, 退飛而不止, 象君昏霧自用, 將有下人謀逆之釁, 不可不愼也."

公曰, "轉凶爲吉, 其道何由?"

叔興曰, "惟德可以弭之. 君若修德檢身, 改紀其政, 雖有天災, 災將自弭. 不然, 則將有患禍, 不可塞也."

襄公不能用其言. 未幾, 與楚爭霸, 爲楚所執, 竟傷於泓而卒.

---

66) 홍수(泓水): 강 이름. 지금의 하남성 자성현(柘城縣) 서쪽으로 흐름.

8. 진(晉)나라 헌공(獻公)과 사종(史宗)

 진(晉)나라 임금 헌공(獻公)이 여융(驪戎)[67]을 치려 하였다.[68]
그러자 사종(史宗)[69]이 나서서 헌공에게 말하였다.

"여융을 치지 마십시오. 저들을 친다면 장차 나라에 재앙이 일어날
것입니다."

"전쟁에서 우리가 이기지 못하겠습니까?"

"이길 것입니다."

"대신이 죽겠습니까?"

"조정 대신 가운데 죽는 사람은 없을 것입니다."

"과인이 화를 당하겠습니까?"

"임금의 수(壽)는 아직도 많이 남아 있습니다."

"그렇다면 재앙이 일어난다는 것은 무슨 말입니까?"

"치아(齒牙)가 화를 당한다는 말씀입니다."

"감히 묻겠습니다만 그것이 무슨 뜻입니까?"

"그 조짐이 의미하는 바는 치아와 유사하게 '좌우의 사람들이 틈을
벌려 놓으리라'는 것입니다. 그 형상으로 보건대 장차 참언(讒言)이 크게
일어나 나라를 망하게 할 것입니다."

"진실로 전쟁에서 이길 수 있으며 과인과 조정 대신에게 해로운 일이
일어나지 않는다면 그 밖의 작은 문제야 굳이 피할 것이 있겠습니까?"

헌공은 마침내 출정하여 여융을 무찔렀다. 그러자 여융의 임금은 두
려움에 떨며 자신의 두 딸을 헌공에게 바쳤다. 헌공은 그녀들을 가까이

---

67) 여융(驪戎) : 나라 이름. 지금의 섬서성 임동현(臨潼縣)에 있었음.
68) 이 단락의 근거는 『춘추좌씨전』 희공(僖公) 15년의 기사에서 찾아볼 수 있음. (참조
 : 『국어(國語)』 「진어(晉語)」)
69) 사종(史宗) : 춘추시대 진나라의 점쟁이. 『춘추좌씨전』과 『국어』에서는 그를 사소(史
 蘇)라 하였음.

두고 총애하면서 국정을 거의 돌보지 않았다.

사종(史宗)이 간하였다.

"나라에 해를 끼치는 것으로는 참언보다 더 큰 것이 없습니다. 참언을 미워하는 까닭은 그것이 능히 시비(是非)를 혼란스럽게 하며, 다른 사람의 허물을 지나치게 과장하고 그럴 듯하게 꾸며 그를 억울한 죄 가운데로 빠뜨리기 때문입니다. 임금이 만일 그 간계에 빠진다면 그 폐해는 이루 말할 수 없을 것입니다.

옛날에 걸(桀)은 말희(妺喜)의 참언을 듣고 관룡봉(關龍逄)을 죽였다가 결국 남소(南巢)로 추방을 당하였습니다. 주(紂)는 달기(妲己)의 참언을 듣고 비간(比干)을 죽였다가 결국 녹대(鹿臺)에서 불에 타 죽었습니다. 유왕(幽王)은 포사(褒姒)의 참언을 듣고 신후(申后)와 태자 의구(宜臼)를 폐위시켰다가 그 자신도 결국 견융(犬戎)에게 죽임을 당하였습니다. 이는 모두 전대의 밝은 거울들입니다.

여융이 비록 주(周)나라와 동성(同姓)인 희씨(姬氏)라고는 하지만 사실은 야만스러운 이민족입니다. 저들은 오랜 세월 동안 탐욕과 시기심에 물이 든 족속입니다. 더욱이 여융의 두 자매는 아름답기 짝이 없습니다. 참으로 절세의 미인들입니다. 그 마음도 또한 총명하여 남의 안색을 살피며 비위를 잘 맞출 줄 압니다. 무릇 이라는 것은 생물 중에서도 지극히 작은 미물입니다. 저 이가 사람의 손발을 물면 긁고 싶도록 가렵기는 하지만 큰 고통을 주지는 않습니다. 그렇지만 점점 몸 속으로 들어가 상처를 내면 가슴이나 배 같은 부분에 큰 병을 일으키기 마련입니다. 저 여융의 두 자매가 아름다운 얼굴을 무기로 삼아 도끼나 칼 노릇을 한다면 단지 임금의 사지(四肢)를 해롭게 할 뿐만 아니라 가슴이나 배 같은 부분까지 공격하여 큰 해를 끼칠 것입니다. 그러면 임금께서 어떻게 장수를 누리실 수 있겠습니까? 저 병통을 없애지 않는다면 장차 엄청난 재앙을 만나게 될 것입니다. 그 때는 후회해도 소용이 없을 것입니다."

그러나 헌공(獻公)은 사종(史宗)의 말을 듣지 않았다. 그 뒤 여융의 자매는 태자 신생(申生)을 참소하여 스스로 목숨을 끊게 하였다. 또한 두 공자70)를 참소하자 그들은 모두 이웃 나라로 달아났다. 진(晉)나라는 마침내 큰 혼란에 빠지고 말았다.

 晉獻公將伐驪戎.

史宗進曰, “勿伐. 伐則國將有咎.”

公曰, “戰不勝乎?” 曰, “勝.”

曰, “大臣將死乎?” 曰, “廷臣無有凶者.”

曰, “寡人其不免乎?” 曰, “君壽尙遐.”

曰, “然則何以謂之有咎.” 曰, “齒牙有禍.”

曰, “敢問其義.”

曰, “其爲兆也, 左右拆其釁, 有似齒牙. 其象, 讒言大興, 以耗邦家.”

曰, “苟或戰伐有克, 寡人與廷臣無災, 其餘細愆, 何足固避?”

遂伐驪戎破之, 戎君懼, 薦二女於晉公. 公幸而寵之, 屢廢國政.

史宗諫曰, “國之爲害, 莫大於讒. 所惡於讒者, 謂其能變亂是非, 婁斐羅織, 陷人於無妄之地也. 人君苟墮其計, 其害有不可勝言者. 昔桀聽妹喜之讒, 而殺關龍逢, 卒放於南巢. 紂聽妲己之讒, 而殺比干, 卒焚死於鹿臺. 幽王聽褒姒之讒, 廢申后及太子宜臼, 卒身死於犬戎. 此前代已然之明鑑也. 驪雖與周同姓, 其實異類, 以貪婪忮克爲心, 固所蓄積. 況姬之姊妹, 姣美無雙, 眞絶代艶物, 心又明慧, 善隨人顔色而妖媚之. 今夫疝虱, 物之至微者也. 蝕人指足, 痾癢甘爬, 不知其苦, 漸入腰腋而成痔, 則心腹受病矣. 姬以嬋娟之色, 作爲斧

---

70) 두 공자: 헌공(獻公)의 두 아들 중이(重耳)와 이오(夷吾)를 말함.

劍, 非徒戕敗四肢, 實蠱心腹而害之. 君之性命, 其能久長乎? 不去此
疾, 禍在不測, 悔之無及.”

公不之信. 其後, 姬譖太子申生而殺之, 又譖二公子, 皆出奔. 於是,
晉國大亂.

9. 제(齊)나라 군왕후(君王后)와 왕건(王建)

옮김譯 제(齊)나라의 왕비 군왕후(君王后)[71]가 죽기 전에 아들 왕건(王
建)[72]을 불러 놓고 말하였다.[73]

"선왕(先王)께서 몸소 패배를 경험하신 뒤에 다시 우리나라를 일으켜
세우면서 마음속으로 항상 두려워하고 계셨습니다. 그대도 또한 근신(近
臣)들과 더불어 감히 편안하게 쉴 틈이 없었습니다. 진(秦)나라를 섬기고
제후들과 사귀었으며 밖으로 다른 나라들과 교분을 맺으면서 안으로는
방비를 더욱 굳게 하였습니다. 다른 이유가 있었던 것이 아닙니다. 저
호랑이 같은 진(秦)나라를 믿을 수 없기 때문입니다. 다른 나라들도 비록
이랬다 저랬다 하기는 하지만 저들은 사실 우리나라의 울타리와 같습니
다. 저 울타리가 만일 사라지고 없다면 우리는 방안으로 들어오는 호랑
이를 막을 수 없을 것입니다.

무릇 진나라는 다섯 나라[74]와 한 해도 싸움을 벌이지 않은 적이 없었
습니다. 그러면서도 우리 제(齊)나라만은 한 번도 침범하지 않았습니다.

---

71) 군왕후(君王后) : 전국시대 제(齊)나라 양왕(襄王)의 부인. 현숙한 여인으로 그의 아들
  왕건(王建)이 양왕의 뒤를 이어 임금이 되었음.
72) 왕건(王建) : 전국시대 제(齊)나라의 임금 전건(田建)의 별칭.
73) 이 단락의 근거는 『사기』 「전경중완세가(田敬仲完世家)」에서 찾아볼 수 있음.
74) 다섯 나라 : 조(趙)·초(楚)·한(韓)·위(魏)·연(燕)을 말함.

하지만 저들이 진정으로 우리나라를 우대하고 있었던 것일까요? 짐짓 우대하는 척함으로써 우리나라로 하여금 그 동안 자신들에게 대항하지 않게 하려는 것이었을 뿐입니다.

옛날에 월(越)나라 사람들이 바닷가에서 살고 있었습니다. 다섯 가구가 함께 모여 살면서 토지를 공평하게 나눈 뒤 사이좋게 농사를 지었습니다. 이윽고 한 해 소득이 만석(萬石)을 넘었으므로 그들은 모두 큰 재산을 모을 수 있었습니다. 어느 한 집이 밖으로 나갈 경우에는 다른 네 집이 그 집을 지켜 주었습니다. 따라서 재물을 잃는 일도 없었습니다. 남방의 어떤 오랑캐가 그들의 재물에 욕심이 났으나 물건을 빼앗을 만한 틈을 찾을 수 없었습니다. 그러므로 그 오랑캐는 먼저 그들 가운데에서 가장 부유한 집과 사귀면서 그 주인에게 뇌물로 많은 재물을 주었습니다. 부잣집 주인은 뇌물을 받은 뒤 오랑캐가 진정으로 자신을 우대하는 줄로 알고 그를 친구로 대하기 시작하였습니다. 오랑캐가 다른 네 집의 재물을 하나하나 약탈하였으나 부잣집 주인은 그들을 돕지 않고 그냥 바라만 보고 있었습니다. 오랑캐는 네 집의 재물을 모두 탈취한 뒤 마침내 부잣집의 식구들을 다 죽이고 그 재물마저 빼앗아 버렸습니다. 월나라 사람들은 지금까지도 그 부잣집 주인의 어리석음을 비웃고 있습니다.

지금 진나라 사람들도 역시 그 오랑캐와 같은 마음을 가지고 있습니다. 저들은 단지 다섯 나라를 삼키려 하고 있을 뿐만 아니라 제나라를 삼키려는 마음 또한 단 하루도 잊은 적이 없었습니다. 앞으로 내가 죽은 뒤에도, 저 다섯 나라를 저버리지 말아야 하며, 군비(軍備)를 허술하게 하지 말아야 하며, 진나라의 술책에 빠지지 말아야 하며, 진나라가 주는 뇌물을 받지 말아야 할 것입니다. 옛날 월나라 사람이 어리석은 짓을 하여 그 나라 사람들의 비웃음을 샀던 전철을 따르지 말아야 할 것입니다."

이윽고 군왕후(君王后)가 죽은 뒤에는 후승(后勝)이 재상으로서 제나라를 다스렸다. 그런데 그는 진(秦)나라로부터 많은 뇌물을 받았으며, 다섯 나라가 진나라를 공격할 때 함께 나서서 돕지 않았으며, 전쟁에 대한 대비책도 제대로 마련하지 않았다. 그 때문에 진나라는 다른 나라들을 차례로 멸망시킬 수 있었다. 다섯 나라를 멸망시킨 뒤 진나라 군사는 마침내 제나라의 수도 임치(臨淄)[75]로 쳐들어갔다. 왕건(王建)도 결국 항복하고 말았다.

원문　齊君王后將死, 呼王建而告之曰, "先王身經喪敗, 再造齊國, 心懷危厲. 子亦與之左右, 不敢寧逸, 事秦而親諸侯, 外締交而內固局鑰焉者, 無他, 秦虎狼, 不可信也. 諸國雖若反覆, 寔我藩籬, 藩籬旣撤, 難禁虎狼之入室矣. 夫秦與五國, 無歲不戰, 而一不加兵於齊者, 豈眞厚我? 姑與之厚, 而不使我扞格於其間也. 昔有越人居海上者. 五家爲隣, 相與耕田分畝, 歲入萬鍾, 資産皆阜豊. 一家出, 則四家相守, 故無有所失. 蠻人利其財而欲之, 無間可乘, 先交其中大家, 厚賂之財. 大家受賂, 以蠻人信厚我也, 與之相友. 蠻人漸侵四家, 大家視而不救. 蠻人旣取四家, 并殲大家而有之. 越國至今笑之. 今秦亦蠻人之心也. 其心非徒欲吞五國, 其吞齊之心, 亦未嘗一日忘也. 我死後, 毋背五國, 毋弛軍備, 毋信秦謀, 毋甘秦賂. 毋效越人之事, 以爲越國所笑也."

及君王后卒, 后勝相齊, 多受秦金, 不助五國攻秦, 不修攻戰之備. 秦以故得滅五國. 五國旣滅, 秦兵卒入臨淄, 王建遂降.

---

75) 임치(臨淄) : 땅 이름. 지금의 산동성 광요현(廣饒縣) 남쪽 지역으로 전국시대에는 그 곳에 제(齊)나라의 수도가 있었음.

10. 조(趙)나라 주보(主父)와 누완(樓緩)

옮김譯   조(趙)나라 임금 주보(主父)[76]는 무용(武勇)이 뛰어났으며 또한 즐겨 군사를 풀어 사방의 이웃 나라들을 공격하였다.[77] 그렇지만 장수들은 군권(軍權)을 자기 마음대로 행사할 수 없었다. 반드시 주보에게 방략(方略)을 물은 뒤 그에 따라 군사를 움직여야 했다.

그러자 누완(樓緩)[78]이 간하였다.

"임금께서는 지난 역사를 섭렵하시면서 특히 군기(軍機)와 공수(攻守)에 대한 부분을 세심하게 살펴보셨습니다. 그리하여 '군무(軍務)에 밝은 자로는 나만한 사람이 없다'고 스스로 생각하고 있으며, 나라 안의 모든 백성들도 또한 임금을 따라갈 수 없다는 것을 잘 알고 있습니다. 그렇지만 전쟁을 하다 보면, 급박한 상황에 처하여 빨리 결단을 내려야 할 때가 있으며, 오랫동안 적과 대치한 가운데 기이한 계책을 써야 할 때가 있습니다. 그 대처 방법이 한없이 다양하고 싸움의 형세 또한 각각 다른 것입니다. 전쟁터로 나간 장수가 어떻게 일일이 임금의 지휘를 받을 수 있겠습니까?

무릇 동산(東山)[79]은 산 중에서도 큰 산입니다. 그렇지만 십 리 이상 멀리 떨어져 있으면 손바닥 하나로도 능히 그 산을 가릴 수 있습니다. 반면에 산 속으로 들어가는 경우에는 큰 창고 속의 싸라기처럼 일신이 왜소하게 느껴지는 법입니다. 전쟁의 형세는 멀리서 판단할 수 없으며, 장래의 사건은 미리 예측할 수 없습니다. 병법을 읽는 것은 형세를 직접 살펴보는 것보다 못하며, 소문을 듣는 것은 직접 경험하는 것보다

---

76) 주보(主父) : 전국시대 조(趙)나라 무령왕(武靈王)의 이칭. 왕위를 아들에게 물려준 뒤
　　스스로를 그렇게 불렀음.
77) 이 단락의 근거는 『사기』 「조세가(趙世家)」에서 찾아볼 수 있음.
78) 누완(樓緩) : 전국시대 조나라 무령왕 때의 사람.
79) 동산(東山) : 동쪽에 있는 산. 태산(泰山)을 흔히 그렇게 불렀음.

못합니다. 마치 산을 멀리서 바라보면 별 것이 아닌 것 같지만 그 속으로 들어가는 경우에는 크기를 짐작할 수 없는 것과 같습니다.

지금 임금께서는 진심으로 사람들을 대하지 않으십니다. 신하들이 제 마음대로 권한을 행사할까 두려워하면서 조금이라도 어긋나는 점이 있으면 문득 의심스런 눈초리로 저들을 바라보십니다. 또한 머뭇거리며 결단을 잘 내리지 못하십니다. 저는 국사가 날로 잘못되어 장차 재앙이 닥치지 않을까 두려워하고 있습니다."

그러나 주보(主父)는 누완(樓緩)의 말을 듣지 않았다. 그는 호복(胡服)을 입고 말에 올라 활을 쏘면서 백성들에게 병법을 가르쳤다. 친히 중산국(中山國)을 쳐서 멸망시켰고, 북으로는 연(燕)·대(代) 지방까지 올라갔으며, 서쪽으로는 운중(雲中)·구원(九原) 지방까지 나아갔다. 큰아들 장(章)을 대(代) 땅에 봉하여 안양군(安陽君)으로 삼고 작은아들 하(何)에게 나라를 넘겨주었다. 두 아들을 모두 안전하게 보전하려는 욕심에 후계자를 조기에 결정하지 못하였던 것이다. 그는 마침내 사구궁(沙丘宮)에서 굶어 죽는 화를 당하였다.

원문 趙主父勇武, 好放兵四出. 將士不得自制, 必稟方略, 然後乃行.

樓緩諫曰, "王讀前史, 凡軍機攻戰之事, 皆留意觀之, 自以爲曉兵無有如我者. 雖國人, 亦皆知莫能及王焉. 然兵有臨機速斷者, 有持久出奇者, 應變無窮, 而形勢亦異. 豈一一待王之指揮乎? 夫東山, 山之大者也. 在十里之遠, 則一手可以障之. 及身在其間, 渺如大倉之稊米也.[80] 兵難遙度, 事難逆料, 讀法不如見形, 所聞不如親履. 是猶山之遠視, 雖若可輕, 而近之, 則不可揣其高廣也. 今王不以誠信待人, 恐臣下之擅權自用, 小有過差, 便生疑貳. 又且猶豫不斷, 臣恐國

---

80) 이 구절의 '渺'가 목판본에는 '眇'로 되어 있음.

事日非, 而禍患將迫也."

王不聽, 胡服騎射以敎百姓, 親攻中山滅之, 北至燕代, 西至雲中
九原. 封長子章爲代安陽君, 傳國於小子何, 欲兩全之, 不能早決, 卒
有沙丘餓死之禍.

11. 진(秦)나라 양후(穰侯)와 진서(陳筮)

한(韓)나라 이왕(釐王) 23년에 조(趙)·위(魏) 두 나라의 군대가 함
께 한나라의 화양(華陽)[81] 지방을 공격하였다.[82] 한나라는 급히
진(秦)나라에 도움을 청하였다. 하지만 진나라는 한나라를 도우려 하지
않았다.

그러자 한나라의 상국(相國)이 진서(陳筮)[83]의 집을 찾아가 그를 설득
하였다.

"화양이 포위된 지 벌써 한 달이 지났습니다. 화양은 우리 한나라의
관문(關門)입니다. 화양이 만일 함락을 당한다면 한나라는 망한 것이나
다름이 없을 것입니다. 나라가 망한다면 그대 홀로 무사할 수 있겠습니
까? 그대가 비록 병을 앓고 있기는 하지만 나라를 위해 부디 자리에서
일어나시기 바랍니다."

진서는 마침내 하룻밤을 머문 뒤 진(秦)나라로 가서 양후(穰侯)[84]를 만
났다.

양후가 물었다.

---

81) 화양(華陽) : 산 이름. 지금의 섬서성 상현(商縣)에 있음.
82) 이 단락의 근거는 『사기』 「한세가(韓世家)」에서 찾아볼 수 있음.
83) 진서(陳筮) : 전국시대 한(韓)나라 사람.
84) 양후(穰侯) : 위염(魏冉), 양후는 그의 봉호임. 전국시대 진(秦)나라의 재상이었음.

"대부께서 무슨 일로 그렇게 급하게 찾아오셨습니까? 나라에 급한 일이 일어난 것 아닙니까?"

진서가 대답하였다.

"급한 일은 없습니다."

그러자 양후는 화를 냈다.

"귀국(貴國)이 도움을 청하고 있기 때문에 사신들의 발길이 끊이질 않고 있습니다. 그런데 급한 일이 없다는 것은 무슨 말씀입니까?"

진서가 대답하였다.

"폐읍(弊邑)85)에서 보면 동쪽에는 제(齊)나라가 있고 남쪽에는 초(楚)나라가 있습니다. 모두 큰 나라들입니다. 만약 우리 한나라에 급한 일이 있었다면 먼저 저 나라로 가서 도움을 청하였을 것입니다. 하필이면 진나라에 도움을 청하겠습니까? 저도 또한 저 나라로 사행(使行)을 다니느라 경황이 없었을 것입니다. 무슨 연유로 이 나라를 찾았겠습니까?"

양후가 다시 물었다.

"그렇다면 무슨 일로 나를 찾아오셨습니까?"

진서가 대답하였다.

"제가 이곳에 온 까닭은 한나라를 구하기 위한 것이 아닙니다. 청컨대 진나라의 이로움과 불리함에 대해 말씀을 드리도록 하겠습니다. 무릇 한나라가 진나라를 섬긴 것은 한두 세대에 그친 일이 아닙니다. 진나라가 친근하게 여기는 나라도 역시 한나라 만한 나라가 없습니다. 그러므로 한나라는 마치 손발이 머리를 보호하는 것처럼 진나라를 정성껏 받들고 있습니다. 진나라 또한 마치 몸통이 팔다리를 거느리는 것처럼 한나라를 귀하게 대우하고 있습니다. 팔다리에 만일 병이 든다면 몸통인들 어찌 편안할 리가 있겠습니까?

한나라가 만일 망한다면 조(趙)·위(魏) 두 나라는 반드시 대국이 될

---

85) 폐읍(弊邑) : 자기 나라에 대한 겸칭.

것입니다. 두 나라가 대국이 된다면 저들은 장차 제(齊)·초(楚) 두 나라와 연합하여 진나라에 대항하려 할 것입니다. 바로 진나라가 울타리 하나를 잃음과 동시에 산동(山東) 지방에 맛있는 먹이를 던져주는 것과 다름이 없는 것입니다.

진나라가 만일 한나라를 후하게 대접하면서 조(趙)·위(魏) 두 나라와도 화친을 맺어 두 나라로 하여금 진나라의 울타리 노릇을 하게 한다면, 제나라는 감히 위(魏)나라 땅을 통과하여 진나라를 침범할 수 없을 것입니다. 연나라는 감히 조(趙)나라 땅을 통과하여 진나라를 침범할 수 없을 것이며, 초나라도 역시 감히 천리 길을 달려가 진나라를 침범할 수 없을 것입니다. 그러면 진나라는 마침내 무사하게 될 것입니다. 돕는 제후들이 많으며 나라의 힘이 강성하기 때문입니다."

양후(穰侯)는 마침내 한(韓)나라를 돕기 위해 군사를 이끌고 나가 화양 근처에서 조(趙)·위(魏) 두 나라의 군사를 무찔렀다. 그러자 조·위 두 나라는 진나라의 위세를 두려워하여 한나라와 화친을 맺고 물러갔다.

원문 韓釐王二十三年, 趙魏交兵攻華陽. 韓告急於秦, 秦不救. 韓相國詣陳筮之門, 謂筮曰, "華陽被圍, 今已一月. 華陽, 國之保障, 華陽若拔, 是無韓也. 無韓, 君安能獨全? 君雖有疾, 爲國强起."

筮於是一宿, 往秦, 見穰侯.

穰侯曰, "大夫來何猝? 國中無乃有急乎?"

筮曰, "不急也."

穰侯怒曰, "貴國請救, 冠蓋相望. 何謂不急?"

筮曰, "弊邑東有齊, 南有楚, 皆大國也. 韓若有急, 將求援於彼, 何必秦? 走亦勞於使命之無暇, 何緣到此?"

穰侯曰, "然則何故而來?"

筮曰, "走之來, 非欲救韓, 請言秦之利不利. 夫韓之事秦, 非一世,
秦之所親近者, 莫如韓. 韓之仰秦, 如手足之衛頭首. 秦之待韓, 如身
之有股肱. 股肱受病, 身能得安乎? 韓亡, 則趙魏必大, 大則與齊楚相
合, 將思拒秦, 是秦失一藩, 而投餌於山東也. 秦若厚韓, 連和趙魏,
使爲藩屛, 則齊不敢越魏而犯秦, 燕不敢越趙而犯秦, 楚亦不敢踰千
里而犯秦. 秦竟無事, 援衆而勢强矣."

穰侯於是發兵救韓, 敗趙魏於華陽之下. 趙魏畏秦之威, 乃與韓和.

12. 월(越)나라 구천(句踐)과 범려(范蠡)

옮김譯 월(越)나라 임금 구천(句踐)이 오(吳)나라를 멸망시켰다.[86] 그러자
오나라 임금 부차(夫差)는 스스로 목숨을 끊었으나 태재(太宰)[87]
백비(伯嚭)[88]는 포로로 사로잡혔다. 구천이 그 백비(伯嚭)를 등용하려 하
였다.

그러자 범려(范蠡)[89]가 간하였다.

"백비를 등용해서는 안 됩니다. 용서하지 말고 반드시 죽여야 할 것
입니다."

구천이 말하였다.

"백비는 오나라의 유능한 신하입니다. 나라가 망하고 임금이 죽어 의

---

86) 이 단락의 근거는 『사기』 「오태백세가(吳太伯世家)」에서 찾아볼 수 있음.
87) 태재(太宰) : 총재(冢宰).
88) 백비(伯嚭) : 춘추시대 초나라 사람. 오(吳)나라 임금 부차(夫差)에게 망명하여 그 곳에
서 태재(太宰) 벼슬을 하였음.
89) 범려(范蠡) : 춘추시대 초(楚)나라 사람. 월왕(越王) 구천(句踐)을 도와 오(吳)나라를 멸
망시켰음.

지할 곳이 없으므로 과인에게 몸을 의탁하였습니다. 과인은 차마 그를 죽이지 못하겠습니다."

범려가 대답하였다.

"오나라가 패한 것은 전적으로 백비가 나라를 잘못 이끌었기 때문입니다. 강남(江南)의 여러 나라 중에 오나라보다 강성한 나라가 없었습니다. 그렇지만 백비는 부차로 하여금 패업을 이루게 하지 못하였습니다. 그것이 백비의 죄입니다.

지난번 취리(檇李)90)의 싸움에서 합려(闔廬)91)가 중상을 당하자 죽음을 앞두고 그 아들 부차에게 명하기를, '너는 월나라를 잊지 말라'고 하였습니다. 그런데 우리가 회계(會稽) 땅에 머물면서 아침 이슬처럼 위태로운 상황에 놓여 있을 때 백비는 우리가 주는 뇌물을 받고 스스로 우리나라와 화친을 맺자고 요청하였습니다. 그것도 또한 백비의 죄입니다.

부차의 광포함이 그렇게 심한 편은 아니었습니다. 그런데 백비가 앞서거니 뒤서거니 하면서 부차를 혼암하게 만들었습니다. 부차로 하여금 여색을 탐하고 음주에 몰두한 채 마음대로 돌아다니며 유흥을 즐기다가 마침내 패망에 이르게 하였던 것입니다. 그것도 또한 백비의 죄입니다.

오나라는 군사를 일으켜 북방을 공략하면서 제(齊)·노(魯) 두 나라의 국경 지역에서 땅을 빼앗기 위해 몇 년 동안이나 싸움을 벌였습니다. 그 와중에서 죽은 장교와 사병의 수가 헤아릴 수 없이 많았으므로 지금까지도 그 고통이 오나라 백성들의 골수에 맺혀 있습니다. 그것도 또한 백비의 죄입니다.

오자서(伍子胥)는 오나라의 충신으로서 나라와 고락(苦樂)을 같이 한 사람입니다. 그런데 백비가 오나라 임금에게 참소하여 오자서에게 촉루검(屬鏤劍)92)을 하사하여 그 스스로 목숨을 끊게 하였습니다. 그것도 또한

---

90) 취리(檇李) : 땅 이름. 지금의 절강성(浙江省) 가흥현(嘉興縣) 지역임.
91) 합려(闔廬) : 춘추시대 오(吳)나라 임금. 부차(夫差)의 아버지였음.
92) 촉루검(屬鏤劍) : 명검(名劍)의 이름.

백비의 죄입니다.

백비는 어진 자를 배척하고 유능한 자를 물리쳤습니다. 자신의 뜻에 거슬리는 자는 관직에서 몰아내고, 자신에게 아부하는 자는 관직으로 불러들였습니다. 눈을 흘기며 원망하는 자에게는 보복을 가하고, 선물을 바치며 아부하는 자에게는 사랑을 베풀었습니다. 그러므로 뇌물이 답지하여 금은 보화가 집안에 가득하였습니다. 그 자신은 사리를 채운 반면에 나라는 해를 입었던 것입니다. 또한 권력을 마음대로 휘둘러 나라의 기강을 어지럽게 만들었습니다. 그것도 또한 백비의 죄입니다.

백비를 죽이지 않는다면 오나라 사람들을 위로할 수 없을 것입니다. 백비를 죽이지 않는다면 후세의 악인들을 경계시킬 수 없을 것입니다. 그러므로 그를 용서하지 말고 반드시 죽여야 하는 것입니다."

부차가 말하였다.

"전에 내가 회계에서 곤욕을 겪고 있을 때 화친을 권하는 백비의 말이 없었더라면 내 몸은 아마도 가루가 되었을 것입니다. 뇌물을 받은 것은 죄가 된다 하겠으나 실은 나에게 덕을 베푼 것입니다."

범려가 대답하였다.

"그 때문에 백비는 더욱 죽임을 면할 길이 없습니다. 등후(鄧侯)[93]는 초(楚)나라 문왕(文王)을 죽이지 않았다가 멸망을 당하였으며, 조(曹)나라 공공(共公)[94]은 진(晉)나라 문공(文公)을 죽이지 않았다가 위험에 빠졌습니다. 신하는 마땅히 정성을 다해 임금을 섬겨야 하며, 나라에 해로운 것이 있으면 힘써 제거해야 합니다. 적국(敵國)의 책략을 믿음으로써 스스로 멸망의 길로 나아간 것을 어찌 옳다 할 수 있겠습니까?"

마침내 월나라 임금 구천(句踐)은 백비(伯嚭)의 목을 베었다.

---

93) 등후(鄧侯) : 춘추시대 등(鄧)나라의 임금.
94) 공공(共公) : 춘추시대 조(曹)나라의 임금.

越王句踐滅吳, 吳王自刎. 太宰嚭被擒, 越王將欲用之. 范蠡諫曰, "嚭不可用, 必殺無赦."

王曰, "嚭, 吳之能臣也, 國破君亡, 無所於歸, 依芘寡人. 寡人不忍 殺之."

蠡對曰, "吳所以敗, 皆嚭導之也. 江南諸國, 莫强於吳, 而不能使 夫差成霸, 此又嚭之罪也. 往者, 檇李之戰,[95] 闔廬被傷, 將死, 謂夫 差曰, '汝母忘越.' 及我棲會稽之時, 危如朝露, 而受我之賂, 請我行 成, 此又嚭之罪也. 夫差非甚狂暴, 而嚭導從於昏, 使之耽色酗酒, 縱 肆遊樂, 竟至於敗, 此又嚭之罪也. 興師北伐, 略地齊魯之境, 數年相 戰, 士卒死者無算. 至今吳民痛纏骨髓, 此又嚭之罪也. 子胥, 吳之忠 臣, 與國同休戚者也, 而譖于吳王, 賜屬鏤之劍以死, 此又嚭之罪也. 賢者斥之, 能者擯之. 違誤於己者退之, 阿附於己者進之. 睚眦之怨 者報之, 苞苴之奉者悅之. 賄賂坌集, 金玉滿堂, 有益於身, 而無益於 國, 操持柄權, 濁亂綱紀, 此又嚭之罪也. 不誅嚭, 無以慰吳人. 不誅 嚭, 無以徵後惡. 必殺無赦."

王曰, "昔我困辱會稽, 非嚭之言, 我幾麋粉.[96] 受賂雖有罪, 而於 我實有德也."

蠡對曰, "此嚭所以不得免也. 鄧侯不殺楚文王而滅, 曹不殺晉文公 而殆. 人臣之道, 當盡忠事君, 知國之害而去之. 豈有信敵國之謀, 自 就滅亡乎?"

越王遂誅嚭.

---

95) 이 구절의 '檇'가 목판본에는 '攜'로 되어 있음.
96) 이 구절의 '麋'가 목판본에는 '糜'로 되어 있음.

13. 위(衛)나라 원군(元君)과 어떤 대부

위(衛)나라 임금 원군(元君)97)은 위(魏)나라 임금의 사위였다.98) 그는 위(魏)나라의 도움 때문에 왕위에 오를 수 있었다. 그런데 위(魏)나라가 망하자 진(秦)나라는 위(衛)나라의 복양(濮陽)99)을 빼앗은 뒤 그 고을을 동군(東郡)이라 명명하였다.

마침내 위(衛)나라의 영토는 단지 야왕(野王)100) 고을 하나밖에 남지 않았다. 그러자 원군은 나라가 망하지 않을까 두려워하면서 어떤 대부에게 말하였다.

"옛날에 여후(黎侯)101)가 북쪽 오랑캐의 침범을 받아 나라를 잃고 우리 땅으로 들어와 몸을 의탁하였습니다. 지금도 이중(泥中)102)을 읊은 시를 읽노라면 여후가 욕을 당해 근심하던 모습을 상상할 수 있습니다. 그 당시 주(周)나라 왕실에는 비록 힘이 없었으나 제후(諸侯)나 방백(方伯)은 마음대로 다른 나라를 칠 수 있었습니다. 그래도 간혹 도움을 줄 만한 나라를 찾을 수 있었던 것입니다.

지금 진(秦)나라는 호랑이나 승냥이 같은 위세로 여섯 나라를 합병하여 천하를 하나로 통일시켰습니다. 그 과정에서 진나라는 위대한 주(周)나라의 자손이 세운 나라들을 남김없이 멸망시켰습니다. 오직 우리나라만을 남겨두었으나 저들이 어찌 우리를 사랑하는 마음에서 멸망시키지 않았겠습니까? 우리나라가 힘이 없으므로 걱정할 것이 없었기 때문입니

---

97) 원군(元君) : 전국시대 말기 위(衛)나라의 임금. 위나라는 주나라 무왕(武王)의 아우 강숙(康叔)이 세운 나라였음.
98) 이 단락의 근거는 『사기』 「위강숙세가(衛康叔世家)」에서 찾아볼 수 있음.
99) 복양(濮陽) : 땅 이름. 지금의 하남성 청풍현(淸豐縣)의 남쪽 지역임.
100) 야왕(野王) : 땅 이름. 지금의 하남성 심양현(沁陽縣) 지역임.
101) 여후(黎侯) : 여(黎)나라의 임금. 여는 주(周)나라 초기에 있었던 나라임.
102) 이중(泥中) : '진흙탕 속'이라는 뜻임. 『시경』 「패풍(邶風)」 「식미(式微)」편의 구절임. 이 시는 여(黎)나라의 신하들이 그 임금에게 나라로 돌아갈 것을 권한 작품임.

다. 과인이 명색은 비록 임금이라 하나 실은 도성(都城)의 큰 가문 하나
만도 못한 실정입니다. 아침 저녁으로 관리가 찾아와 개가 짖을 때마다
과인은 간이 떨어지는 것 같습니다. 죽임을 당하지 않을까 하는 두려움
때문입니다. 이제 처자를 버리고 깊은 산 속으로 들어가 사슴이나 돼지
같은 짐승들과 더불어 살아갈까 합니다."

그 대부가 대답하였다.

"그렇게 하실 수는 없습니다. 한 나라의 임금에게 사직(社稷)은 무거운
것이고 임금의 자리는 가벼운 것입니다. 우리 선조 강숙(康叔)께서 나라
를 개국한 이래 지금 벌써 8백여 년이 지나갔습니다. 임금께서는 그 유
업(遺業)을 계승하여 이 나라를 수호하고 계시니 그 임무가 진실로 막중
합니다. 『예기』에 '임금은 사직(社稷)을 위해 죽는다'[103]는 말이 있습니
다. 불행히 나라가 망한다 하더라도 임금께서는 죽음을 각오한 채 이
땅을 떠나지 말아야 할 것입니다. 다행히 나라를 유지한 채 목숨을 보
전하고 조상의 제사를 이어갈 수만 있다면 그 또한 만족스럽게 여겨야
할 것입니다. 어찌 공산(空山)으로 들어가 바싹 말라죽음으로써 스스로
멸망을 재촉하려 하십니까?"

위나라 원군(元君)은 마침내 나라를 떠나지 않았다. 그 후 수십 년 뒤
에 군각(君角)[104]은 폐위를 당하여 서인(庶人)이 되었다.

 衛元君爲魏王之壻, 以魏之故, 得立爲君. 及魏亡, 秦奪衛濮
陽爲東郡.

衛只有野王一縣, 懼其見滅, 謂其大夫曰, "昔黎侯爲北戎所迫, 失
國, 寓我境. 今讀泥中之詩, 其困辱愁悴之容可想也. 當其時, 周室雖
衰, 而諸侯方伯得專征伐, 猶或有可救之者. 今秦以虎狼之威, 并吞

---

103) 이 말은 『예기』 「곡례(曲禮)」편의 구절로서 그 원문은 '國君死社稷'임.
104) 군각(君角) : 위나라 원군(元君)의 아들. 그도 결국 진(秦)나라 이세(二世) 황제에게 패
    망하였음.

六國, 天下爲一. 成周子孫, 屠滅殆盡. 惟我國獨存, 其心豈愛我而不
取? 以爲微弱不足慮. 雖名爲君, 其實不如都中一大家, 朝夕吏來虎
吠, 每膽落, 恐遭誅夷. 意欲抛妻子, 遠竄巖谷, 與鹿豕竝遊也."

  大夫曰, "不然. 有國者, 社稷爲重, 君爲輕. 自我康叔肇國, 至今已
八百餘載, 君承其緒而守之, 其任固重. 禮有國君死社稷之文. 不幸
而被亡, 當效死勿去. 幸而得存, 得免於君身, 不墮先祖之祀, 亦云足
矣. 何苦枯死於空山, 而自蹙亡乎?"

  元君遂不去. 其後數十年, 君角始廢爲庶人.

14. 주(周)나라 혜왕(惠王)과 주범(周犯)

옮김譯 진(秦)·제(齊)·초(楚) 세 나라가 모두 주(周)나라의 구정(九鼎)[105]
을 빼앗아가려 하였다.[106] 주나라 혜왕(惠王)이 그를 근심하자
안솔(顔率)[107]이 제나라 초나라를 찾아가 '길이 멀어 운반하기 어렵다'는
구실을 붙여 그들의 욕심을 꺾었다.

  주범(周犯)[108]이 그 말을 듣고 주나라 혜왕에게 고하였다.

  "제가 들으니, '세 나라가 모두 구정을 요구하고 있는데 임금께서 계
책을 써서 그들을 물리쳤다'고 합니다. 그런 일이 있었습니까?"

  혜왕이 대답하였다.

---

105) 구정(九鼎) : 큰 솥 모양의 물건으로서 황제의 권위를 상징하였음. 하(夏)나라 우(禹)임
   금 때 구주(九州)에서 공출한 쇠로 만들었다 함. 하(夏)·은(殷)·주(周) 삼대(三代) 때
   왕실에서 상전(相傳)하던 보물이었음.
106) 이 단락의 근거는 『전국책(戰國策)』「동주(東周)」편에서 찾아볼 수 있음. (참고 : 『춘
   추좌씨전』 선공(宣公) 3년의 전문, 『사기』「봉선서(封禪書)」.)
107) 안솔(顔率) : 전국시대 주(周)나라 혜왕(惠王) 때의 책사(策士).
108) 주범(周犯) : 미상.

"그렇습니다."

주범이 다시 말하였다.

"만일 그렇게 하셨다면 이는 임금께서 그 보물을 사랑하지만 나라를 사랑하지 않음으로써 멸망을 재촉하는 것과 다름이 없습니다. 구정을 주는 편이 더 나을 것입니다."

혜왕이 말하였다.

"주나라 왕실에 있는 보물 가운데 구정보다 더 중요한 것은 없습니다. 나라와 더불어 존망을 함께 하였으며 역대의 제왕들이 보배로 삼았던 물건입니다. 옛날 하(夏)나라 우(禹)임금 때 구주(九州)의 방백(方伯)들로부터 쇠를 공출하여 솥을 주조하면서 온갖 사물의 형상을 새겨 넣었습니다. 백성들로 하여금 신령한 사물과 요망한 사물을 분별하여 산천의 온갖 잡귀(雜鬼)들을 만나지 않도록 함으로써 하늘이 주는 복을 받게 하려는 것이었습니다. 그런데 하나라 걸(桀)이 덕을 잃자 구정은 은나라로 옮겨졌으며, 은나라 주(紂)가 포악을 부리자 구정은 주나라로 옮겨졌습니다. 우리 성왕(成王)께서는 겹욕(郟鄏)109)에 구정의 자리를 정하고 주나라 왕업이 영원할 것을 기원하셨습니다. 그것은 하늘이 명한 것이었습니다.110) 이제 과인의 몸에 이르러 구정을 잃는다는 것은 있을 수 없는 일이 아니겠습니까?"

주범이 대답하였다.

"옛사람이 말하기를, '필부는 본디 죄가 없으나 구슬을 소유하면 죄를 얻는다'111)고 하였습니다. 주(紂)는 재보(財寶)를 끌어 모았기 때문에 망하였고, 무왕(武王)은 재보를 흩어 주었기 때문에 흥하였습니다. 무릇 구슬이나 곡식 따위는 사람의 삶에 이로운 것이지만 그것을 쌓아 놓으

---

109) 겹욕(郟鄏) : 땅 이름. 지금의 하남성 낙양현(洛陽縣) 지역으로 그 곳에 주(周)나라의 수도가 있었음.

110) 이 부분의 번역에서는 『춘추좌씨전』 선공(宣公) 3년의 전문과 그 주석을 참고하였음.

111) 이 말은 『춘추좌씨전』 환공(桓公) 10년 전문의 구절로서 그 원문은 '匹夫無罪 懷璧其罪'임.

면 해로운 법입니다. 하물며 사람의 삶에 이로울 것이 없는 구정이야 말하여 무엇하겠습니까?

우(禹)임금은 구정을 주조하면서 애초부터 보배로 생각하지 않았습니다. 온갖 사물의 형상을 새겨 넣은 것은 백성들로 하여금 단지 잡귀 따위의 요망한 사물을 멀리하게 하려는 것만을 의도한 것이 아니었습니다.112) 그리고 무왕이 낙읍(洛邑)113)으로 구정을 옮긴 것은 종묘의 미관을 아름답게 하려는 것에 지나지 않았습니다.

그런데 주나라가 힘을 잃자 이루 말할 수 없는 폐해가 나타나기 시작하였습니다. 초나라 장왕(莊王)은 구정의 대소(大小)와 경중(輕重)에 대해 물었습니다. 그는 최초로 구정을 빼앗아 가려고 생각했던 사람입니다. 지금은 진(秦)나라와 더불어 제(齊)·초(楚) 두 나라도 역시 구정에 욕심을 부리고 있습니다. 비록 안솔의 언변 덕분에 저들이 그 기도를 잠시 중단하기는 하였지만, 진나라는 호랑이처럼 사나운 나라며 제·초 두 나라도 이랬다 저랬다 하며 거짓말을 일삼는 나라이므로, 저들은 단 하루도 주나라를 잊은 적이 없었습니다. 비유하자면 세 마리의 호랑이가 침을 질질 흘리며 먹이감을 노려보고 있는 것과 같습니다. 저들은 잡아먹기 전에는 결코 물러서지 않을 것입니다. 다른 이유가 있는 것이 아닙니다. 구정이 주나라에 있음으로써 저들에게 빌미114)를 제공하고 있기 때문입니다. 어떤 사람이 병에 걸렸을 때 혹시 귀신이 빌미가 되지 않았나 하는 생각이 든다면 오히려 아득히 알 수 없는 귀신에게 기도함으로써 그 병을 물리치려 하는 법입니다. 하물며 구정은 분명하게 알 수 있는 빌미로써 뭇 사람들이 곱지 않은 눈으로 바라보고 있는 물건입니다. 그 해법을 알고 있으니 응당 구정을 버려야 하지 않겠습니까?

---

112) '백성들로 하여금 나쁜 짓을 하지 않도록 하려는 의도도 있었다'는 뜻임.
113) 낙읍(洛邑): 땅 이름. 지금의 하남성 낙양현(洛陽縣) 서쪽 지역으로 그 곳에 주(周)나라 초기의 수도가 있었음.
114) 빌미: 재앙이나 질병 같은 것을 발생하게 하는 원인.

지금 주나라는 땅의 크기를 가지고 말하자면 진나라의 성(城) 하나보다도 못한 실정입니다. 그 세력을 가지고 말하자면 비록 명분상으로는 종주국(宗主國)이라 하나 실은 필부와 다를 것이 없습니다. 주나라의 전장(典章)과 예법(禮法)은 이미 모두 무너져내려 힘을 발휘하지 못하며, 명기(名器)와 중보(重寶)도 이미 모두 사라져 남아 있는 것이 없습니다. 이제 저 인민들마저 안전하게 보전하지 못할까 하여 두렵기 짝이 없습니다. 나라의 위태로운 처지가 마치 바람에 부대끼는 깃발과 같습니다. 나라가 망하는 것도 막을 틈이 없는데 어찌 구정 따위를 아까워하시는 것입니까? 구정을 가지고 있으면 나라가 반드시 망하게 될 것입니다. 구정을 버린다면 나라가 오히려 몇 년은 더 존속할 수 있을 것입니다. 그렇다면 구정과 나라 가운데 어느 것이 더 소중한 것입니까? 임금께서는 깊이 생각하셔야 할 것입니다."

혜왕은 마침내 주범의 말을 받아들여 밤중에 역사(力士)들에게 명해 구정을 깨뜨린 뒤 사수(泗水)의 깊은 물 속에 던지게 하였다. 그 이듬해 진나라는 10명의 장수를 보내며 그들에게 각각 1만 명의 군사를 거느리게 하였다. 장차 수도 옹(雍)[115]으로 구정을 옮겨가려는 것이었다.

그러자 주나라는 사람을 보내 다음과 같이 고하였다.

"한(韓)·위(魏)·조(趙) 세 나라가 제후국이 되던 해에 구정이 종묘에서 진동하였습니다. 그 소리는 마치 만 마리의 소가 우는 것 같았습니다. 근래에는 태구(太丘)에 있던 송(宋)나라의 사직이 망하자 구정이 사수(泗水)로 굴러 들어갔습니다. 필시 하늘이 주나라를 미워하여 구정을 버린 것 같습니다. 구정은 신물(神物)이라서 도리로 보아 욕을 당할 수 없으므로 몰래 먼 곳으로 달아난 것일 것입니다. 이제 그 종적을 알 수 없습니다. 그렇지 않다면 구정은 사실 진나라의 물건이니 폐방(弊邦)이 어찌 아까워할 리가 있겠습니까?"

---

115) 옹(雍) : 땅 이름. 지금의 섬서성 봉상현(鳳翔縣) 남쪽 지역으로 그 곳에 진(秦)나라의 수도가 있었음.

　그 뒤 진시황(秦始皇)은 사람을 시켜 물 속으로 들어가 구정(九鼎)을 찾
게 하였다. 하지만 끝내 구정을 찾을 수 없었다.

원
문
　秦齊楚皆求九鼎於周, 周王患之, 顏率使於齊楚, 言道途轉
輸之難而解之.

　周犯聞之, 告諸王曰, “臣聞, 三國求鼎, 而王以計却之, 有諸?”

　王曰, “有之.”

　犯對曰, “若然, 則是王愛寶而不愛國, 欲促之亡耳. 不如與之也.”

　王曰, “周室之寶, 莫重於鼎, 與國存亡, 而歷代所寶重者也. 昔夏
禹之時, 貢金九牧, 鑄鼎象物, 使民知神姦, 螭魅罔兩, 莫能逢之, 以
承天休. 桀昏德, 而鼎遷于商. 商紂暴虐, 而鼎遷于周. 成王定鼎于郟
鄏, 卜世年之永, 天所命也. 至於寡人之身而失之, 無乃不可乎?”

　犯對曰, “古人有言曰, ‘匹夫無罪, 懷璧其罪.’ 紂聚財寶而亡, 武王
散財寶而興. 夫珠玉財粟, 可以利人之用, 而蓄之有害. 況鼎之無益
於用者乎? 禹鑄九鼎, 初不以爲寶, 象物而飾之, 非獨使民遠不若也.
武王遷之洛邑, 不過爲宗廟之美觀. 及其衰也, 其患有不可勝言者.
楚莊王問鼎之大小輕重, 始有攬取之志. 今秦與齊楚, 又皆欲之, 雖
以顏率之舌而輟其謀, 然秦爲虎狼, 而齊楚皆反覆譎詐之國, 未嘗一
日而忘周. 譬如三虎之垂涎而欲噬, 不噬則不已. 此無他, 以鼎在周
而爲之祟故也. 人有疾病者, 慮鬼神爲祟也, 則尙且祈於窅茫不可知
之神而求解之. 而況爲顯然可知之祟, 而衆人之所睥睨者, 可不知解
而去之乎? 今周, 論其地, 則不如秦之一城. 論其勢, 則雖名宗主, 而
與匹夫無異. 周之典章禮法, 皆已耗斁而不振. 名器重寶, 皆已蕩盡
而無餘. 人民衆庶之籍, 惴惴焉恐不能保而有之. 邦家之危若綴旒,
危亡之不暇救, 而何愛於鼎? 鼎存則國必亡, 鼎亡則猶可延於數年.
然則鼎與國孰重? 王熟慮之.”

王於是聽犯之言, 夜命力士, 撞而碎之, 沈于泗水之淵. 明年, 秦發十將, 各率萬人, 將遷鼎于雍.

周使人報之曰, "韓魏趙爲侯之歲, 鼎震于廟, 聲如萬牛. 近者, 宋太丘社亡, 而鼎沒于泗水. 是必天厭周德而棄之. 神物義不受辱, 潛移遠徙, 而莫知蹤跡. 不然, 則鼎實秦物, 弊邦何愛之有?"

其後, 始皇使人沈水取之, 而不能得.

15. 한(漢)나라 소하(蕭何)와 소평(召平)

옮김 譯 한(漢)나라 고조(高祖)[116]가 등극한 지 3년[117]만에 진희(陳豨)[118]를 치려고 한단(邯鄲)[119]으로 갔다가 소하(蕭何)[120]가 한신(韓信)[121]을 죽였다는 말을 들었다.[122] 고조는 소하를 상국(相國)에 봉하고 상으로 5천 호(戶)를 더 하사하였다. 그러자 소하는 소평(召平)[123]이 올린

---

116) 고조(高祖) : 유방(劉邦), 고조는 그의 시호. 진(秦)나라 2세 황제 때 패(沛) 땅에서 군사를 일으킨 뒤 소하(蕭何)·장량(張良)·한신(韓信) 등의 도움을 받아 한나라를 건국하였음.
117) 3년 :『사기』「소상국세가(蕭相國世家)」에는 '11년'으로 되어 있음.
118) 진희(陳豨) : 한(漢)나라 고조(高祖) 때의 장수. 한나라에 모반을 일으킨 뒤 스스로 대왕(代王)이라 하였으나 결국 죽임을 당했음.
119) 한단(邯鄲) : 땅 이름. 지금의 하북성 성안현(成安縣) 서북 지역으로 전국시대에는 그곳에 조(趙)나라의 수도가 있었음.
120) 소하(蕭何) : 한나라 고조 때의 재상. 고조를 도와 천하를 통일하고 율령(律令)을 제정하였음.
121) 한신(韓信) : 한나라 고조 때의 장수. 고조를 도와 천하를 통일하였으나 모반을 꾀하다가 죽임을 당하였음.
122) 이 단락의 근거는『사기』「소상국세가(蕭相國世家)」에서 찾아볼 수 있음.
123) 소평(召平) : 진(秦)나라 때의 제후. 한나라가 일어나자 포의(布衣)로서 참외를 길러 생계를 유지하였으며 소하에게 과도한 상사(賞賜)를 사양하도록 권하였음.

계책에 따라 봉호를 받지 않고 사양하면서 집안 사재(私財)마저 모두 털어 군비(軍費)로 충당하게 하였다. 이윽고 고조가 크게 기뻐하였다.

그러자 소하는 소평이 지낭(智囊)을 차고 있음을 알고 그에게 말하였다.

"혼란한 조정에 머물며 높은 자리로 올라가는 것은 부끄러운 일이며, 융성한 시대를 만나 교외로 물러가 자취를 감추는 것도 역시 부끄러운 일입니다. 저 진(秦)나라는 주(周)나라가 쇠약한 틈을 이용하여 문득 서방의 여러 나라를 점령한 뒤 형벌을 엄하게 하고 정치를 포악하게 하면서 여섯 나라를 하나 하나 집어삼켰습니다. 백성들은 그 위협에 겁을 먹었으며 죄 없는 자들까지 환난을 당하였습니다. 그러자 사람들은 모두 진나라와 함께 망하기를 바랐습니다.

우리 한(漢)나라는 위로 하늘의 명을 받고 아래로 사람들의 마음에 순응하여 너그럽고 어진 정사를 베풀며 비로소 천하를 다스리기 시작하였습니다. 그 당시 용맹한 진섭(陳涉)[124]과 강포한 항적(項籍)[125]이 있었으며, 한(韓)·위(魏)의 후예와 제(齊)나라의 임금 같은 자들이 있었습니다. 저들은 한 때 명호(名號)를 도적질하고 궁궐에 앉아 스스로 왕이라 일컬었으나 하루 아침에 무너지고 말았습니다. 이윽고 천하가 안정을 되찾고 해내(海內)가 질서를 회복하자 영웅 호걸들이 앞다투어 재주와 역량을 뽐내고 있습니다. 그대 같은 인재가 빈곤 속에서 숨을 죽인 채 살아갈 때가 아니지 않습니까? 그대가 그 뛰어난 재주로 몸소 우리 위대한 한나라를 섬긴다면 반드시 높은 자리를 얻을 수 있을 것입니다. 그대가 만약 내 말에 동조한다면 내가 그대를 위해 길을 뚫어 보겠습니다."

소평(召平)이 대답하였다.

"망한 나라의 포로는 지모(智謀)를 말할 자격이 없으며, 패한 군대의

---

124) 진섭(陳涉) : 진승(陳勝), 섭(涉)은 그의 자임. 진(秦)나라의 폭정에 항거하여 난을 일으킨 뒤 스스로 초왕(楚王)이라 하였으나 진나라 장수 장함(章邯)에게 패망하였음.
125) 항적(項籍) : 항우(項羽), 우(羽)가 그의 자임. 진(秦)나라 말에 군사를 일으킨 뒤 스스로 서초(西楚)의 패왕(霸王)이라 하였으나 해하(垓下)에서 한나라 고조(高祖)에게 패망하였음.

장수는 용력(勇力)을 말할 자격이 없습니다. 저는 누대(累代)에 걸쳐 진(秦)나라를 섬겼기 때문에 벼슬이 제후(諸侯)의 반열에 이르렀습니다. 저는 공명과 부귀를 이미 실컷 누렸으며 위세와 명성으로 사람들의 눈을 부시게 하였습니다. 지위가 이미 높았으며 총애가 이미 극진하였던 것입니다. 그렇지만 진나라가 망할 때 저는 나라를 위해 죽지 못하였으며 가업(家業) 또한 나라와 더불어 몰락하였습니다. 그러므로 시골로 돌아가 농사를 짓고 있습니다. 제가 빈곤하게 사는 것은 본디 당연한 것입니다.

내실(內實)이 없는데 이름이 나기를 바라는 자는 위험에 빠지고, 덕망이 없는데 복을 받기 바라는 자는 재앙을 만나고, 공적이 없는데 국록을 먹으려 하는 자는 욕을 당합니다. 비록 그대께서 나를 조정에 천거하여 관직을 하나 얻게 한다 하더라도, 그 자리는 높아야 궁문을 지키는 교위(校尉)를 넘어설 수 없을 것이며, 낮은 경우에는 창을 든 천한 병사의 처지를 면할 수 없을 것입니다. 지금 주변을 돌아보면 지난날 장부나 정리하던 하급 관리나 개백정 노릇이나 하던 천한 무리들이 후왕(侯王)의 인수(印綬)를 매고 장상(將相)의 수레를 탄 채 황제를 알현하며 권세를 자랑하고 있습니다. 그런데 저는 머리가 허연 나이에 이름도 없는 미관말직에 앉아 미천한 마부 따위와 함께 대오를 맞추어야 할 것입니다. 저는 그렇게 하지는 못하겠습니다.

저는 참외 재배하는 방법을 알고 있으므로 일찍이 도성(都城)의 동대문 밖에서 참외를 기른 적이 있었습니다. 날씨의 변화를 살피고 토질의 적부를 판단한 뒤 땅을 깊이 갈고 두둑하게 북을 준 다음 정성껏 밭을 돌보기 시작합니다. 그러면 처음에는 싹이 트고 다음에는 떡잎이 자라납니다. 아침 저녁으로 물동이를 들고 물을 주어 넝쿨과 잎사귀가 무성하게 자라도록 하면 자연히 참외는 먹고도 남을 만큼 많은 열매를 맺습니다. 이윽고 가을 바람이 쌀쌀하게 불면 온갖 화초들과 함께 참외가 말라죽습니다. 그 때 넝쿨을 걷어버리면 참외는 다시 살아날 가망이 없습니다.

　지난날 제후로서 부귀를 누린 것은 참외가 무성하던 때와 같고, 지금
시골에서 빈곤하게 사는 것은 넝쿨을 걷어버린 때와 같습니다. 벼슬하
여 영화를 누리거나 은퇴하여 빈곤을 겪는 것은 모두 천명(天命)의 소치
(所致)입니다. 저는 지금 시골로 물러가 자유롭게 살고 있습니다. 무엇
때문에 다시 험난한 벼슬길로 나아가려 하겠습니까? 몸을 굽혀 부귀를
누리기보다는 차라리 빈천을 감수하며 세상을 멀리한 채 마음 편하게
살도록 하겠습니다."

　승상(丞相) 소하(蕭何)는 더 이상 말을 하지 못하였다.

　원문　漢三年, 上討陳豨, 至邯鄲, 聞韓信誅, 益封相國何五千戶.
何用召平計,[126] 讓封不受, 悉以家私財佐軍. 上大悅.

　何知平有智囊, 乃謂之曰, "處昏亂之朝, 而進躋膴仕, 恥也. 當聖
隆之世, 而退遁郊坰, 亦恥也. 夫秦乘周之衰, 奄有西土, 嚴刑肆虐,
蠶食六國. 民劫於威, 亂罹無辜, 皆欲與之偕亡. 大漢, 上受天命, 下
順人心, 以寬仁愷悌,[127] 發軔于初. 雖以陳涉之勇, 項籍之强, 韓魏
之後, 田齊之君, 盜立名字, 南面稱孤者, 一朝瓦解. 天下已定, 海內
有截, 豪英俊傑, 爭騁材力, 豈子貧窶不振之時歟? 以子之材, 身事大
漢, 必得顯職. 子若有意於我言, 則我爲子導之."

　平答曰, "亡國之俘, 難與謀智, 敗軍之將, 不可言勇. 臣累世事秦,
得至封侯, 功名富貴, 已飽吾身, 威勢聲華, 煇爛人目. 位已高矣, 寵
已極矣. 秦亡而臣不能亡, 家業亦與之墜, 退耕于野, 其貧窶固所宜
也. 無其實而希其名者危, 無德而望其福者災, 無功而食其祿者辱.
縱足下薦我於朝, 霈得一官, 高不過監門校尉, 下則未免爲執戟賤卒.
顧見前日刀筆之吏, 屠狗之輩, 佩侯王之綬, 升將相之車, 攀附日月,

---

126) 이 구절의 '召'가 목판본에는 '邵'로 되어 있음.
127) 이 구절의 '愷'가 목판본에는 '豈'로 되어 있음.

依乘風雲. 臣以皓首, 渺然居于末流, 與輿隸爲伍, 臣不堪也. 臣知種
瓜之術, 嘗種於城東門外. 審寒暖之候, 辨墳壤之宜, 深耕厚坌, 平治
隴畝. 初見甲之坼矣, 次見萌之長矣. 晨夕抱甕而灌之, 使枝蔓莖葉,
萋葼芳楙, 則自然實之離離, 而不可勝食矣. 及至秋風淒凜, 而與百
卉俱腓, 抱蔓而捲之, 則無復有可甦之理. 昔之封侯富貴, 則萋葼芳
楙之時也. 今之居野貧困, 則抱蔓捲之之時也. 榮悴有時, 窮達有命.
臣豈以棲遲自在之身, 復蹈宦道崎嶇之間哉? 與其屈身而富且貴, 寧
貧賤而輕世肆志焉."

丞相默然.

16. 한(漢)나라 위기후(魏其侯)와 빈객

 한(漢)나라의 공신 위기후(魏其侯)[128]와 무안후(武安侯)[129) 사이에
틈이 벌어졌다.[130)

그러자 빈객 가운데 간언을 올리는 자가 있었다.

"길에 왕래하는 사람들이 모두 말하기를, '두 제후께서 서로 반목하
며 미워하는 기색이 있다'고 합니다. 이른바 미워한다는 것은 무슨 일
때문입니까?"

위기후가 대답하였다.

---

128) 위기후(魏其侯) : 두영(竇嬰), 위기후는 그의 봉호임. 문제(文帝)의 후비(后妃) 두씨(竇
氏)의 종형의 아들로서 무제(武帝) 때 승상에 올랐음. 그 뒤 관부(灌夫)의 죄를 변호하
다가 경제(景帝) 후비의 노여움을 사 기시(棄市)의 형을 받았음.

129) 무안후(武安侯) : 전분(田蚡), 무안후는 그의 봉호임. 경제(景帝)의 후비 전씨(田氏)의
아우로서 무제(武帝) 때 승상에 올라 두영(竇嬰)과 관부(灌夫)를 모살(謀殺)하였음.

130) 이 단락의 근거는 『사기』 「위기무안후열전(魏其武安侯列傳)」에서 찾아볼 수 있음.
(참고 : 『한서』 「두전관한전(竇田灌韓傳)」)

"지난번에 승상(丞相) 무안후(武安侯)가 우리 집에 오겠다고 약속한 적이 있었습니다. 우리 부부는 손님 맞을 준비를 갖춘 뒤 기다리고 있었으나 아침부터 한낮이 될 때까지 그는 여전히 오지를 않았습니다. 마침내 다시 사람을 보낸 뒤에야 그는 겨우 찾아왔습니다. 자리에 앉은 뒤에도 그는 거만하기 짝이 없었습니다. 술자리를 파하고 집으로 돌아갈 무렵 그는 성남(城南)에 있는 우리 논을 달라고 요구하였습니다. 그 논은 매우 비옥한 논으로 선제(先帝)께서 두씨(竇氏)[131]의 제사를 받들게 하려고 나에게 하사하셨던 땅입니다. 그런데 지금 위세를 빌어 그 논을 빼앗으려 하고 있습니다. 이는 나를 무시하는 처사입니다. 나를 무시한다면 그것은 또한 조정을 무시하는 것입니다.

근래에는 그의 집안에 혼사(婚事)가 있었습니다. 그 날 저녁에 여러 제후와 종실(宗室)들이 자리에 가득하게 모여들었습니다. 무안후가 자리에서 일어나 건배를 제의하자 그 곳에 앉아 있던 사람들은 모두 자리를 피하며 공손하게 엎드렸습니다. 그런데 내가 일어나 건배를 제의하자 유독 내 친구들만 자리를 피하였습니다. 이윽고 술잔을 돌리다가 무안후 앞에 이르렀으나 그는 자리 위에서 무릎만 살짝 꿇었습니다. 그는 술 한 잔도 제대로 마시지 않았으며 또한 남에게 답배(答盃)도 권하지 않았습니다. 우리 두 사람은 모두 왕후의 친척입니다. 그런데 저 사람이 저와 같이 나를 능멸하고 있습니다. 내가 팔뚝을 걷어붙이며 분개하는 것은 그 때문입니다."

그 사람이 말하였다.

"공자(公子)께서는 어쩌면 그렇게 생각이 짧으십니까? 제가 들으니, '달은 차면 기울기 마련이고, 더위가 가면 추위가 오기 마련이다'고 합니다. 만물이 융성하였다가 다시 쇠퇴하는 것은 본디 하늘이 정한 이치입니다. 공자는 과거의 총재(冢宰)였고 무안후는 현재의 총재입니다. 그

---

131) 두씨(竇氏) : 문제(文帝)의 후비(后妃)인 두씨(竇氏)의 조상을 말함.

런데 옛날 사람은 소원하고 지금 사람은 친밀합니다. 옛날 사람은 지금 사람만 못한 법입니다. 두씨(竇氏)는 폐하132)의 할아버지 항렬이고 전씨(田氏)는 폐하의 어머니 집안입니다. 그런데 할아버지는 멀고 어머니는 가깝습니다. 먼 친척은 가까운 친척만 못한 법입니다. 하물며 태후께서 존위에 계시므로 그 위세가 혁혁합니다. 무안후와 다투지 말아야 할 것입니다.

공자께서는 선후(先后)133) 덕분에 승상의 지위를 역임하셨고 제후의 반열에 오르셨습니다. 또한 많은 재산을 축적하였으며 1천 명에 가까운 종을 소유하였습니다. 조정의 신료들 가운데 공자의 귀하심에 견줄 만한 사람이 누가 있겠습니까? 그런데 지금 술자리에서 있었던 사소한 결례를 구실로 문득 얼굴에 노기를 띠시고 있습니다. 저는 그런 처신을 위험스럽게 생각합니다. 호랑이 두 마리가 서로 싸우면 한 마리가 죽어야 싸움이 끝나는 법입니다. 힘이 센 놈이 먼저 승리를 쟁취할 것입니다. 지금 전씨는 힘이 세며 주변에 돕는 사람도 많습니다. 공자께서 그를 감당할 수 있겠습니까? 저 사람이 교만을 부리면 나는 몸을 낮추어야 하고, 저 사람이 오만하게 나오면 나는 공손하게 처신해야 합니다. 미천한 사람처럼 몸을 낮추고 공손하게 처신하며 예를 잃지 않는다면 어느 누가 나를 못마땅하게 생각하겠습니까? 그리고 성남에 있는 논 몇 마지기는 공자에게 구우일모(九牛一毛)와 같은 것입니다. 비록 저 사람에게 준다 하더라도 공자의 그 많은 재산에 축이 날 리 있겠습니까? 저 사람이 잘못하는데 나는 잘한다면 내게 유리한 여론이 저절로 일어날 것입니다.

관부(灌夫)134)는 영천(潁川)135) 출신의 무뢰배로서 성질이 본디 흉악하

---

132) 폐하 : 그 당시의 황제인 무제(武帝)를 말함.
133) 선후(先后) : 문제(文帝)의 후비 두씨(竇氏)를 말함.
134) 관부(灌夫) : 한(漢)나라 초기의 장수.
135) 영천(潁川) : 땅 이름. 지금의 개봉부 우주(禹州) 지역임.

며 술버릇 또한 고약합니다. 그 집안 사람들도 포악하므로 아무도 그들의 횡포를 막을 수가 없습니다. 그런데 공자께서는 그를 불러 심복으로 삼으셨습니다. 안방에까지 드나들게 하면서 격의 없이 대하셨습니다. 두 제후 사이에 틈이 벌어진 것은 전적으로 저 사람의 소행 때문입니다. 만일 공자께서 해를 입게 된다면 비록 후회하면서 관부의 일족을 몰살시키고 관부의 뼈를 바른다 하더라도 이미 때가 늦어 소용이 없을 것입니다.

옛날에 난서(欒書)[136]는 진(晉)나라 여공(厲公)을 시해하였으며, 수우(竪牛)[137]는 숙손표(叔孫豹)를 해쳤으며, 백비(伯嚭)는 부차(夫差)를 망하게 하였으며, 이려(伊戾)[138]는 송(宋)나라 태자 좌(痤)를 죽였습니다. 저들은 모두 일찍이 악인을 분별하지 못하고 도리어 가깝게 지냈기 때문에 화를 당하고 말았습니다. 지금 공자께서는 응당 승상을 찾아가 용서를 빌면서 스스로 깊이 반성해야 할 것입니다. 또한 그간의 잘못을 관부의 탓으로 돌리고 그와 왕래하지 말아야 할 것이며, 성남의 논을 무안후에게 주면서 원망하는 마음을 버리고 좋은 관계를 회복해야 할 것입니다. 그러면 저 사람이 비록 거만하다 하더라도 도리어 자신을 부끄럽게 생각할 것입니다. 어찌 공자를 해치려고 할 리가 있겠습니까? 그렇게 한다면 공자께서는 가문의 몰락을 막고 자손을 보전할 수 있을 것입니다. 그렇게 하지 않는다면 장차 엄청난 재앙을 만나게 될 것입니다."

그러나 위기후(魏其侯)는 빈객의 말을 듣지 않았다. 그는 결국 기시(棄市)[139]의 형을 받았다.

---

136) 난서(欒書) : 춘추시대 진(晉)나라 사람. 그 임금 여공(厲公)을 시해하였음.
137) 수우(竪牛) : 춘추시대 노(魯)나라 사람. 대부 숙손표(叔孫豹)를 굶겨 죽였음.
138) 이려(伊戾) : 춘추시대 송(宋)나라 사람. 태자 좌(痤)를 참소하여 죽음에 빠뜨렸음.
139) 기시(棄市) : 죄인의 목을 베어 죽인 뒤 그 시신을 저자에 버림.

魏其侯與武安侯有隙.

客有進諫者曰, "道路皆言, 兩侯有睚眦不平之色. 所謂不平者, 何事?"

魏其曰, "曩者, 丞相許臨陋巷. 夫妻治具, 自朝至日中, 猶不來. 更使人邀之, 然後乃至. 及就席, 倨傲不恭. 飮罷還第, 卽請我城南田, 其田極膏腴, 先帝賜我以奉竇氏之祀. 今以威勢而欲奪之, 是無我也. 無我, 是無朝廷也. 近日, 其家婚夕, 列侯宗室滿座, 武安起爲壽, 坐皆避席而伏. 我起爲壽, 獨故人避席. 及行酒, 至武安, 武安膝席, 飮不滿觴, 又不答酬. 俱以后家之戚, 相凌辱如此, 此我所以扼腕者也."

客曰, "公子! 其何不量之至此? 愚聞, 月滿則虧, 暑往則寒. 物盛而衰, 固天理也. 公子古之冢宰, 武安今之冢宰, 古疎而今密, 古不如今也. 竇氏帝之祖行, 田氏帝之母族, 祖遠而母親, 遠不如親也. 況太后居尊, 其勢煇爀, 未可與爭也. 公子以先后之故, 位經丞相, 爵至封侯, 財鏹鉅萬, 僮僕指千. 人臣之貴, 孰有倫比? 今因杯酒小禮之嫌, 遽形憤悱於色, 愚竊危之. 兩虎相鬪, 勢不俱生, 力强者先勝. 田氏力强而多助, 公子能與之抗衡乎? 彼驕我降, 彼慢我敬, 能降而自卑, 能敬而勿失, 孰有矛盾? 至如城南數頃田, 九牛落一毛, 雖擧而與之, 何損於富? 彼曲我直, 自有物論矣. 灌夫, 潁川無賴之徒, 性本兇悍, 且有酒過. 其宗族暴橫, 人難制之. 公子引爲腹心, 出入臥內, 曾無嫌忌, 構成兩間之隙, 專是此人所爲. 萬一有害, 雖赤灌之族, 剮夫之肉, 噬臍無及. 昔欒書弑晉厲, 豎牛害叔孫, 宰嚭喪夫差, 伊戾殺宋痤. 此皆辨之不早, 而反媚之故也. 今公子固當往謝丞相, 痛自刻責, 歸罪灌夫, 不與之通, 贈納其田, 棄怨申好. 彼雖偃健, 反懷慚靦, 豈有害君之心? 如此, 門戶不彫, 而子孫可保. 不然, 其禍有不可測者."

魏其不能用, 竟被棄市之刑.